제 8 판

기업신용 위험분석

백운수 · 김운섭

한국금융연수원
KOREA BANKING INSTITUTE

머리말

한국금융연수원은 금융감독원과 금융회사의 FLC(Forward Looking Criteria)에 의한 자산건전성 분류제도의 정착과 신용대출 활성화 방안의 일환으로 여신전문가 양성을 위해 노력하고 있다.

기업신용위험분석은 기업의 미래현금흐름에 기초한 채무상환능력의 분석으로써 금융회사의 신용대출 활성화와 리스크관리에 있어 핵심적인 역할을 담당할 것으로 기대된다.

이에 우리 원에서는 이러한 업무를 담당할 여신전문가를 양성하고 관심 있는 금융인의 학습과 실무를 위한 지침서로서 본서를 발간하게 되었다.

본서의 특징은,

첫째, 기업신용위험 분석과 관련하여 신용평가절차, 신용평가기준, 신용평가사례 등 신용평가업무에 필요한 모든 내용을 망라하여 기초부터 고급과정까지 체계적으로 알기 쉽게 정리하였다.

둘째, 독자 여러분의 자율적인 학습이 가능하도록 수록내용을 최대한 이해하기 쉽게 기술하였다. 이를 위해 본서의 각 장별로 서두에 '학습목표'와 '학습개요'를 제시하여 해당 장에서 습득하여야 할 학습목표와 내용을 요약하였을 뿐만 아니라, 각 장 말미에는 '연습문제'를 두어 학습결과를 스스로 측정 · 확인할 수 있도록 하였다.

셋째, 실무지침서로도 활용할 수 있도록 구성하였다. 본서는 이론과 함께 각종 사례와 실무업무를 체계적으로 다루고 있어 실무자의 업무지침서로 활용될 수 있도록 구성하였다.

끝으로 이 책이 나오기까지 많은 노고를 아끼지 않으신 집필진과 관련 직원 여러분께 깊이 감사드리며 앞으로도 본서의 내용을 계속 수정 · 보완하여 보다 충실한 학습 · 실무서가 될 수 있도록 독자 여러분의 기탄 없는 질정과 편달을 부탁드린다.

2007년 12월

한국금융연수원장

차례

제1편 신용분석 기초

제2편 신용위험 요소 평가

제3편 상환능력평가

제4편 외환리스크관리

제1편 신용분석 기초

제1장

신용분석의 의의와 절차

학습목표

✤ 신용과 신용위험의 정의와 신용분석의 개념을 이해하여야 한다.

✤ 신용분석의 주기와 그 이유를 파악하여야 한다.

✤ 신용분석의 절차에 관하여 구체적으로 이해하여야 한다.

학습개요

✤ 금융회사와 여신거래 기업간에 있어서 신용의 의미는 무엇인지를 설명하고 있으며, 신용분석에 관한 개괄적인 이해를 돕기 위하여 기업의 신용에 영향을 미치는 변수들의 종류와 이에 관한 평가의 접근방법을 정리하였다.

✤ 신용분석은 여신거래가 처음 발생할 때는 물론 이후에도 정기적으로 실시하여야 하는데 그 이유에 관하여 설명하였다.

✤ 신용평가업무의 전반적이고 종합적인 이해를 돕기 위하여 신용분석의 절차와 그에 따라 필요한 업무내용에 관하여 기술하였다.

제1절 신용의 정의

신용이란 용어의 사전적인 의미는 거래한 재화의 대가를 앞으로 치를 수 있는 능력을 말한다. 이러한 사전적인 정의에 기초하여 기업신용분석에 있어서의 신용을 다시 정의하면 채무를 상환할 수 있는 경제적인 능력이라고 말할 수 있다.

기업이 부담하고 있는 채무에는 금융기관으로부터의 차입금 외에도 상거래에 수반된 매입채무, 미지급금 등 종류가 다양하다. 금융기관으로부터 차입한 대출금의 원리금은 적기에 상환할 수 있으나, 매입채무는 결제하지 못한다면 그 기업이 신용이 있다고 보아야 하는가? 그렇지 않다는 것은 자명한 일이다. 따라서 기업의 입장에서는 신용이란 대외에 부담하고 있는 모든 채무에 대하여 상환을 요구받았을 때 즉시 상환할 수 있는 경제력의 크기를 말한다.

금융기관이 기업이나 개인에게 신용을 공여할 때 신용공여 시점에서의 신용도 물론 중요하지만 회수하는 시점인 미래의 신용이 더욱 중요하다. 예를 들어 원재료 공급업체가 특정업체에 원재료를 외상으로 공급할 경우, 그 원재료 공급업체는 분명히 과거에 그 업체와 거래한 경험이나 현재의 신용상태도 고려하겠지만 외상으로 제공한 원재료 대금을 지급받아야 할 미래의 시점에서의 원재료 구매기업의 신용상태를 염두에 두고 의사결정을 하게 될 것이다.

따라서 채권자의 입장에서 볼 때 기업의 신용이란 과거와 현재의 신뢰를 바탕으로 미래에도 그러한 신뢰가 공고히 지속될 것이라는 믿음에 근거하여 '적기에 채무를 상환할 수 있는 경제적인 능력' 이라고 신용의 개념을 재정리할 수 있다.

제2절 신용위험의 정의

신용위험이란 차주가 약정대로 채무상환을 불이행함으로 인하여 신용공여자인 채권자가 입게 될 손실 가능성을 말한다. 이러한 신용위험은 차주인 기업이 채무상환의 의지가 없어서 발생할 수도 있지만 대부분은 기업의 경영악화로 인하여 채무상환능력을 상실할 경우 발생하게 된다.

기업의 경영활동과 관련된 신용위험 요소들에는 크게 기업의 내부에서 발생될 수 있는 위험요소와 기업의 외부에서 발생될 수 있는 위험요소들로 구분할 수 있다. 내부위험요소는 다시 경영능력의 부재와 경영의 비효율성에서 발생되는 경영위험(Management risks)과 기술력, 생산능력, 마케팅능력 등 영업활동에 필요한 효율성의 부족으로 발생되는 영업위험(Business risks) 및 재무위험(Financial risks)으로 구분할 수 있다. 또 외부위험요소로는 경기변동, 정부정책의 변화, 환율의 변동, 금리의 변동, 물가의 변동 등 주로 거시적인 경제변수로부터 발생될 수 있는 시장위험(Market risks)과 경쟁기업의 출현, 대체재의 출현 등 산업위험(Industry risks) 등이 있다. 그리고 기업이 생산활동 과정에서 환경을 파괴함으로서 받게 될 수 있는 법적인 제재나 나쁜 평판으로 인한 기업이미지의 훼손 등과 같은 환경 및 사회적인 위험(Environmental & social risks)도 있다.

그러나 이와 같은 구분은 어디까지나 개념상의 구분이며, 설명의 편의를 위하여 구분하는 것에 불과하다. 왜냐하면 기업의 내부위험과 외부위험은 모두 독립적으로 움직이는 변수가 아니라 상호 유기적이고 복합적인 관계에 있기 때문이다.

제3절 신용분석의 의의

적기에 채무를 상환할 수 있는 경제적인 능력을 신용이라고 한다면, 신용분석은 분석대상 기업이 채무를 적기에 상환할 수 있는 능력 즉, 채무상환능력을 보유하고 있는지의 여부를 확인하는 절차이며, 상환능력의 수준까지도 평가하는 것을 포함하는 개념이다.

채무상환능력은 상환재원인 현금성자산의 보유량을 의미하며, 앞에서 말한 것처럼 분석하는 시점에서의 현금성자산의 보유량도 중요하지만 상환하여야 하는 시점에서의 예상되는 현금성자산 보유량 즉, 미래 현금창출능력이 더 중요하다. 따라서 미래의 현금흐름과 채무의 크기를 비교 분석하여 상환능력의 수준을 평가하는 것을 신용분석 또는 신용평가라고 한다. 그리고 신용평가의 결과를 구체적으로 등급화시킨 것을 신용등급이라고 한다.

기업의 현금창출에는 다양한 경로가 있을 수 있다. 보유 유가증권을 시장에 처분함으로써 현금을 창출할 수가 있고, 금융기관으로부터의 차입을 통하여 현금을 조달할 수도 있다. 또한 주주의 유상증자를 통하여서도 현금 조달이 가능하다. 그러나 가장 중요한 것은 영업활동을 통하여 창출한 현금일 것이다. 왜냐하면 보유 부동산이나 유가증권의 처분, 유상증자 등을 통한 현금조달에는 한계가 있기 때문이다.

기업의 영업활동은 제품의 판매활동이나 용역제공의 결과인 매출을 의미한다. 현금흐름이 안정적이고 견고한 흐름을 유지하려면 매출액이 지속적으로 증가하거나 최소한 현재 수준의 매출액을 유지할 수 있어야 하며 적정수준의 수익 창출능력이 있어야 한다. 그러면 매출과 수익성을 감소시켜서 현금흐름을 악화시키는 요인들에는 어떠한 것들이 있을 수 있는가? 기업의 경영활동을 둘러싸고 있는 여러 가지 위험요인들이 여기에 해당된다. 기업경영과 관련된 위험요소들을 체계적으로 정리하면, 기업의 내부 측면으로는 경영위험, 기술위험을 포함한 영업위험, 그리고 재무적인 위험이 있으며, 기업의 외부 측면으로는 시장위험, 산업위험, 환경위험 그리고 사회위험 등이 있다.

그림 1-1 기업경영 위험요소

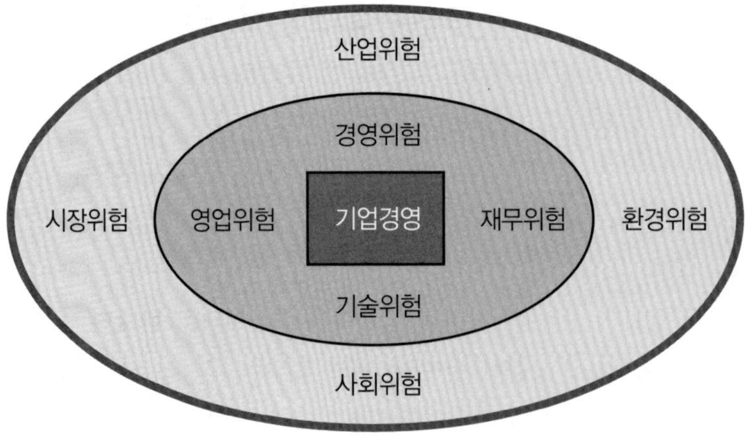

매출과 수익이 감소되지 않기 위해서는 첫째, 경영측면에서 별다른 문제가 없어야 한다. 그러기 위해서는 대주주를 포함한 최고경영자의 경영능력이 우수하여야 한다. 경영자의 뛰어난 위기 대처능력과 탁월한 경영전략 및 사업전략은 궁극적으로는 기업의 매출과 수익을 증가시키는데 기여하게 될 것이다. 대주주의 자금력과 경영자에 대한 신뢰도는 기업을 한층 더 건강하게 만드는데 기여할 것이다. 그러면 이러한 경영자와 대주주의 능력은 어디에서 비롯되는 것일까? 그것은 높은 학식과 풍부한 경험, 그리고 높은 도덕성, 리더십, 국제적인 감각, 경영전략 수립능력과 실행능력 등에서 비롯될 것이다. 물론 이러한 사항들은 절대적인 필요 요건은 아니며 어디까지나 일반적인 기준에 불과하다.

둘째, 제품의 경쟁력과 영업력이다. 경영능력과 시장여건 등이 만족스러워도 팔고자 하는 제품의 경쟁력이 낮으면 매출이 감소할 것이다. 또한 제품의 경쟁력은 있어도 영업력이 약하다면 이 또한 매출을 감소시킬 수 있는 요인으로 작용할 것이다. 제품의 경쟁력은 품질과 원가의 우위에서 결정되며, 영업력은 마케팅능력이나 적절한 유통망 확보 등으로 평가된다.

셋째, 정부의 정책변화나 거시적인 경제변수 등을 포함한 소속산업의 시장여건이다. 한 가지 사업만을 영원히 고집한다면 기업의 운명은 분명히 그 산업의 흥망성쇠와 운명을 같이 하게 될 것이다. 개별기업의 매출이 증가하려면 그 산업의 성장이 전제되어야 한다. 이처럼 운명의 궤를 같이하는 산업의 환경이 영업을 하는데 매우 유리하게 전개되어야만 매출과 수익이 감소하지 않을 것이다.

넷째, 제품생산이나 영업활동과정에서 각종 환경오염을 유발함으로 인하여 기업이 손

그림 1-2 신용분석의 흐름도

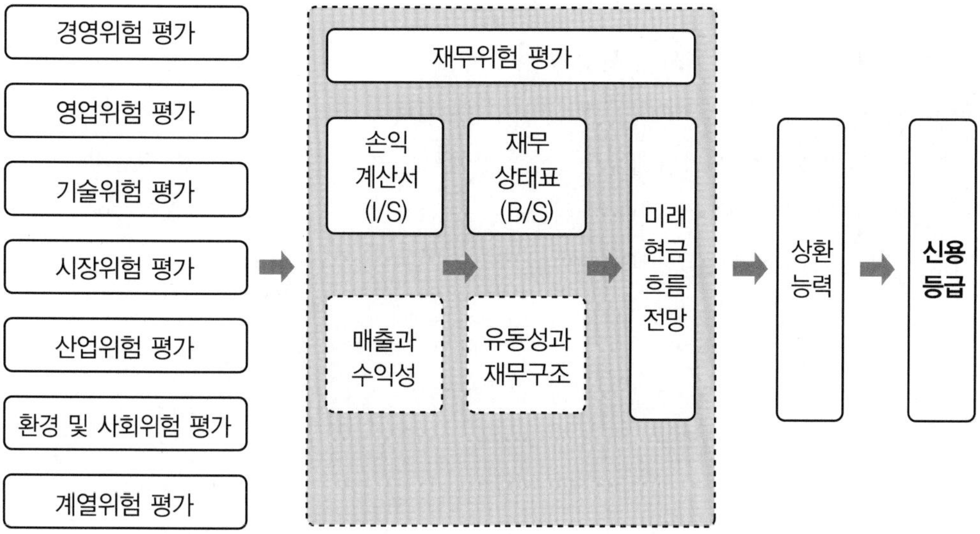

실을 입을 수도 있으며, 인체에 유해한 제품을 생산함으로 인하여 정부로부터 조업중단 혹은 영업중단과 같은 처벌을 받게 되거나 이로 인해 소비자로부터 신뢰를 잃고 평판이 나빠지는 사회적인 위험을 감수하게 될 가능성도 있다.

다섯째, 재무적인 측면이다. 기업의 경영활동에는 필수적으로 자금이 소요된다. 소요자금을 모두 자기자금으로는 해결하기 어려운 것이 현실이며, 대부분 타인자본에 의존하게 되는데 이때 불량한 재무구조와 현금흐름을 보이고 있다면 자금부족 상황에 직면하게 될 것이다. 자금부족은 매출을 감소시킬 수 있는 위험요인이자 도산의 원인이 되기도 한다.

신용분석과정은 다양한 재무적인 척도에 대한 분석에만 국한되지 않는다는 사실을 이해하는 것이 매우 중요하다. 채무상환능력을 적절하게 평가하기 위해서는 사업의 본질에 대한 철저한 검토, 기업 경쟁력 위상에 대한 판단 및 경영진과 경영진의 전략에 대한 평가 등과 같은 구조적인 문제에 대한 폭넓은 분석이 이루어져야 한다. 사실 그러한 판단은 매우 주관적일 수밖에 없으나 이러한 주관성이야말로 모든 평가의 핵심이라 할 수 있다.

물론 어떤 경우에는 신용등급 결정이 주로 재무적인 척도에 의해 영향을 받아 이루어지기도 하며, 다른 경우에는 사업위험 요인들에 의해 신용등급이 결정되기도 한다. 어떤 기업이 한 부문에서는 강점을 가지고 있으나 다른 부문에서는 열위할 경우, 평가 시 이들 요인들은 서로 상쇄된다. 기업의 사업위험 정도에 따라 각각의 등급이 부여될 수 있는 재무위험의 수준은 다르기 때문에 계량적인 분석에 이용되어지는 재무적인 척도의 벤치마크를 수립하기 위해서는 산업의 특성뿐만 아니라 특정 환경 하에서 기업이 성공할 수 있는 여건에 대한 분석도 이루어져 있어야 한다.

이와 같이 신용분석은 상환재원인 현금창출능력을 평가하는 작업이며, 현금창출의 핵심인 매출과 수익을 포함한 미래의 현금흐름을 감소시킬 수 있는 위험요인들에 대하여 그 위험의 크기를 평가하는 것이다.

제4절 신용분석의 시기

신용분석의 시기는 매우 유동적이다. 즉, 처해진 상황에 따라 달라진다. 그래서 신용분석의 시기를 굳이 정기조사 혹은 수시 조사, 아니면 연간 몇 회 등으로 구분할 필요는 없다. 그렇지만 금융기관에서 여신과 여신의 관리를 위하여 실시하는 신용분석은 대체적으로 다음과 같이 나누어 볼 수는 있다.

1. 신규 평가

최초로 대출금등 신용을 공여하기 위하여 실시하는 신용분석이다. 신규평가는 여신을 지원하기 전에 의사결정을 하기 위하여 이루어진다.

2. 정기 평가

기존의 여신고객일 경우에는 연간 1회 정도 신용평가를 실시한다. 정기평가가 연간 1회 정도 이루어지는 것은, 신용평가에 필요한 매우 중요한 회계정보 등이 거래기업의 한 회계기간이 종료된 후에 감사보고서 또는 사업보고서의 형태로 외부에 공시되기 때문이다.

그렇지만 경우에 따라서는 거래 금융기관의 여신정책에 의해 차주기업마다 정기평가 시기와 횟수를 달리하는 경우도 있다. 즉, 신용도가 높은 기업의 경우에는 1년에 한번씩 정기평가를 실시할 수 있고, 반대로 신용도가 상대적으로 낮은 기업의 경우에는 연간 2회 이상 신용분석을 실시할 수도 있다.

3. 수시 평가

기업의 신용을 악화시킬 위험요소들은 경영환경의 변화에 따라 수시로 변화한다. 최초에 실시하는 신규평가 또는 정기평가 때에는 예상치 못했던 사건들이 정기평가 이후 수시로 발생할 수도 있다. 위험요소가 현실화 될 가능성이 높아졌음에도 불구하고 내부 규정으로 인해 정기평가 시기까지 신용분석을 미룬다면 잘못된 일일 것이다. 따라서 신용분석은 정기평가 외에도 수시로 그 기업의 중요한 위험요소들의 현실화에 대비하여 주기적으로 관심을 가져야 한다.

따라서 수시 평가는 신규평가나 정기평가와는 달리 신용분석보고서의 내용이 비교적 간단하며, 보고서의 형태도 약식으로 작성된다. 그러나 보고서의 형태가 약식이라고 하여 분석의 범주나 내용도 약식으로 끝나서는 안 된다.

제5절 신용분석의 절차

다른 모든 일들이 그러하듯이 합리적인 절차는 합리적인 결과를 낳는다. 신용분석도 마찬가지라고 본다. 위의 신용위험요소들에 대한 일반적인 분석의 절차는 다음과 같다.

1. 고객정보조사

신용분석을 할 때 가장 먼저 해야 할 일은 분석대상 기업의 실체를 명확히 파악하는 일이다. 우리가 어떤 사물을 그림으로 표현하고자 할 때 그 사물을 한번도 보지 않았거나, 설사 보았더라도 제대로 관찰하지 않았다면 과연 제대로 그 사물을 표현할 수가 있을까? 그림을 완성하기도 어렵겠지만, 완성하더라도 한편의 추상화가 될 것이다.

정확한 신용평가가 이루어지기 위해서는 차주의 정확한 실체를 파악하는 것이 매우 중요하다. 언제 어디서 어떤 목적을 가지고 태어나서 어떤 성장배경과 성장과정을 겪으면서 오늘에 이르렀는지, 어떤 종류의 제품을 어떻게 만들어서 누구에게 어떻게 판매하고 있는지 등 신용분석에 필요한 구체적인 사항들을 객관적인 사실의 바탕 위에서 조사가 이루어져야 한다.

고객정보조사는 신용분석자의 판단이 내려지는 분석적인 일이 아니며, 객관적인 사실에 대한 조사이다. 이와 같이 고객의 정확한 실체를 파악하기 위하여 고객의 정보를 자세히 조사하는 과정에서 기업의 실체를 정확히 이해를 하였다면 이미 신용분석의 절반은 해결한 것이다.

그림 1-3 신용분석의 평가요소와 절차

고객정보조사

- ㅇ기업체개요
- ㅇ연혁
- ㅇ대주주
  - 지분율
  - 경력
- ㅇ경영진(대표이사)
  - 경력사항
- ㅇ구매현황
  - 원재료 가격동향
  - 구매방법과 조건
- ㅇ생산시설현황
- ㅇ생산현황
  - 생산능력
  - 최근 3년간 생산실적
  - 기술관련 자료
  - 신제품관련 자료
- ㅇ판매현황
  - 최근 3년간 판매상황
  - 주요거래처 현황
  - 영업전략
  - 판매방법과 조건
- ㅇ신규추진사업현황
  - 사업성
  - 자금조달계획
- ㅇ시장동향과 전망
  - 업계현황
  - 업체전망
  - 경쟁업체현황
  - 시장점유율
- ㅇ재무제표 (최근3년 간)

신용분석(신용평가)

사업분석과 전망

- ㅇ경제동향과 전망
  - 경기흐름
  - 정부정책
  - 환율전망
  - 금리전망
  - 유가전망 등
- ㅇ산업분석과 전망
  - 산업의 특성
  - 경쟁구조분석과 전망
  - 제품수급상황분석과 전망
  - 산업위험요소 점검
  - 산업의 성장성과 수익성
- ㅇ경영능력 평가
  - 경영조직/시스템
  - 대주주/경영진
  - 경영목표/경영전략
  - 경영권의 안정성/연속성
  - 지배구조 등
- ㅇ영업력 평가
  - 영업전략/마케팅 전략
  - 제품경쟁력
  - 유통망/유통구조
  - 원재료구매 효율성
  - 생산의 효율성
  - 판매 효율성
  - 판매대금 회수측면 검토
- ㅇ기타사항 평가
  - 기술위험
  - 환경 및 평판위험
  - 우발채무
  - 관계회사
  - 보험가입여부 등

재무분석과 전망

- ㅇ재무분석 (3년간)
  - 재무상태표
    (자본구조)
    (차입금구조)
    (자산구성)
    (유동성)
  - 손익계산서
    (매출분석)
    (비용구조)
    (수익성)
    (비용지급능력)
  - 제조원가명세서
  - 현금흐름표
    (현금창출능력)
    (투자내용)
    (자금조달내용)
  - 재무분석 점검
- ㅇ재무추정
  - 매출액 추정
  - 손익항목 추정
  - 재무상태표항목 추정
  - 현금흐름 추정
- ㅇ재무융통성 평가
  - 재무적 자원
  - 담보제공자산
  - 모기업/관계회사 점검
  - Refinancing 등
- ㅇ민감도 분석
  - 민감도분석
  - 시나리오분석
  - 현금흐름여유분석

상환능력평가

- ㅇ상환능력평가
  - 유동성
  - 재무구조
  - 이자보상배율
  - 차입금상환계수
  - 적정차입금 산정
- ㅇ신용등급 결정
  - 신용평가표 작성

2. 경영위험 평가

경영위험 평가는 최고경영자나 경영진의 경영능력에 대한 분석이 주류를 이룬다. 바람직한 경영진의 모습은 산업을 잘 이해하고 경영환경의 변화에 적절히 대처할 수 있는 전략수립능력과 목표설정, 그리고 목표달성에 필요한 리더십을 가지고 있어야 한다. 바다를 항해하고 있는 배의 선장과 같이 경영자의 위치는 매우 중요하기 때문이다. 그리고 배의 선주인 대주주의 사업에 대한 열의와 자금력, 성향 등도 파악되어야 한다.

이와 같은 경영진의 질적인 수준을 평가하는 일은 현실적으로는 매우 어려운 과제이기도 하다. 평가결과를 계량화시켜 객관화시킬 수 없기 때문이다. 그러나 신용분석자는 경험을 통해서 방법을 찾아내야 하며, 이런 과정을 통해서 전문가가 되어 가는 것이다.

3. 시장위험 평가

경기하강, 금리상승, 환율의 변동, 유가의 상승 및 정부정책의 변화 등에서 발생되는 신용위험을 시장위험이라고 하며, 이러한 시장위험은 기업의 입장에서 볼 때 사실상 통제하기가 불가능한 변수들이다. 그러나 경영자의 능력이나 대처방법에 따라 위험의 결과는 달라질 수가 있다.

시장위험은 대부분의 기업들이 비록 공통적으로 겪게 되는 사항이기는 하지만 기업마다 경영환경변화에 대한 대처능력과 방법이 다르기 때문에 신용평가 시에는 거시경제변수들의 변화방향과 대상기업의 대처방법들을 참고하여 평가에 반영하지 않으면 안 된다.

4. 산업위험 평가

기업의 성장은 산업의 성장과 맥을 같이 하며, 수익성은 시장지배력에 의해 결정된다. 그리고 모든 산업의 속성은 그 산업의 수만큼이나 각기 다르다. 그러므로 분석대상 기업이 소속되어 있는 산업의 특성이나 환경, 시장의 매력도, 시장지위, 시장점유율, 기술혁신추세와 가격 선도력이 누구에게 있는지 등에 대하여 분석을 하여야 한다. 그리고 마지막으로는 그 산업의 성장성과 수익성 전망을 도출해 내어야 한다.

신용분석은 재무비율과 같은 재무분석도 중요하지만 기업이 속해 있는 산업과 경영진의 질적인 수준에 대한 분석에 더 많은 시간과 노력을 기울일 필요가 있다.

5. 영업위험 평가

영업의 내용과 영업전략에 대한 분석을 통하여 명확한 방향감각과 사업의 목표, 그리고 목표를 달성할 수 있는 구체적인 방법과 가능성을 갖고 있는지를 평가하여야 한다. 영업분석을 통하여 사업의 실패나 사업의 약화가 미래 상환능력에 미치는 영향이 어떠한지를 평가하여야 한다.

영업분석의 범주는 기업의 모든 영업활동이 해당된다. 제품구성과 구매, 생산, 판매활동 등 영업의 효율성, 신제품개발, 기술혁신, 마케팅, 유통, 영업전략 등 매우 광범위하다.

시장과 산업여건이 양호하고 경영자의 경영능력이 우수한 기업은 영업분석의 결과도 양호한 모습을 보이는 것이 보통이다.

6. 기술위험 평가

첨단기술산업과 같이 기술의 발전 속도가 무척 빠르게 진행되는 산업에 종사하는 기업의 경우는 기술력이 매우 중요한 신용평가요소이다. 그러므로 기술연구소 유무, 기술인력 현황, 연구개발비용의 규모, 연구실적, 상품개발실석 등을 참고하여 계속기업으로서의 지속적인 성장이 가능한지를 평가하여야 한다.

7. 환경 및 사회위험 평가

기업이 공장을 가동할 때 인체에 유해한 물질을 배출하거나 영업활동과정에서 자연환경을 파괴하는 행위를 함으로써 발생될 수 있는 위험을 환경위험이라고 한다. 물론 기업주나 경영자가 문제의 심각성을 인식하지 못하고 행하는 경우도 있지만 인체에 유해하거나 환경을 오염시킨다는 사실을 인지하고서도 비윤리적이고 부도덕한 일을 자행하는 경우가 많다. 제품의 제조공정에서 뿐만 아니라 제품 자체에도 인체에 유해한 물질을 투입하는 경우가 있다. 불량식품을 제조하여 판매를 하다가 보건당국에 의해 적발되어 폐업을 하게 된 기업의 사례에서 보듯이 환경위험과 사회적인 평판리스크는 매우 중요한 신용위험요소이다. 그러므로 신용평가 시에는 반드시 현장답사를 통하여 이러한 문제점이 발생될 소지가 있는지를 살펴보아야 한다.

8. 재무분석과 재무전망

분석대상 기업이 소속산업 내에서의 시장지위가 높고, 영업의 내용과 영업전략이 우수하다면 그 기업의 재무성과 또한 당연히 좋아야 한다.

재무분석의 목적은 상환능력 평가이다. 평가시점에 있어서의 건전한 재무상태가 앞으로도 지속될 수 있는지 여부는 매우 중요하며, 신용분석의 핵심이자 궁극적인 목적이다.

재무분석은 과거의 경영성과인 재무상태표와 손익계산서 및 현금흐름표를 분석하는 것으로부터 시작된다. 재무상태표를 통하여 자본조달의 적정성과 레버지지 및 자산운용의 효율성을, 손익계산서를 통하여 비용구조와 수익성 및 매출의 안정성을, 현금흐름표를 통하여 현금의 조달과 운용에 대한 정보를 얻을 수 있다.

재무제표는 최소한 과거 3개 년도의 재무제표를 분석하고 그 변화추세를 이해하여야 한다. 그런 다음에 최소한 1년 정도, 길게는 3년 정도의 재무전망이 이루어져야 한다. 재무전망은 합리적인 가정과 타당성 있는 근거 하에 정확히 추정되어야 하며, 추정결과에 대하여 다각도로 시뮬레이션(감응도 분석 또는 시나리오분석)이 이루어져야 한다. 이는 경영환경의 예상치 못한 변화로 인하여 재무예측이 빗나감으로써 입게 될 재무위험의 크기를 사전에 미리 점검하여 보는 작업이다.

아울러 재무분석에는 재무적 융통성에 대한 분석도 포함된다. 재무 융통성이란 기업이 보유하고 있는 유동성과 자금조달 가능성을 의미하며, 자금조달 가능성이란 직접시장이나 금융기관으로부터 차입을 할 수 있는 능력을 말한다. 그 능력은 우량한 재무구조와 현금창출능력, 때로는 모기업(관계회사 등)으로부터의 지원 가능성 등도 포함되어 측정된다.

신용분석을 할 때 재무분석에 지나치게 치중한다는 지적도 있지만, 이는 잘못된 지적이라고 생각된다. 재무정보는 기업의 경영성과를 가장 잘 표현하는 매우 유용한 수단이다. 실제로 신용분석은 재무제표를 포함한 각종 재무정보 분석에서 출발하여 최종적으로는 재무예측으로 종결된다고 해도 지나친 말은 아니다. 물론 작업 시간만을 단순 비교하면 산업분석이나 사업분석에 투입되는 시간이 훨씬 더 많은 것은 사실이다.

9. 신용등급의 결정

기업의 실체에 대한 철저한 이해를 바탕으로 분석대상 기업의 시장여건과 경영능력, 사업구조와 사업전략, 시장내 지위, 그리고 재무분석과 재무예측이 종료되면 상환능력의 수준은 자연스럽게 도출될 것이며, 그 상환능력에 미치는 위험요소의 존재여부와 위험에 대한 대처능력에 의해 신용등급이 결정된다. 다시 정리하면 신용등급은 현재의 채무상환능력이 미래의 경영환경 변화에 의해 영향을 받을 수 있는 위험의 크기에 의해 결정된다.

10. 신용등급의 사후관리

신용등급은 미래의 경영환경 변화에 의해 영향을 받을 수 있는 위험의 크기에 의해 결정된다고 하였다. 기업은 유기체와 같아서 내외부 경영여건에 의해 항상 변화하기 때문에 신용등급도 변화되는 것이 당연하다. 그러므로 신용등급은 신용상태에 영향을 미칠 중대한 사건이 발생하였거나 발생할 가능성이 있다고 판단될 때에는 신용등급을 위험증감의 크기만큼 상하향으로 조정하여야 한다.

신용분석자는 신용상태에 영향을 줄 수 있는 중대한 위험요소(Key credit risks)를 주기적으로 관찰하여야 한다. 여기서 중대한 위험요소란 위에서 이미 설명된 산업내에서의 리스크(돌발적인 이슈, 대체품의 출현 등), 경영과 관련된 문제점, 매출의 급감, 수익성의 급격한 저하, 유동성 부족, 부채의 급증 등을 말하며, 그 종류는 매우 다양하다.

연 | 습 | 문 | 제

1. 다음 중 설명이 부적절한 것은? (　　)

① 신용이란 적기에 채무를 상환할 수 있는 경제적인 능력이다.

② 채무상환능력은 곧 미래 현금창출능력이다.

③ 신용평가의 결과를 구체적으로 등급화시킨 것을 신용등급이라고 한다.

④ 바람직한 상환재원은 영업활동을 통하여 창출한 현금이다.

⑤ 기존 차주에 대한 신용분석의 주기는 연 1회 정도면 충분하다.

2. 거시적인 경제변수로부터 발생될 수 있는 기업신용위험은? (　　)

① 시장위험(market risks)　② 산업위험(industry risks)

③ 경영위험(management risks)　④ 영업위험(business risks)

⑤ 재무위험(financial risks)

3. 기업신용분석의 일반적인 절차로서 가장 타당한 것은? (　　)

① 고객정보조사 → 사업분석과 전망 → 재무분석과 전망 → 상환능력 평가

② 고객정보조사 → 사업분석과 전망 → 상환능력 평가 → 재무분석과 전망

③ 고객정보조사 → 재무분석과 전망 → 사업분석과 전망 → 상환능력 평가

④ 사업분석과 전망 → 고객정보조사 → 재무분석과 전망 → 상환능력 평가

⑤ 사업분석과 전망 → 재무분석과 전망 → 고객정보조사 → 상환능력 평가

4. 기업신용평가의 점검요소로서 거리가 먼 것은? (　　)

① 영업위험　② 기술위험　③ 시장위험　④ 환경위험　⑤ 담보위험

정 | 답 | 및 | 해 | 설

1. ⑤

기존 차주에 대한 신용분석의 주기는 연 1회 정기조사와 필요시 수시로 하여야 한다.

2. ①

경기변동, 정부정책의 변화, 환율의 변동, 금리의 변동, 물가변동 등 주로 거시적인 경제변수로부터 발생될 수 있는 위험을 시장위험(market risks)이라고 한다.

3. ①

고객정보조사 → 사업분석과 전망 → 재무분석과 전망 → 상환능력 평가

4. ⑤

담보는 신용보강의 수단이며 현금흐름에 기초한 상환능력 평가인 기업신용위험 평가와는 거리가 멀다.

제2장

신용분석 자료수집

학습목표

✤ 신용평가에 필요한 자료와 정보의 종류들을 파악하여야 한다.
✤ 신용평가에 필요한 각 자료들마다 어떠한 정보들을 담고 있는지를 파악하여야 한다.
✤ 이와 같은 정보들을 신용평가에 어떻게 활용할 것인가에 대하여 이해하여야 한다.

학습개요

✤ 신용평가를 정확하고 성공적으로 마무리하기 위해서는 대상기업의 신용평가에 필요한 유용한 자료와 정보를 얼마나 많이 그리고 얼마나 용이하게 수집하느냐가 매우 중요하다.

✤ 신용분석에 필요한 자료와 정보는 그 종류가 매우 다양하다. 분석에 필요한 자료와 정보가 너무 많아서도 곤란하지만 반대로 너무 적어도 문제이다. 따라서 필요한 정보를 언제, 어디서, 어떻게, 얼마만큼의 양을 수집할 것인지가 신용분석의 출발이라고 하여도 과언이 아니다. 신용분석의 초석이 되는 고객정보조사와 이를 바탕으로 하여 이루어지는 고객의 신용분석 및 신용평가도 이러한 자료나 정보의 수집에서부터 출발한다.

✤ 자료와 정보의 질과 양은 신용평가의 정확성과 신뢰성을 높이게 된다. 그러므로 신용분석자는 평소 신용분석에 필요한 자료와 정보를 어떤 경로를 통하여 수집하여야 하며, 수집한 자료의 옥석을 가릴 수 있는 안목을 가지고 있어야 한다.

제1절 공시자료

기업에 대한 신용분석에 필요한 자료나 정보는 수집하는 방법에 따라 크게 두 가지로 나누어 볼 수 있다. 하나는 분석 대상기업이 관계 법령이나 제도에 의해 공개하는 공시자료가 있으며, 기업의 IR차원에서 외부에 공개하는 자료가 있다. 또 다른 하나는 분석 대상 기업이 신용분석자의 요청에 의해 제공하는 비공시자료이다.

기업의 신용분석에 필요한 자료는 공시자료이던 비공시자료이던 간에 모두가 다 원칙적으로 당해 기업에서 나온다는 점에서는 동일하다. 그렇지만 공시자료는 법령이나 제도적으로 구속력을 갖고 있기 때문에 비공시자료에 비해 신뢰성이 더 높다는 점이 차이점이다.

비공시자료는 융자신청 등 분석 대상기업의 필요에 의해서 자료를 제출하는 것이기 때문에 당해 기업에 유리한 점은 더욱 부각시키고 불리한 점은 축소시키는 경향이 있으므로 자료나 정보 이용에 유의하여야 한다. 물론 공시자료에도 이러한 현상이 있기는 마찬가지이지만 비공시자료에 비해 그 정도가 심하지는 않다고 볼 수 있다.

공시자료에는 감사보고서, 반기 및 분기보고서, 사업보고서 등이 있다. 그리고 회사가 제시하는 비공시자료는 채권금융기관이 요구하는 형식을 따르는 것이 대부분이기 때문에 자료작성의 형식과 내용이 다양하며, 일정한 틀이 없다.

일반적으로 신규평가나 정기평가 시에는 비공시자료는 물론 감사보고서와 사업보고서는 필수적으로 받아야 하며, 반기 또는 분기보고서도 필요에 따라 받아서 최근의 실적과 동향을 분석하여야 한다. 수시 평가시에는 최근의 매출실적과 같은 영업상황에 관한 자료들을 주로 받는다.

1. 감사보고서

금융기관이 기업에 대한 여신심사를 위하여 신용분석을 할 때 가장 중요한 자료가 감사보고서이다. 감사보고서는 외부감사 대상법인이면 의무적으로 외부감사인으로부터 재무제표에 대하여 감사를 받아 공개하는 공시자료이다.

1-1 감사보고서의 주요 내용

감사보고서의 주요내용과 이용할 때 유의하여야 할 사항들을 정리하면 다음과 같다.

✤ 외부감사인의 감사보고서

외부감사인의 감사의견이 담긴 보고서이다. 감사의견에는 적정의견, 한정의견, 부적정의견, 의견거절 등 4종류의 감사의견이 있다. 이중에서 적정의견을 받은 감사보고서만 신뢰성이 있다고 볼 수 있으며, 다른 감사의견이 표명된 감사보고서는 이용에 특히 유의하여야 한다.

✤ 특기사항

특기사항은 감사의견에는 영향이 없지만 감사보고서 이용자의 합리적인 의사결정에 참고가 되는 사항들을 기재하고 있다. 다음 표의 예시와 같이 최대주주의 변경, 사업부의 매각이나 매수 등 재무상태표일 이후에 발생한 주요사항들이 그 대상이 되고 있다.

[표 2-1] 특기사항의 예시

재무제표에 대한 주석 20에서 설명하는 바와 같이, 재무상태표일 이후 200X년 X월 XX일 이사회 결의를 통하여 200X년 X월 XX일을 기준으로 보통주 및 우선주 10주를 동일한 액면주식 1주로 병합하는 무상감자결정을 하였습니다.

✤ 재무제표

회계기준에서 정하고 있는 아래에 열거한 재무제표들을 당해연도와 직전연도를 비교하여 보여주고 있다.

- 재무상태표
- 손익계산서
- 현금흐름표
- 자본변동표
- 주석

✤ 재무제표에 대한 주석

상기 재무제표에 대하여 계정과목의 변동사항에 관한 추가적인 설명이나 회계처리 방법들에 관한 설명이 기재된다.

주석사항들의 내용은 모두 중요하지만 특히 이 중에서 반드시 검토하여야 할 사항에는 회계처리방침, 우발채무와 약정사항, 특수관계자와의 거래내용, 중단된 사업, 토지의 공시지가, 기계장치의 내용연수, 보험가입현황, 회사 소유자산의 담보제공 내역 등이다.

재무제표에 대한 주석사항에는 다음과 같은 내용들이 있다.

- 회사의 개요
- 중요한 회계처리방침
- 현금 및 현금등가물과 장단기 금융상품의 내용
- 유가증권 내역
- 매출채권의 내역과 현재가치
- 재고자산
- 투자유가증권 내역
- 장단기대여금 내역
- 유형자산에 대한 설명
- 토지의 공시지가

- 기계장치의 내용연수
- 보험가입현황
- 회사 소유자산의 담보제공 내역
- 연구비와 경상개발비 내역
- 단기차입금 내역
- 사채 내역
- 장기차입금 내역
- 퇴직급여충당금 내역
- 우발채무와 약정사항
- 자본금 변동내역
- 이익잉여금의 내역
- 자기주식 내용
- 법인세비용 구성 내역
- 주당경상이익 및 순이익
- 특수관계자와의 거래내용
- 외화자산과 외화부채 내용 및 환산손익
- 부가가치계산 항목
- 환경기준과 회사정책
- 종업원 복지 및 사회에 대한 기여금
- 전문인력개발 및 교육에 관한 내용
- 사업부문별 정보
- 중단된 사업
- 현금흐름표 중 현금 유출입이 없는 거래명세
- 전기 재무제표의 계정과목 재분류 내용 등

1-2 감사보고서 이용 시 유의사항

✤ 감사의견

감사보고서를 이용할 때 제일 먼저 확인하여야 하는 것이 외부감사인의 감사의견이다. 한정의견과 부적정의견의 경우에는 수정재무제표가 작성되기 때문에 이를 활용할 수도 있지만, 근본적으로 한정의견과 부적정의견 및 의견거절의 경우에는 회계 투명성 문제를 포함하여 경영자의 도덕성까지도 의심하여야 할 정도로 주의가 요구된다. 신용분석자는 이점에 유의하여야 한다.

뿐만 아니라 기업에서 공시하는 감사보고서와 금융기관에 제출하는 감사보고서 내용 중 재무제표의 계수 불일치가 있을 수 있으므로 감사보고서를 이용할 때에는 금융감독원의 공시자료실을 열람하여 비교 검토할 필요가 있다.

[표 2-2] 적정의견의 예시

본 감사인의 의견으로는 상기 재무제표는 A주식회사의 200Y년과 200X년12월 31일 현재의 재무상태와 동일로 종료되는 양 회계연도의 재무성과 그리고 현금흐름의 내용을 대한민국의 기업회계기준에 따라 중요성의 관점에서 공정하게 표시하고 있습니다.

[표 2-3] 한정의견의 예시

회사는 200Y년과 200X년 12월 31일로 종료되는 회계연도에 영업손실이 각각 404백만원과 33백만원이며 경상손실이 각각 49백만원과 81백만원이 발생하였습니다. 또한 200Y년 12월 31일 현재 누적결손이 475백만원에 이르고 있습니다. 이러한 상황은 계속기업으로서의 회사의 존속능력에 중대한 의문을 불러일으킬 수 있는 중요한 불확실성의 존재를 나타내며, 회사가 계속기업으로서 존속할지의 여부는 매출물량 확대, 신제품 출시 등 판매전략의 수립, 유상증자 등의 자구계획에 따라 좌우되는 중요한 불확실성을 내포하고 있습니다. 이러한 회사의 계획에 차질이 있는 경우에는 계속기업으로서의 존속이 어려우므로 회사의 자산과 부채를 정상적인 사업활동 과정을 통하여 장부가액으로 회수하거나 상환하지 못할 수도 있습니다. 재무제표는 이 사실을 공시하지 않았습니다.

본 감사인의 의견으로는 위 문단에 포함된 정보의 누락을 제외하고는 상기 재무제표는 B주식회사의 200X년과 200Z년 12월 31일 현재의 재무상태와 동일로 종료되는 양회계년도의 재무성과 그리고 현금흐름의 내용을 대한민국의 기업회계기준에 따라 중요성의 관점에서 공정하게 표시하고 있습니다.

[표 2-4] 의견거절의 예시

> 회사가 계속기업으로서 존속할지의 여부는 동 주석 19에서 설명하고 있는 바와 같이 어음 등과 관련된 우발부채의 최종 결과와 향후 자금조달 계획, 지속적이고 안정적인영업이익 달성을 위한 신규사업 진출 여부 등 재무 및 경영개선 계획의 성공 여부 등에 따라 좌우되는 중요한 불확실성을 내포하고 있습니다. 그러나 이러한 불확실성의 최종결과로 발생될 수 있는 자산과 부채 및 관련 손익항목에 대한 수정을 위해 이를 합리적으로 추정할 수 있는 감사증거를 확보할 수 없었습니다.
>
> 한편, 별첨 첨부자료인 내부회계관리제도 검토보고서에서 설명하고 있는 바와 같이 회사로부터 당기의 내부회계관리제도에 관한 운영실태 평가보고서를 제시받지 못하여 동 내부회계관리제도 운영 상태에 대한 검토절차를 수행할 수 없었습니다.
>
> 또한, 회사는 200X년 12월 31일자로 종료되는 회계연도의 결손금처리계산서와 현금흐름표를 제시하지 않았으며 이에 따라 결손금처리계산서 및 현금흐름표를 재무제표에 첨부하지 아니하였습니다.
>
> 본 감사인은 위 문단에서 기술한 사항이 상기 재무제표에 미치는 영향의 중요성 때문에 동 재무제표에 대한 의견을 표명하지 아니합니다.

✤ 외부감사인

외부감사인 제도는 주식회사 등의 외부감사에 관한 법률(외감법)에 근거를 두고 있으며, 회사 내의 내부감사인과는 별도로 회사와 관계없는 외부의 감사인이 행하는 회계감사제도를 말한다. 외부감사인에는 공인회계사의 구성원 수에 따라 회계법인, 감사반 등이 있으며, 회계법인이 주류를 이루고 있다.

외부감사인의 종류에 따라 같은 적정의견을 표명한 감사보고서일지라도 신뢰성이 다르므로 신용분석자가 유의하여야 할 부분이다. 일반적으로 감사반보다는 회계법인이 신뢰성이 더 높다. 회계법인 중에서도 공인회계사의 수가 많고 수임실적이 많아 교섭력이 강한 회계법인일수록 신뢰성이 더욱 높아진다고 보아야 한다. 그러므로 신용평가 시에는 외부감사인이 누구인지를 확인하여 그 등급에 따라 차등화할 필요가 있다.

2. 사업보고서

사업보고서란 회사의 개황, 사업의 내용, 재무에 관한 사항, 외부감사인의 감사의견 등을 기록하여 작성한 보고서를 말하며, 증권거래법에 의하면 상장회사는 각 사업연도 경과 후 3개월 이내에 증권선물위원회와 한국공인회계사회에 제출하도록 되어 있는 정기공시보고서이다.

작성 목적은 기업이 주주들과 투자자들에게 지난 1년간의 경영결과를 소상히 밝히기 위하여 작성된다. 공개법인이나 등록법인과 같이 사업보고서 작성대상 기업의 경우에는 감사보고서와 함께 의무적으로 공시를 하고 있다.

감사보고서와 크게 다른 점은 사업에 관한 내용이 구체적으로 기술되어 있어 신용분석 시에 경영과 영업에 관한 유용한 정보를 얻을 수 있다.

2-1 사업보고서의 주요 내용

사업보고서에 기록되는 주요 내용은 다음과 같다.

✤ 회사의 개황

- 회사의 목적
- 회사의 연혁
- 자본금 변동 상황
- 주식의 총수 등
- 의결권 현황
- 배당에 관한 사항 등

✤ 사업의 내용

- 사업의 개요
- 주요 제품 및 원재료 등
- 생산 및 설비에 관한 사항
- 매출에 관한 사항

- 수주상황
- 경영상의 주요계약 등
- 연구개발활동
- 기타 투자의사결정에 필요한 사항

✤ 재무에 관한 사항

- 요약재무정보
- 재무제표 이용상의 유의점
- 재무제표
- 연결재무제표
- 부문별 재무 현황
- 합병전후의 재무제표

✤ 감사인의 감사의견

- 감사인(공인회계사)의 감사의견 등
- 당해 사업연도 감사(내부감사)의 감사의견 등
- 연결재무제표에 대한 감사인의 감사의견 등
- 기타

✤ 지배구조 및 관계회사 등의 현황

- 지배구조의 개요
- 관계회사 등의 현황
- 타법인출자 현황

✤ 주식에 관한 사항

- 주식의 분포
- 주식사무
- 최근 6개월간의 주가 및 주식 거래실적

✤ 임원 및 직원 등에 관한 사항

- 임원의 현황
- 직원의 현황
- 노동조합의 현황

✤ 이해관계자와의 거래내용

- 최대주주 등과의 거래내용
- 주주(최대주주 등 제외) 및 기타 이해관계자와의 거래내용

✤ 부속명세서

- 제조원가명세서
- 예금등명세서
- 유가증권명세서
- 재고자산명세서
- 주요채권명세서
- 단기차입금명세서
- 주요채무명세서
- 장기차입금명세서
- 사채명세서
- 감가상각비등명세서
- 법인세등명세서

✤ 기타 필요한 사항

- 신고 및 공시사항 요약
- 주주총회의사록 요약
- 우발채무 등
- 제재현황
- 결산일 이후에 발생한 중요사항
- 중소기업기준 검토표 등
- 장래계획에 관한 사항의 추진실적
- 공모자금 사용내역 등

2-2 사업보고서 이용 시 유의사항

사업보고서를 이용할 때는 다른 정보들도 중요하지만 특히 사업의 내용 부문에 기술되어 있는 사업의 개요, 주요 제품 및 원재료, 생산 및 설비에 관한 사항, 매출에 관한 사항, 수주상황, 경영상의 주요계약, 연구개발활동, 기타 투자의사결정에 필요한 사항 등은 신용분석에 있어서 중요한 정보이므로 반드시 검토하여야 한다.

사업보고서 내용 중에서 재무적인 정보는 그다지 문제될 것은 없지만 비재무적인 정보에 대해서는 사업보고서에 기술되어 있는 내용을 액면 그대로 받아들여서는 곤란하다. 특히 업계동향과 전망, 당해 기업의 영업부진의 원인, 영업전략 등은 신용분석자가 별도로 다른 채널을 통하여 정보를 구하여야 한다. 그 이유는 사업보고서가 주주나 투자자에게 제출되는 보고서이므로 실제 사실보다는 과장되거나 여과되지 않은 내용이 있을 수 있기 때문이다.

3. 반기보고서 및 분기보고서

공개법인과 등록법인이면 의무적으로 작성하여 공시하는 자료이다. 매 분기별로 작성하는 분기보고서와 반기마다 작성하는 반기보고서가 있다. 감사보고서와의 내용과 크게 다른 점은 사업추진 내용과 결산일 이후 중대한 경영상의 변화 내용과 매출액의 증감, 차입금의 증감, 유상증자 여부 등 재무적인 변동 내용들이 담겨져 있다는 것이다.

3-1 반기 및 분기보고서의 주요 내용

반기 및 분기보고서의 구성 내용은 정기보고서인 사업보고서와 동일하다.

3-2 반기 및 분기보고서 이용 시 유의사항

반기 및 분기보고서를 이용할 때 유의하여야 할 점은 감사보고서와는 달리 외부감사인의 감사의견이 표명되지 않는다는 점이다. 그러나 이러한 단점에도 불구하고 반기 및 분기보고서는 신용분석에 있어서 정보의 적시성 측면에서는 매우 유용한 정보임에는 틀림이 없다.

제2절 비공시자료

공개법인이나 등록법인의 경우는 상당한 부분의 정보가 공개되고 있지만 외감법인을 포함한 비외감 중소기업의 경우에는 공시자료가 거의 없다. 소규모 기업들의 경우에는 필요한 정보를 당해 기업으로부터 직접 요구하지 않으면 경영에 관한 중요한 내용들을 거의 알 수가 없다.

따라서 이러한 기업들에 대한 신용분석을 할 때에는 반드시 필요한 자료들을 충분히 받아서 사용하여야 하며, 정보의 검증을 위하여 회사를 방문하여 면담도 하여야 한다.

기업고객으로부터 받는 비공시자료는 특정한 서식이 없으며 각 금융기관이 임의로 작성한 서식을 사용하는 경우가 대부분이다. 고객의 실체를 이해하는데 필요한 내용들이 체계적으로 기술될 수 있도록 만들어진 것이 사업현황서이다.

그리고 감사보고서가 없는 비외감업체의 경우는 결산명세서 또는 세무조정계산서 등 재무제표에 관한 자료도 받아야 한다.

1. 사업현황서

사업현황서에는 기술된 내용들의 정확성을 검증하기 위하여 여러 가지의 근거자료들을 첨부하도록 하고 있다.

1-1 사업현황서의 주요 내용

각 금융기관마다 차이는 있지만 대체적으로 사업현황서의 내용은 다음과 같이 구성되어 있다.

- 기업체 개요
- 기업의 연혁
- 대주주명단과 지분율
- 주요 경영진 현황
- 대표이사의 이력서
- 종업원 현황
- 관계 및 관련회사 내용
- 조직도표
- 신제품개발 및 기술관련 정보
- 설비현황과 설비투자계획
- 원재료 구매상황
- 제품생산실적
- 판매상황
- 수출입실적
- 거래처별 판매추이
- 수주실적(건설업의 경우)
- 최근 매출실적
- 영업전략
- 외환리스크 관리상황
- 업계현황과 경쟁업체 명단
- 시장점유율에 관한 사항
- 추정재무제표
- 증자계획
- 사채발행 계획
- 신규사업진출 계획(자금조달계획 포함)
- 대규모 설비투자 계획(자금조달계획 포함)
- M&A 및 사업구조조정 계획
- 경영전략 등

1-2 사업현황서 이용 시 유의사항

사업현황서는 기업에 관한 좀더 많은 내용을 구체적으로 기재할 수 있도록 양식이 만들어져야 바람직하다. 동 자료는 감사보고서와 같이 제3자에 의해 검증되지 않은 자료이기 때문에 신용분석자가 직접 증빙자료들을 이용하여 정보의 정확성을 최대한 확인하여야 한다. 업무가 과중하다는 이유로 아니면 게을러서 사실의 확인을 소홀히 하여서는 절대 안 된다.

2. 면담자료

서류에 의한 사전 신용분석을 한 다음에 의문점이 있다거나 추가로 받아야 할 자료나 정보는 당해 기업을 방문하여 보충하여야 한다. 면담자료는 매우 요긴하면서도 중요한 자료이다. 물론 여신의 금액이 소액이거나 회수위험이 거의 없는 경우에는 기업을 방문할 필요가 없는 경우도 있다.

2-1 면담절차와 방법

평가대상 기업의 방문과 면담은 가장 중요하며 실질적인 신용평가의 핵심이다. 특히 중소기업의 경우는 더욱 그러하다.

기업을 방문하고자 할 때에는 무작정 방문하는 것이 아니라 다음과 같이 계획을 세워 방문하여야 효과적이다.

서류검토 → 질문지 작성 → 질문지 사전 전달 → 경영진 면담

1단계 서류검토

분석에 필요한 서류를 사전에 받아 충분한 검토 및 분석을 실시하며, 이 과정에서 계정과목의 이상변동 등 납득이 가지 않는 내용들을 메모하여야 한다.

2단계 질문지 작성

서류검토 시에 메모한 내용들을 다시 간단명료하게 질문항목들을 서면으로 정리하여야 한다.

3단계 질문지 사전 전달

회사를 방문하기 전에 서면으로 정리한 질문지를 미리 전달한다. 미리 전달하는 이유는 방문시간을 단축하기 위한 목적도 있지만 당해 기업이 충분한 시간을 가지고 성실한 답변을 할 수 있도록 하기 위한 것이 주목적이다. 질문지를 사전에 전달할 때 질문할 사항들을 모두 전달하지 말고 90% 정도만 보내고 나머지 10% 정도는 방문 시 즉석에서 질문을 하여 답을 구하도록 하여야 한다. 그 이유는 미리 질문지를 작성하게 할 경우 기업에 유리한 내용으로만 채워질 가능성이 높기 때문이다. 10%에 해당하는 즉석질문의 답이 미리 작성한 90%의 답과 유사성과 연관성을 비교하여 전체적인 답변의 신뢰성을 검토하여야 한다.

4단계 경영진 면담

경영진이나 기업관계자와 면담을 할 때 많은 질문이나 긴 내용의 질문보다는 간단명료하게 질문하여야 하며, 질문의 요지가 분명하여야 한다. 그리고 가급적이면 많이 들어주도록 하여야 하며 우회적인 질문도 곁들이는 것이 좋다.

2-2 면담시 주요 질문 내용

면담시 질문하여야 하는 내용들은 대상기업의 종류와 당시 상황에 따라 다르지만 대체적으로 다음과 같은 내용들이 포함된다.

- 산업환경 및 전망
- 장기 사업전략
- 주력사업의 동향
- 최근 경영실적 변화에 대한 원인
- 경영성과의 결과와 최고경영자와의 상관관계
- 장단기 경영계획 및 실천방안

- 경쟁력 유지 및 개선방안
- 재무정책과 재무상의 목표 및 실천상황
- 회계처리 관련
- 과거의 위기극복 경험 및 발생가능한 위험에 대한 인식 및 대응방안
- 우발적 사고에 대한 대비책
- 기타 의문사항 등

제3절 자료 및 정보의 신뢰성과 적시성

1. 자료 및 정보의 신뢰성

신용분석에 필요한 정보를 크게 두 가지로 구분하면 재무정보와 비재무정보로 구분할 수가 있다. 재무정보란 부속명세서를 포함한 재무제표를 말하며, 비재무정보란 재무 외적인 정보로서 정성적인 판단을 필요로 하는 정보이다. 경영전략이나 사업성, 제품의 품질 등이 그러한 것이다.

재무정보의 신뢰성은 외감법인인 경우에는 적정의견이 표명된 재무제표는 신뢰할 만하다고 하겠다. 앞에서도 언급하였지만, 그 이외의 감사의견이 표명된 재무제표는 신뢰할 수가 없다. 비록 적정의견을 받은 재무제표라고 할지라도 기업의 회계투명성 정도와 최고경영자의 도덕성에 따라 재무제표 분식이 비일비재하게 발생되는 것이 현실이다.

비재무적인 정보에도 신뢰성의 문제가 늘 존재한다. 오히려 재무제표에 관한 문제보다 더 심각할 수도 있다. 경영상의 중요한 정보를 왜곡시키거나 밝히지 않을 경우 신용분석자의 입장에서는 잘못된 의사결정으로 부실여신을 발생시킬 수도 있다.

여신금액이 크거나 중요한 경우에는 반드시 심도있는 정보의 분석과 판단이 요구된다. 회사를 방문하여 필요한 자료들을 수집하여 철저한 확인 작업이 필요하다고 본다. 이때 유의하여야 할 것은 고객은 항상 자기에게 유리한 정보만을 제공하려고 하는 경향이 있다는 사실이다. 자사에 불리한 정보는 절대로 제공하지 않는다. 따라서 여신고객의 입에서는 모두 유리한 정보만이 나온다는 사실을 분명히 인식할 필요가 있다.

그렇다면 정보의 신뢰도는 누가 확인하여 줄 것인가? 아무도 없다. 신용분석자가 판단하여야 할 사안이다. 기업의 재무 및 비재무정보에 대한 신뢰성은 정부나 신용정보 제공업자 등 그 누구도 보장하지 않고 책임지지 않는다. 그러므로 신용분석자는 많은 경험과 높은 식견이 필요하다고 하겠다.

2. 자료 및 정보의 적시성

앞에서 우리는 정보의 중요성과 신뢰성에 대하여 알아보았다. 그러나 신뢰성 확보를 이유로 중요한 정보의 수집이 늦어지거나 수집을 하지 못한다면 이 또한 문제가 아닐 수 없다. 기업의 회계정보는 아무리 빨라도 약 3개월에서 15개월 정도의 시차를 두고 늦게 제공된다. 예를 들면 올해 4월에 받아 보는 감사보고서는 전년도 1월에 발생한 회계사건의 경우 무려 15개월의 시차가 발생한다. 비상장 기업이나 중소기업의 감사보고서는 12월 결산법인일 경우 늦게는 그 다음해 6월이 지나도 제공받지 못하는 경우가 있다.

물리적으로 해결이 안 되는 경우도 있지만, 다분히 의도적이고 늦게 회계정보를 제출하는 기업의 경우에는 정보의 적시성 측면의 문제가 아니라, 정보의 신뢰성의 측면에서 의심의 눈초리를 보내야 한다.

신용분석자는 재무정보의 신뢰성과 적시성을 동시에 조금이라도 더 높이려고 한다면 기업을 수시로 방문하여 월별 실적을 확인하고, 경영자를 면담하여야 한다. 이 과정에서 재무제표에 미칠 수 있는 중대한 정보를 찾아야 한다. 이것이 신용평가와 신용위험관리의 기본이다. 왜냐하면 회계정보는 비회계정보보다 항상 한 걸음 늦은 정보이기 때문이다.

연 | 습 | 문 | 제

1. 감사보고서에 없는 정보는? (　　)

① 회사 소유자산의 담보제공 내역

② 현금 및 현금등가물과 장단기 금융상품의 내용

③ 중요한 회계처리방침

④ 주요 경영진의 경력사항

⑤ 기계장치의 내용연수

2. 다음 중 공시자료가 아닌 것은? (　　)

① 감사보고서　② 사업현황서　③ 사업보고서

④ 반기보고서　⑤ 분기보고서

3. 평가대상기업의 경영진을 면담할 때의 내용 중 부적절한 것은? (　　)

① 경영진의 면담은 대기업보다는 중소기업을 평가할 때 더욱 중요하다.

② 기업을 방문하고자 할 때에는 계획을 세워 방문하여야 효과적이다.

③ 면담을 하기 전에 간단명료하게 질문항목들을 서면으로 정리하여야 한다.

④ 기업을 방문하기 전에 서면으로 정리한 질문지를 전부 전달한다.

⑤ 가급적 많이 들어 주도록 하여야 하며 우회적인 질문도 곁들이는 것이 좋다.

정 | 답 | 및 | 해 | 설

1. ④

주요 경영진의 경력사항에 관한 내용은 감사보고서에 기재하는 사항이 아니다.

2. ②

사업현황서는 은행이 필요에 의해 기업고객으로부터 받는 임의 정보로서 공시대상은 아니다.

3. ④

서면으로 정리한 질문지를 전부 주어서는 곤란하며 답변의 신뢰성 검증을 위하여 일부는 면담시 직접 질문을 하여야 한다.

제3장 고객정보조사

학습목표

- ✤ 기업고객의 정보를 조사하는 이유를 정확하게 알고 있어야 한다.
- ✤ 기업고객의 정보를 조사하는 방법에 관하여 구체적으로 파악하고 있어야 한다.

학습개요

- ✤ 신용을 공여할 기업고객에 관하여 충분히 이해를 하지 못한 상태에서 여신을 제공할 수는 없는 일이다. 따라서 기업고객의 성장과정인 역사는 물론 현재의 재무상태를 포함하여 영업활동 상황, 경영진, 경쟁업체 등 비즈니스의 특성을 정확히 파악하고 미래의 경영환경 변화 방향에 관한 전망과 기업의 이러한 환경변화에 대한 대처능력 등을 검토하여 신용평가를 하여야 한다.

- ✤ 이 장에서는 이와 같은 기업의 신용평가에 필요한 고객정보의 내용과 조사방법을 구체적으로 양식을 곁들여 설명하고 있다. 따라서 각 양식의 내용들을 숙지하여 각 정보들의 조사목적과 조사방법에 관하여 학습하여야 한다.

제1절 고객정보조사의 중요성

고객정보(Customer Information)조사란 분석대상 기업의 실체를 파악하기 위하여 행하는 기초적인 조사를 말한다. 신용분석에 필요한 중요한 자료 및 정보를 수집하여 체계적으로 기술한 것을 고객정보조사서(Customer information sheet)라고 한다. 본격적인 신용분석은 동 고객정보조사서를 바탕으로 작업이 이루어진다.

여기서 고객정보조사와 신용분석은 분명하게 구분된다. 고객정보조사는 신용분석을 하기 전에 향후 차주가 될 수도 있는 분석대상 기업의 실체를 규명하는 과정이다. 그러므로 신용분석과는 달리 객관적인 사실에 근거하여 고객의 정보를 있는 그대로 기술하여야 한다. 이렇게 조사된 각 항목에 대하여 평가하는 작업이 신용분석이다. 즉, 신용분석에는 신용분석자의 주관적인 판단이 작용한다는 점이 근본적인 차이점이다.

고객정보조사서는 신용분석의 방향과 범위를 결정하는 매우 중요한 일이기 때문에 가능하면 많은 자료와 정보를 담고 있어야 한다. 그러나 고객의 정보가 중요하다고 하여 불필요한 정보가 너무 많을 경우 신용분석의 범위가 확대되어 효율성이 떨어진다. 그리고 신용분석의 방향성을 잃거나 흐리게 할 소지도 있다. 그러므로 신용평가에 필요한 자료를 취사선택하여 정확하면서도 자세하게 기술하여야 한다.

한편, 고객정보조사서의 작성이 완료되면 신용분석자의 머리 속에는 이미 그 기업에 대한 충분한 이해는 물론이고, 신용상태에 대한 대략적인 윤곽도 그려지게 될 것이다. 그러므로 고객정보조사는 신용분석의 시작이자 절반이라고 하여도 지나친 말이 아니다.

제2절 고객정보의 조사방법

고객정보에 대한 조사항목과 각 항목별로 조사방법은 분석대상 기업마다 다르지만 대체적으로 다음과 같으며 주요 항목으로 기업의 개요, 연혁, 경영진의 구성내용, 주요 주주, 사업구성, 원재료 구매상황, 제품생산현황, 제품판매상황, 계열현황 등이 있다.

1. 기업의 개요

1-1 조사목적

고객정보조사서의 전체 내용에 대한 요약에 해당되는 사항들을 일목요연하게 파악하기 위함이다. 일종의 기업의 프로필(Profile)이라고 볼 수 있다.

1-2 조사방법

분석대상 기업의 상호, 대표이사, 경영진, 대주주, 법인등록번호, 사업자등록번호, 본사 및 공장과 영업점의 소재지, 회사설립일자, 업종과 주력사업(제품), 기업공개 여부 및 공개일자, 기업의 규모, 종업원수, 자본금과 주식발행수, 계열의 명칭과 관계회사 현황 등 고객정보조사서 전체에 대한 요약에 해당되는 사항들을 일목요연하게 기술한다.

[표 3-1] 조사항목 예시

<table>
<tr><td colspan="2">기업체명</td><td></td><td>설립일자</td><td></td><td>결산월</td><td></td></tr>
<tr><td colspan="2">대표자</td><td></td><td>기업형태</td><td></td><td>상시종업원수</td><td></td></tr>
<tr><td colspan="2">업종</td><td></td><td colspan="2">법인등록번호(사업자번호)</td><td colspan="2">(   )</td></tr>
<tr><td colspan="2">취급품목</td><td></td><td>상표명</td><td colspan="3"></td></tr>
<tr><td rowspan="3">소재지</td><td>본사</td><td colspan="5">(전화번호 :   )</td></tr>
<tr><td>공장</td><td colspan="5">(전화번호 :   )</td></tr>
<tr><td>사업장</td><td colspan="5">(전화번호 :   )</td></tr>
</table>

2. 연혁

2-1 조사목적

연혁은 기업의 역사(Business history)를 말하며, 연혁을 조사하는 목적은 분석대상 기업이 출범하여 현재까지의 성장과정과 성장배경을 파악하기 위하여 작성한다. 분석대상 기업의 연혁을 통하여 당해 기업의 사업구조나 경영전략의 변천사 등을 파악함은 물론 향후 나아갈 방향을 예상할 수 있다.

2-2 조사방법

회사가 설립된 일자부터 시작하여 분석시점까지의 경영상 주요 변동내용을 중심으로 간략한 문구로 기재한다. 연혁에 관한 사항은 분석대상 기업으로부터 자료를 받아 필요한 부분만 발췌하여 재작성하거나 아니면 당해 기업이 작성한 것을 그대로 사용하기도 한다.

통상 업력이 오래된 대기업의 경우에는 연혁표의 분량이 매우 많고 복잡하기 때문에 신용분석자가 필요한 내용만 취사선택하여 재작성한다. 그러나 업력이 일천한 기업이나 중소기업은 대부분 회사에서 작성한 연혁표를 그대로 사용한다.

연혁표에 기재되는 주요한 내용들은 일반적으로 다음과 같다.

- 회사설립일자와 설립당시의 목적사업
- 목적사업의 변화 내용
- 본점 또는 영업점 소재지 변동 내용
- 최고경영자(CEO)의 변동내용
- 자본금 변동내용(유무상 증자 또는 감자)
- 인수, 합병, 사업부 매각 등에 관한 내용
- 주요설비의 신설이나 증설한 내용
- 특허권 취득 등 기술개발실적, 기술도입내용
- 신상품 개발실적
- 주요한 경영전략의 변동 내용
- 사업과 관련하여 외부로부터의 주요 수상실적 등

[표 3-2] 조사항목 예시

일 자	주 요 내 용

3. 경영진의 구성내용

3-1 조사목적

경영진의 구성내용을 파악하는 목적은 주요 경영진의 전체적인 구성내용과 최고경영자 및 경영진의 학력과 경력이 당해 기업의 영위업종과 담당업무가 요구하는 수준에 부합하는지를 파악하여 현재 맡고 있는 사업을 성공적으로 이끌어 갈 수 있는 인물인지를 파악하고자 하는데 있으며, 소유와 경영의 분리 여부에 관한 정보도 얻을 수 있다.

3-2 조사방법

CEO를 포함하여 회사의 경영에 참여하는 주요 경영진들에 대하여 직위, 성명, 연령, 대주주와의 관계, 담당업무의 주요내용, 학력 및 주요 경력 등을 조사하여 기술한다.

주요 경력이란 실제로 기업을 경영한 경험과 현재 맡고 있는 업종과 연관이 깊은 기업에 종사한 경험이 있는지를 평가하기 위한 것이기 때문에 주로 이러한 점에 포커스를 맞추어 기술하여야 한다.

경영진의 구성내용에 관한 사항도 분석대상 기업으로부터 자료를 받아 필요한 부분만 발췌하여 재작성하거나 아니면 당해 기업이 작성한 것을 그대로 사용하기도 한다.

또한, 대표이사(CEO)나 중요한 보직에 있는 경영진의 경우에는 별도로 자세한 개인의 이력서를 추가로 받아 정보를 보완하기도 한다.

[표 3-3] 조사항목 예시

직위	성명	연령	대주주와의 관계	담당업무	학력 및 주요경력

4. 주요 주주

4-1 조사목적

주요주주의 현황을 조사하는 목적은 기업의 지배구조와 소유지분의 분포를 살펴봄으로써 기업의 소유권이 누구에게 있는지와 최대주주의 경영권이 안정적인지를 파악하고자 하는데 그 목적이 있다.

4-2 조사방법

주요 주주별로 분석시점에 있어서의 소유지분 현황과 최근 3년 정도의 소유지분율의 변동 내용을 파악하여야 한다. 그리고 발행한 주식의 총수와 최대주주(Owner)와의 관계 등을 조사하여 기재한다.

[표 3-4] 조사항목 예시

성 명	( )년도		( )년도		( )년도		대주주와의 관계
	보유수량	지분율	보유수량	지분율	보유수량	지분율	
발행주식 총수		100%		100%		100%	

5. 사업구성

5-1 조사목적

당해 기업의 사업구성(Business portfolio)과 제품구성(Products mix)을 조사하여 사업위험 분산이 잘되어 있는 지와 사업부나 제품별로 수명주기 및 시장경쟁력을 파악하여 사업의 안정성을 평가하고 이를 바탕으로 향후 매출액 추정의 기초자료로 활용하고자 함에 그 목적이 있다.

따라서 사업구성이나 제품구성을 조사할 때에는 주력제품과 비주력제품별로 구분하여 순서대로 작성하고 각 사업부나 제품별로 시장점유율의 변동요인도 함께 파악하여 기재한다.

이렇게 파악된 제품의 구성과 제품별 매출액 변동원인은 신용분석을 할 때 경영성과의 결과가 어떠한 요인에 의해 이루어졌는지를 평가하는데 유용한 자료로 이용된다.

5-2 조사방법

기업규모에 따라 조사방법이 달라야 한다. 규모가 큰 대기업인 경우에는 사업부별로 먼저 조사한 다음에 주력제품별로 조사한다. 그리고 중소기업이나 단일 사업부 형태의 대기업인 경우에는 주력 제품별로 과거 3년 간 사업부별 또는 제품별로 내수 및 수출을 구분하여 기재하고, 시장점유율의 변동요인을 파악하여 기재한다.

[표 3-5] 사업 또는 제품구성의 예시

구 분			( )년도			( )년도			( )년도		
			판매 수량	매출액	시장 점유율	판매 수량	매출액	시장 점유율	판매 수량	매출액	시장 점유율
A사업부	C제품	내수			%			%			%
		수출			%			%			%
	D제품	내수			%			%			%
		수출			%			%			%
B사업부	E제품	내수			%			%			%
		수출			%			%			%
	기 타	내수			%			%			%
		수출			%			%			%
합 계		내수									
		수출									

6. 원재료 구매상황

6-1 조사목적

원재료 구매상황을 조사하는 목적은 구매의 효율성을 평가하기 위하여 조사하는 것이다. 제품생산에 차질이 발생하지 않도록 원재료를 안정적으로 조달하고 있는 지와 원재

[표 3-6] 사업부별 제품별 시장지위 및 시장점유율 변동요인

구 분			수명 주기	수요 산업	시장 지위	시장점유율			주요 변동 요인
						( )년도	( )년도	( )년도	
A사업부	C 제품	내 수			/	%	%	%	
		수 출			/	%	%	%	
	D 제품	내 수			/	%	%	%	
		수 출			/	%	%	%	
B사업부	E 제품	내 수			/	%	%	%	
		수 출			/	%	%	%	
	기 타	내 수			/	%	%	%	
		수 출			/	%	%	%	

※ 시장지위 : 경쟁업체들 중에서의 업계순위 (예 : 3위/25개 사)

료 가격의 변동여부를 파악하여 분석 대상기업의 수익성 변동의 원인분석과 향후 수익성을 전망하고자 함에 그 목적이 있다. 따라서 원재료 구매상황에 관한 정보는 다음의 관점에서 조사되어야 한다.

6-2 조사방법

원재료 구매상황은 주요 원재료별로 주요구매처, 구매수량, 구매단가, 총구매금액을 조사하여 기재하며, 국내구매 및 수입구매와 각각의 비중도 기재한다. 그리고 현금구매와 외상구매 비중, 외상구매인 경우에는 평균적인 외상구매기간을 조사하여 기재한다. 구매측면의 특수한 요인이나 참고할 만한 사항이 있다면 비고란에 간단하게 메모하여 두도록 한다.

[표 3-7] 원재료 구매상황 조사 목적과 내용

구 분		조사 내용과 목적
주요 원재료의 종류		원재료의 특성 및 용도 파악
원재료 수급상황		원재료 수급상황(원활 또는 불안정)
원재료가격의 변화 추이		상승추세, 하락추세, 안정적인 추세 등
원재료 구매방법	공급계약에 의한 구매	계약조건(가격, 수량, 기간 등)
	시장구매	주요 구매처의 현황과 구매비중
원재료 구매조건	외상구매	외상구매 비중, 구매조건, 외상구매 기간
	현금구매	현금구매 비중 등

[표 3-8] 조사항목 예시

구 분		( )년도			( )년도			( )년도		
		구매 수량	구매 단가	구매 총액	구매 수량	구매 단가	구매 총액	구매 수량	구매 단가	구매 총액
A원재료	주요구매처									
	주요구매처									
B원재료	주요구매처									
	주요구매처									
C원재료	주요구매처									
	주요구매처									
기타 원재료	주요구매처									
	주요구매처									
합계	주요구매처									
	주요구매처									
국내구매	외상구매 비중	( )%			평균 외상구매 기간			( )일		
	현금구매 비중	( )%								
국외구매	외상구매 비중	( )%			평균 외상구매 기간			( )일		
	현금구매 비중	( )%								
원재료 조달 측면의 특징										

7. 제품생산현황

7-1 조사목적

제품생산현황을 조사하는 목적은 최근의 생산실적을 검토하여 분석 대상기업의 생산의 효율성을 파악하기 위함이다. 생산의 효율성은 원재료 구매와 함께 대상기업의 수익성을 결정짓는 중요한 판단의 기준이 되기 때문이다.

따라서 단순히 생산능력과 생산실적을 파악하는데 그쳐서는 안 되며, 생산시설의 노후화 수준, 생산능력, 첨단설비 여부, 제조공정과 공정의 자동화 및 기계화 수준, 가동률 그리고 생산측면의 특징 등을 위주로 조사하여야 한다.

[표 3-9] 제품생산현황 조사 항목과 내용

조사항목	조사내용
생산설비 현황	자가 소유 또는 리스 여부
생산설비의 노후화	평균적인 내용연수와 잔존내용연수
설비의 첨단화	특히 첨단기술산업인 경우 설비의 첨단화 수준
제조공정	공정상의 특징, 핵심기술의 내용
생산투입요소	기술집약적, 노동집약적, 자본집약적 등
생산의 효율성	자동화 수준, 기계화 수준 등
가동률	최근 3년간 가동률 변화 추이와 원인

7-2 조사방법

각 제품별로 총생산능력과 생산수량을 기재하며, 주요 생산설비의 내용과 생산설비의 리스(Lease)여부, 기술특허 내용, 기술 도입 및 제휴처, 평균 가동률, 생산수율 등을 기재한다.

[표 3-10] 조사항목 예시

구 분	( )년도			( )년도			( )년도		
	생산능력	생산실적		생산능력	생산실적		생산능력	생산실적	
		수량	금액		수량	금액		수량	금액
A 제품									
B 제품									
C 제품									
기 타									
합 계									
가동률	( ) %			( ) %			( ) %		
생산수율	( ) %			( ) %			( ) %		
특허현황					기술제휴				
설비현황									

※ 생산수율 : 상품성 있는 제품의 생산수량 / 원재료 투입 총량 × 100

8. 제품판매상황

8-1 조사목적

제품의 판매상황을 조사하는 목적은 분석대상 기업의 영업력과 영업의 안정성을 평가하고 영업의 효율성을 평가하여 향후 매출액의 변화방향을 전망하고자 하는데 있다.

여기서 영업력이라 함은 거래처에 대한 교섭력과 경쟁업체와 비교하여 제품경쟁력의 비교우위 등을 말하며, 안정성은 고정거래처의 확보 여부와 시장지위, 브랜드인지도 등을 말한다.

따라서 매출변동에 관한 정보는 다음의 관점에서 조사되어야 한다.

[표 3-11] 제품별 매출액 변동요인

구 분	변동요인	세부변동요인
시장 및 제품별 매출액 변동	판매수량의 변동	• 내수시장 규모의 확대 또는 축소
		• 수요의 증가 또는 감소
		• 시장점유율의 상승 또는 하락
		• 제품경쟁력의 상승 또는 약화 등
	판매단가의 변동	• 경쟁의 심화 또는 약화
		• 원가의 상승 및 하락
		• 덤핑판매 여부
		• 수출업체의 경우 환율의 변동
		• 가격교섭력의 상승 또는 하락 등

[표 3-12] 제품판매상황 조사 항목과 내용

조사항목	조사내용	조사목적
수요시장	수요시장의 종류, 특징, 전망 등	매출변동의 원인 분석과 매출액 추정
판매지역	내수판매, 수출 등	매출변동의 원인 분석과 매출액 추정
판매방법	시장판매, 주문판매 등	영업의 효율성 평가
판매조건	현금판매, 외상판매 등	운전자금 부담 평가
판매단가의 변동	변동의 원인	매출 증감원인 파악
고정거래처	고정거래처의 수와 거래처의 신용도	영업의 안정성 평가
거래처의 집중과 분산	특정거래처에 대한 판매비중	영업위험 평가

8-2 조사방법

주력 제품별로 판매처, 판매수량, 판매단가, 판매금액을 조사하여 기재하며, 내수와 수출을 구분하여 기재한다. 그리고 현금판매와 외상판매 비중, 내수와 수출의 비중, 평균적인 신용판매기간, 판매측면의 특징 등을 조사하여 기재한다.

[표 3-13] 제품판매상황 조사항목 예시

<table>
<tr><td colspan="3" rowspan="2">구 분</td><td colspan="3">( )년도</td><td colspan="3">( )년도</td><td colspan="3">( )년도</td></tr>
<tr><td>판매
수량</td><td>판매
단가</td><td>매출액</td><td>판매
수량</td><td>판매
단가</td><td>매출액</td><td>판매
수량</td><td>판매
단가</td><td>매출액</td></tr>
<tr><td rowspan="2">A 제품</td><td>내수</td><td>주요거래처</td><td></td><td></td><td></td><td></td><td></td><td></td><td></td><td></td><td></td></tr>
<tr><td>수출</td><td>주요거래처</td><td></td><td></td><td></td><td></td><td></td><td></td><td></td><td></td><td></td></tr>
<tr><td rowspan="2">B 제품</td><td>내수</td><td>주요거래처</td><td></td><td></td><td></td><td></td><td></td><td></td><td></td><td></td><td></td></tr>
<tr><td>수출</td><td>주요거래처</td><td></td><td></td><td></td><td></td><td></td><td></td><td></td><td></td><td></td></tr>
<tr><td rowspan="2">C 제품</td><td>내수</td><td>주요거래처</td><td></td><td></td><td></td><td></td><td></td><td></td><td></td><td></td><td></td></tr>
<tr><td>수출</td><td>주요거래처</td><td></td><td></td><td></td><td></td><td></td><td></td><td></td><td></td><td></td></tr>
<tr><td rowspan="2">기 타</td><td>내수</td><td>주요거래처</td><td></td><td></td><td></td><td></td><td></td><td></td><td></td><td></td><td></td></tr>
<tr><td>수출</td><td>주요거래처</td><td></td><td></td><td></td><td></td><td></td><td></td><td></td><td></td><td></td></tr>
<tr><td colspan="3">합 계</td><td></td><td></td><td></td><td></td><td></td><td></td><td></td><td></td><td></td></tr>
<tr><td colspan="3">외상판매비중</td><td colspan="3">( )%</td><td colspan="3">평균 외상판매 기간</td><td colspan="3">( )일</td></tr>
<tr><td colspan="3">내수 및 수출비중</td><td colspan="3">( )%</td><td colspan="3">매출채권 회전율</td><td colspan="3">( )일</td></tr>
<tr><td colspan="3">판매측면의 특징</td><td colspan="9"></td></tr>
</table>

9. 계열현황

9-1 조사목적

계열현황은 분석 대상기업이 소속되어 있는 계열의 명칭과 모기업이나 자회사, 그리고 관계회사들에 관한 현황을 조사하는 것이다.

개별기업의 신용을 분석할 때 매우 중요한 것들 중의 하나가 관계회사에 대한 분석이다. 그 이유는 계열관계에 묶여 있는 기업들은 계열사 상호간에 영업거래 또는 자금지원, 상호지급보증 등 직간접적인 영향으로 인하여 관계회사의 경영악화가 분석 대상기업의 부실로 이어질 가능성이 매우 높기 때문이다.

관계회사에 대한 조사항목과 조사목적은 다음과 같다.

[표 3-13] 계열현황 조사항목과 목적

조사항목	조사목적
관계회사들의 업종	• 사업다각화 수준 • 거래관계의 정당성 여부(업종의 연관성) • 시너지효과 등을 평가
관계회사들 간의 지분구조	• 경영권의 귀속처 • 경영권의 안정성 평가
관계회사들의 경영성과	• 연쇄부도 가능성 • 경영지원가능성 평가
상호거래 내용 • 매출비중과 원재료 매입비중 • 매출채권 및 매입채무 규모	• 영업의존도 • 재무분식의 가능성 평가
상호지급보증 및 담보제공 내용	• 동반 부실 가능성 평가

9-2 조사방법

조사 대상 관계회사의 범위는 감사보고서 등에 표시된 법적인 관계회사 이외에도 실질적인 지배관계에 있는 관련회사들까지도 모두 포함하여 조사하여야 한다. 분석 대상기업의 총매출액에서 관계회사의 매출액이 차지하는 비중, 원재료 매입비중 그리고 매출채권과 매입채무 잔액의 규모 등을 조사하여 기재한다.

[표 3-14] 계열현황 조사항목 예시

관계회사명	업종	설립일자	총자산	자기자본	자본금	총부채	총차입금	매출액	당기순이익	부채비율

[표 3-15] 관계회사와의 거래관계 조사항목 예시

관계회사	매출액		매입액		매출채권잔액		매입채무잔액	
	( )년도	( )년도	( )년도	( )년도	( )년도	( )년도	( )년도	( )년도
A기업								
B기업								
C기업								
D기업								
합 계								
거래비중	%	%	%	%	%	%	%	%

연 | 습 | 문 | 제

1. 연혁표에 기재되는 주요 내용이 아닌 것은? ( )
   ① 설립당시의 목적사업
   ② 최고경영자의 변동내용
   ③ 주요설비의 신설이나 증설한 내용
   ④ 분기별 매출액 변동원인과 추이
   ⑤ 사업과 관련한 외부로부터의 주요 수상실적

2. 주요주주의 현황을 조사하는 목적은? ( )
   ① 기업 가치를 평가하기 위하여
   ② 최대주주의 재력을 평가하기 위하여
   ③ 경영권의 안정성 여부를 평가하기 위하여
   ④ 대주주의 경영능력을 평가하기 위하여
   ⑤ 유상증자의 성공가능성을 평가하기 위하여

3. 사업포트폴리오나 제품구성을 조사하는 목적이 아닌 것은? ( )
   ① 사업위험 분산이 잘되어 있는지를 파악하는데 그 목적이 있다.
   ② 제품별로 수명주기와 시장경쟁력을 파악하는데 그 목적이 있다.
   ③ 사업의 안정성을 평가하는데 그 목적이 있다.
   ④ 매출액 추정의 기초자료로 활용하는데 그 목적이 있다.
   ⑤ 원재료 수급상황과 가격동향을 파악하는데 그 목적이 있다.

4. 원재료 구매상황을 조사할 때의 조사항목과 조사내용이 부적절한 것은? ( )
   ① 추정 매출수량과 연계한 제품단위당 원재료 소요량
   ② 원재료 수급상황
   ③ 원재료가격의 변화 추이
   ④ 원재료 구매방법, 외상구매 비중, 구매조건, 외상구매 기간
   ⑤ 주요 원재료의 종류와 각 원재료의 특성 및 용도 파악

5. 제품생산현황을 조사할 때의 조사항목과 내용이 아닌 것은? (　　)

① 설비의 첨단화 여부

② 향후 연도별 생산계획

③ 제조공정

④ 최근 3년 간 가동률 변화 추이와 원인

⑤ 자동화 수준 또는 기계화 수준

정 | 답 | 및 | 해 | 설

1. ④

매출액에 관한 시계열 자료와 변동원인에 관한 내용은 일반적으로 연혁표에 기재하지 않는다.

2. ③

주요주주의 현황을 조사하는 목적은 경영권의 안정성 여부를 평가하기 위해서이다.

3. ⑤

원재료 수급상황과 가격동향 파악은 사업포트폴리오나 제품구성을 조사하는 목적과는 거리가 멀다.

4. ①

추정 매출수량과 연계한 제품단위당 원재료 소요량은 매출원가를 추정할 때 고려하는 내용이다. 따라서 원재료 구매상황을 조사할 때의 조사항목 및 조사내용과는 거리가 멀다.

5. ②

제품생산현황을 조사할 때의 조사항목이나 내용에는 생산설비 현황, 생산설비의 노후화, 설비의 첨단화, 공정상의 특징, 핵심기술의 내용, 생산투입요소, 자동화 수준, 기계화 수준, 최근 3년간 가동률 변화 추이와 원인 등이 있다.

따라서 향후 연도별 생산계획은 제품생산현황을 조사할 때의 조사항목이나 내용과는 거리가 멀다.

제2편 신용위험 요소 평가

제4장 경영위험 평가

학습목표

- ✤ 경영위험 평가요소들의 종류와 평가방법에 관하여 이해하여야 한다.
- ✤ 경영위험 평가에 필요한 자료와 정보들의 종류와 수집방법에 관하여 이해하고 있어야 한다.
- ✤ 경영위험 평가 시 유의하여야 할 사항에 관하여 이해하고 있어야 한다.

학습개요

- ✤ 기업이 경영환경변화에 적응하면서 지속적인 성장을 달성하기 위해서는 최고경영자를 비롯한 경영진의 경영능력이 매우 중요하다. 경영환경이 유리한 방향으로 전개될 때 이를 바탕으로 기업을 한 단계 도약시킬 수 있는 능력도 중요하지만 경영환경이 불리한 방향으로 전개될 때의 경영위기 관리능력은 더욱 중요하다.
- ✤ 기업의 규모가 클수록 최고경영자 혼자 모든 분야를 통제 및 관리를 한다는 것은 불가능할 뿐만 아니라 매우 비효율적인 경영결과를 낳게 된다. 따라서 기업의 경영측면에서의 위험요인들을 점검하여 경영위험을 평가할 때에는 경영조직, 경영시스템과 지배구조, 최고경영자, 경영진, 대주주, 경영의 연속성과 안정성, 경영목표와 경영전략 등을 분야별로 상호 유기적인 측면을 고려하여 평가 하여야 한다.

제1절 경영조직

1. 조직의 구성체계

기업의 사업구조와 조직도를 통하여 영위업종의 특성과 사업영역의 범위 및 당해 기업의 규모에 걸맞은 적절한 형태의 경영조직을 갖추고 있는지를 중심으로 분석 평가한다. 기업의 경영조직은 업종마다 다를 수 있으며, 사업지역의 특성에 따라 달라져야 한다. 그리고 대기업이나 중소기업처럼 매출액이나 규모에 따라서도 달라져야 한다. 정확한 평가의 기준은 없지만 분석할 때 당해 기업이 처해진 상황에 따라 적절히 판단하여야 한다.

2. 조직체계의 합리성

대체적으로 기업들은 과거 경험에 의해 나름대로 비교적 합리적인 조직체계를 구성하고 있으며, 그렇게 되기 위하여 부단한 변신의 노력을 기울이고 있다고 보아야 한다. 조직이 합리적으로 구성되어 있는지는 당해 기업의 사업구조와 경영전략과의 적합성을 통하여 평가하여야 한다.

때로는 외부경영환경의 급격한 변화나 조직내부의 역학구조 등에 의해 왜곡된 조직의 형태로 변형되어 있는 경우도 있다. 이러한 왜곡된 조직구조는 기업의 역량관리의 실패를 유발하게 되며 양호한 경영성과로의 연결은 물론이고 조직의 통합에도 부정적인 영향을 미치게 된다.

3. 기능적 특성에 따른 조직의 형태

3-1 신설기업

신설기업이나 제품의 수명주기상 도입기에 있는 기업의 조직형태는 기능중심으로 역할을 분담하는 것보다 과제중심으로 역할을 분담하는 것이 바람직하다고 하겠다. 그 이유는 신설기업인 경우 사업의 진행방향과 속도에 따라 조직을 변화시킬 수 있는 조직의 유연성이 절대적으로 필요하기 때문이다.

3-2 성숙기업

신설기업과는 반대로 업력이 길거나 기업의 규모가 큰 대기업의 조직형태는 수직적 의사전달구조에 의한 효율성이 더 중요시 된다고 보아야 한다.

4. 구성동기에 따른 조직의 형태

4-1 공적인 조직

공식적인 관계에 의해 형성된 일반적인 형태의 조직체계이다. 기능중심적으로 개인의 능력에 따라 구성되어 있는 합리적인 조직체계를 말한다. 주로 성숙기업에서 볼 수 있는 조직의 형태이다. 기업의 설립목적과 경영이념, 경영목표, 경영전략에 부응하는 기능과 능력에 따른 합리적인 조직체계를 이루고 있다. 가족경영이나 친족경영이 아닌 대부분의 기업들이 공적인 관계 위에서 형성된 조직이다. 이러한 조직의 특성은 효율적인 경영시스템에 의해 기업이 움직이며 꾸준히 변화해 나가는 것이 특징이다.

4-2 사적인 조직

신설기업에서 볼 수 있는 조직의 형태로서 조직 구성원 각자의 능력이나 기능을 중심으로 구성된 조직이 아닌 사적인 조직을 말한다. 사업초기에 사적으로 유대관계나 이해관계가 있는 소수의 집단이 모여서 형성된 기업의 조직형태이다. 이러한 조직의 장점은 구성원간의 강한 결속력과 낮은 인건비로도 지탱이 가능하다는 데 있다.

반면에 이러한 조직의 단점은 현재의 조직이나 이념 외에는 쉽게 수용하지 못하는 배타적인 특성을 보이며, 조직 전체가 한 방향으로 획일적으로 움직이기 쉬우며 이중적인 의사결정구조로 인하여 경영환경변화에 신속히 적응을 하지 못하여 경영이 비효율적이거나 도태되는 경우가 많다.

비공식적인 조직의 대표적인 사례로는 종교관련 기업, 소규모 벤처기업 등이 여기에 해당된다.

[표 4-1] 기업의 형태별 효율적인 경영조직

기업의 형태	바람직한 경영조직
신설기업(벤처기업)	과제중심의 수평적인 조직
성숙기업(대기업)	기능중심의 수직적인 조직

[표 4-2] 경영조직 변화의 필요성 사례

(생략)

기업이 성장이라는 과제를 외면할 수만은 없다면 성장 단계에 맞는 지속적 혁신을 이뤄야 한다고 관계자들은 말한다.

1989년 창업 이래 비교적 고른 성장을 유지하고 있는 방송 수신용 셋톱박스 제조업체 A기업의 B사장은 "우리에게도 적지 않은 고비가 있었고 그 과정에서 제2의 창업이란 각오로 노력했다"고 말했다. B사장은 "회사 규모가 커지면서 외부에서 영입한 전문가들과의 시너지가 필요했는데 창업멤버 등 내부 인사의 저항이 컸다"며 "기존 체제에 안주할 수도 있었지만 창업멤버들을 내보내면서까지 폐쇄적인 조직 문화를 일신했다"고 말했다.

(생략)

(자료 : 조선일보 2007. 4. 30)

5. 재무관리조직의 기능과 역할

기업의 규모를 막론하고 재무관리조직이 없거나 그 기능이 약한 기업은 많은 문제점을 드러내곤 한다. 이러한 기업은 대부분 최고경영자의 경영경험과 관리 및 재무회계의 중요성을 인식하지 못하는 경영지식의 부족으로 인하여 나타난 결과이다.

기업에 있어서 CFO(Chief financial officer)의 역할과 정상적인 기능수행은 기업의 재무관리 안정성에 대한 가장 효율적인 평가지표이다. 따라서 CFO의 조직내 위상과 역할이 매우 중요하며, 사업구조와 사업전략에 대한 깊은 이해가 필수적이다.

5-1 신설기업의 재무관리

제품수명주기상 도입기에 있는 기업이나 신설기업은 영위사업에서 유입되는 현금이 거의 없거나 빈약하기 때문에 자금의 유입보다는 유출이 더 많을 수밖에 없다. 따라서 이들 형태의 기업의 경우 재무관리 조직의 역할은 주로 필요한 재원의 조달에 집중되어 있다.

5-2 성숙기업의 재무관리

반면에 업력이 오래된 기업이나 정상적인 궤도에 진입한 기업의 경우는 자체적으로 영위 사업에서 현금이 창출되기 때문에 경영에 필요한 재원의 조달기능 외에도 운전자금의 관리, 투자 의사결정에 참여, 생산과 영업의 균형관리 등 조달된 재원의 효과적인 집행도 매우 중요한 재무관리조직의 기능이다.

6. 경영진의 구성

경영조직이 합리적으로 구성되어 있다고 하여도 각 조직의 책임을 맡고 있는 경영진의 자질이나 능력이 부족하다면 그 기업의 경영조직은 실패할 가능성이 높아진다. 따라서 조직의 기능과 역할에 적합한 인물로 구성되어 있는가를 평가하여야 한다. 이때 참고하는 자료는 조직도표와 경영진의 구성 내역표 및 각 개인의 이력서 등을 참고한다.

7. 조직의 안정성

기업은 환경변화에 따라 탄력적으로 조직체계를 변화시켜 나가는 속성이 있다. 그러나 때로는 환경변화를 무시하고 조직을 확장하거나 축소하는 경우도 있으므로 이러한 경우에는 조직의 확장이나 축소가 타당성이 있는지를 평가하여야 한다.

기업조직의 변화의 타당성을 평가할 때 분석의 초점은 조직변화가 일관성을 유지하고 있는지의 여부가 중요하다. 환경변화에 순응하는 자세가 아닌 최고경영자의 독단에 의한 조직체계의 변화인지를 평가하여야 한다. 이 경우 기업 내부의 구성원들로부터 조직변화에 대한 합의를 기대하기가 어렵기 때문이다.

7-1 구성원의 안정성

조직 전체 구성원의 안정성은 당해 기업의 조직력을 결속시키는 강력한 힘이며 기업경쟁력의 원동력이다. 분석 대상기업이 동종업계에 비해 직원들의 이직률이 높을 경우 그 기업은 조직의 안정성을 기대하기 어렵기 때문에 후한 평가를 내릴 수가 없을 것이다.

특히 주요 경영진을 비롯한 당해 기업의 핵심인력이 빈번하게 교체되거나 이직을 하는 현상이 나타난다는 것은 신용분석자의 입장에서 볼 때 매우 위험한 신호로 해석하여야 한다. 왜냐하면 우량한 기업의 조직은 튼튼하며 그런 조직을 떠나려 하는 임직원은 없을 것이기 때문이다.

7-2 노사관계의 안정성

국내 기업에서 볼 수 있는 노사분규는 발생빈도나 질적인 측면에 있어서 기업경영에 심대한 타격을 가져다주고 있는 것이 사실이다. 그러나 노사분규는 최고경영자의 노동자에 대한 왜곡 또는 편협한 인식과 경영진의 노사분규에 대한 대응전략과 방법에 따라 노사충돌의 전개방향이 달라지기 때문에 경영진의 종업원에 대한 인식과 경영철학이 중요하다.

그러므로 신용분석을 할 때에는 경영진의 노사관계에 대한 인식, 조직문화, 업종 및 지역의 동향, 기업의 생산성에 미치는 파급효과 등에 대한 종합적인 분석이 필요하다.

8. 조직문화

지역이나 산업마다 그리고 각각의 기업마다 조직이 가지고 있는 고유한 문화가 있게 마련이다. 그 기업만이 가지고 있는 독특한 조직문화는 당해 기업의 경영성과를 높이는 효과를 가져다주기도 하며, 한편으로는 부정적인 결과를 낳기도 한다.

신용평가 시에는 대상기업의 조직문화를 확인하여 장기적인 경영비전의 달성과 단기적인 경영성과에 어떠한 영향을 미치게 될지도 생각해 보는 것이 바람직하다.

제2절 경영시스템

경영조직이 기업의 하드웨어적인 제도라면 경영시스템은 경영조직을 움직이게 하는 소프트웨어적인 역할을 한다. 기업의 소유구조나 지배구조는 물론 사업수행상 필요한 경영의사결정권의 하부 위양의 정도, 의사결정과정의 투명성과 신속성, 구성원간의 의사전달의 원활함과 효율성 등 다양한 측면의 경영시스템을 살펴보고 평가에 반영하여야 한다.

경영시스템을 평가할 때의 포인트는 이러한 경영시스템이 실제로 잘 작동되고 있는지를 평가하여야 한다. 그리고 그 시스템이 경영의 효율성을 높여 궁극적으로는 우수한 경영성과로 이어질 것인가 하는데 초점이 맞추어져야 한다.

제3절 지배구조

기업지배구조는 기업경영의 통제에 관한 시스템으로 기업경영에 직간접적으로 참여하는 주주, 경영진, 종업원 등 이해집단간의 상호 이해관계를 조정하고 규율하는 제도적인 장치와 운영체계를 말한다.

기업지배구조는 기업소유구조보다 광의의 개념으로서, 기업지배구조는 넓게는 기업경영과 관련된 의사결정에 영향을 미치는 요소로 이해할 수 있다. 기업경영 환경에는 기업내부의 의사결정시스템은 물론 시장에 대한 규제, 소유와 경영의 분리, 사외이사제도, 감사의 독립성, 회계제도의 선진화, 주주의 권리, 주주의 동등 대우, 이해관계자의 역할, 금융감독체계 강화, 공시 및 투명성 제고, 이사회의 책임 등을 포괄하고 있다. 좁게는 기업경영자가 이해관계자, 특히 주주의 이익을 위해 역할을 다할 수 있도록 감시 통제하는 체계를 의미한다.

기업의 지배구조와 관련하여 신용평가를 할 때 지배구조가 최소한의 요구수준을 충족시키고 있는지를 살펴보아야 하며, 지배구조가 투명하고 잘 갖추어져 있을수록 후한 평가를 할 필요가 있다. 최근의 연구결과에 의해서도 지배구조가 투명한 기업일수록 경영성과가 상대적으로 우월하다는 것이 입증되고 있기 때문이다.

제4절 경영진

기업의 경영진은 기업의 운명을 결정짓는 중요한 위치에 있기 때문에 이들의 능력에 따라 기업의 경영성과는 많은 차이를 보이기도 한다. 경영진의 경영능력을 평가하는 기준은 대체적으로 경영자로서 갖추고 있어야 할 자질, 성품, 경영위기 관리능력, 경영정책의 수립과 집행에 있어서의 보수성 등이며, 이들을 중심으로 체크리스트를 구성하여 평가할 수밖에 없다.

1. 경영자의 자질

- 경영자의 연령, 학력, 성장과정, 경력, 경제적 수준, 대주주와의 관계, 발탁의 동기
- 영위 산업에 대한 풍부한 지식과 기업경영에 대한 경험
- 책임감, 비전, 장기적인 안목과 환경변화에 대한 예측능력, 경영목표 달성에 대한 구체적인 전략, 구체적인 실행방안과 이의 현실성
- 업무와 종업원에 대한 통제능력
- 효율적인 자원배분 능력
- 높은 도덕성과 국제적인 감각 등

2. 경영진의 성품

경영진의 성품의 차이에 따라 경영의사결정의 속도와 방향 그리고 경영성과도 달라진다. 그러므로 경영진의 성품이 공격적인지 또는 방어적인지, 적극적인지 또는 소극적인지, 낙천적인지 또는 비관적인지 등을 살펴보고 경영성과에 미치게 될 영향을 평가 시

고려하여야 한다.

3. 경영위기 관리능력

경영자의 과거 경력과 최근 수년간의 중요한 경영의사결정 과정을 검토하여 위기상황과 같은 경영환경변화에 어떤 방법으로 대응하였는지를 사업기반 구축과정과 단기성과 측면에서 검토를 하여 경영위기 관리능력을 평가하여야 한다.

4. 경영정책의 보수성

경영자의 경영정책이 지나치게 보수적이면 기업의 성장에 오히려 제약요인이 될 수 있다. 반면에 지나치게 공격적인 경영은 기업을 도산에까지 이르게 할 수도 있다. 신용평가는 위험회피에 가장 무게를 두고 있다. 따라서 기업의 경영정책은 보수적인 관점에서 결정되는 것이 신용평가자의 입장에서 볼 때 좀더 후한 점수를 줄 수가 있을 것이다.

신규사업, 사업분할 및 매각, 합병, 사업의 다각화 등 경영자의 사업추진정책과 자본의 조달과 운용, 신용판매 및 신용구매 정책 등 재무관리정책의 내용들을 살펴봄으로서 경영정책이 보수적인지 아니면 공격적이고 과감한지를 판단할 수가 있다.

5. 경영성과

경영진의 경영능력은 경영자로서의 자질이나 능력을 충분히 갖추고 있다고 하더라도 이것이 반드시 우수한 경영성과로 이어진다는 등식은 성립되지 않는다. 그러나 보편적으로는 경영능력이 양호한 경영자는 그렇지 못한 경영자에 비해 성과가 더 좋을 것이라고 기대할 수는 있다. 그러므로 우수한 경영능력은 실제로 양호한 경영성과로 이어져야 한다. 그렇지 못하다면 경영능력을 의심할 수밖에 없다.

제5절 대주주

대주주(Owner)의 능력은 성장의 기회가 될 수도 있지만 한편으로 대주주의 능력부족은 경영의 위축과 실패의 단초를 제공하기도 한다. 따라서 대주주 또한 최고경영자 못지않은 경영상의 경험과 영위사업에 대한 전문적인 지식과 충분한 재력을 소유하고 있어야 한다.

대주주를 평가할 때는 현재의 경영진을 선택한 이유와 선택하였다면 신뢰를 주고 있는지를 중심으로 평가가 이루어져야 하며, 경영진의 경영방침과도 일치하여야 한다. 만약에 대주주와 최고경영자의 경영전략이나 방침에 차이가 발생할 경우 경영진의 교체로 이어져 경영의 연속성과 안정성을 기대할 수가 없게 된다.

제6절 경영의 연속성

경영의 연속성 확보는 조직이 나아가야 할 방향을 제시하며 조직구성원을 강하게 결속시키는 역할을 한다. 따라서 경영의 연속성 확보는 경영비용을 줄여 경영의 효율성을 높이는 역할을 한다.

경영의 연속성은 한편으로는 일관된 경영정책을 의미하기도 한다. 경영정책의 일관성을 평가할 때 판단의 기준은 나음과 같이 정리할 수 있다.

- 최고경영자 및 주요 경영진의 장기근무 여부
- 최고경영자의 대주주로부터의 실질적인 경영의사결정의 독립성 확보여부
- 과거 의사결정들의 체계성과 후속 추진사항들의 연관성 여부
- 경영의사결정의 분권체계 확립여부
  (소수의 최고경영층에 의존적인 의사결정체계는 일관성이 결여되기 쉽다)
- 대주주와의 관계는 원만한가?
- 경영자가 자주 교체되지는 않았는가?
  (경영자가 자주 교체된다는 사실은 대주주와의 관계가 원만하지 못하거나 경영에 대한 비전과 전략이 서로 일치하지 못하는 경우이며, 경영전략의 일관성 유지에도 문제가 발생된다)

한편 경영의 연속성이 단절되거나 단절이 빈번한 경우에 나타날 수 있는 현상으로는 조직의 방향성이 상실되기 쉬우며, 경영목표 달성에 실패할 가능성이 높아진다. 그리고 경영진의 교체에 따른 경영목표의 재설정과 경영전략의 재수립은 고비용구조를 고착화시키는 원인으로 작용하기도 한다.

또한 경영진의 빈번한 교체는 조직내의 기강을 해이하게 하며, 이로 인해 금전사고나 기업정보의 사외유출 등 각종 사고로 이어지는 경우가 발생할 수 있다.

제7절 경영권의 안정성

경영의 연속성 확보는 경영권의 안정성을 담보로 하고 있다. 경영권이 불안한 기업은 경영권 방어에 노력을 경주하다 보면 본연의 사업에는 최선을 다할 수가 없다.

신용평가를 할 때 경영권의 안정성은 조직 구성원의 안정성이나 조직의 안정성 외에도 소유권이나 기업의 지배권이 안정적인지도 살펴보아야 한다. 통상적으로 경영권 방어에 문제가 없는 수준의 지분율은 특수관계인의 지분율을 포함하여 이론적으로는 50%를 넘어서면 된다. 그러나 상장기업으로서 소액주주 위주로 지분의 분산이 잘 되어 있을 경우에는 그 이하라도 큰 문제가 없으므로 적절히 판단하여야 한다.

특정계열에 소속되어 있는 계열사인 경우에는 계열사간의 상호지분을 포함하여 소유구조와 지배구조에 대한 분석도 병행하여야 한다.

제8절 경영목표

경영목표는 장기적으로는 경영비전을 달성할 수 있는 기반이 되며 단기적으로는 차기 연도의 매출액을 추정하는데 중요한 근거가 된다. 따라서 신용평가 시에는 분석 대상기업의 경영목표에 대하여도 검토하여야 하며, 현실적으로 달성이 가능한 목표인지를 경영전략과 영업전략을 참고로 하여 검토하여야 한다.

제9절 경영전략

경영전략은 경영목표를 달성하기 위한 구체적인 실행수단이다. 따라서 경영전략은 실천가능성은 물론이고 경영전략의 실천으로 인하여 수반되는 각종 경영위험의 확대가능성에 초점을 두고 평가를 하여야 한다. 경영전략의 수립이나 변경으로 인해 예상할 수 있는 경영위험에는 기존 사업의 안정성과 재무안정성을 저해시키는지의 여부이다.

1. 기존사업의 강화전략

기존사업을 강화시키거나 생산능력을 확대하고자 하는 전략은 신규추진사업에 비해 사업위험이 그렇게 높지는 않다. 이 경우에는 신용평가를 할 때 설비증설에 필요한 자금은 준비되었는가 하는 점과 설비증설이 이루어지는 만큼의 매출이 증가할 것인지에 대하여 분석의 초점이 맞추어지면 될 것이다. 그러나 비록 신규로 추진하는 사업에 비해 사업위험이 다소 약하더라도 다음과 같은 경우에는 사업위험이 높아지므로 유의하여야 한다.

- 생산설비나 유통망의 양적 확대를 단기간에 추진하고자 하는 경우
- 생산품목의 빈번한 교체나 제품의 수를 지나치게 확대하는 경우
- 기존의 업계 경쟁질서나 업계 전반의 추세를 역행하는 지나친 차별화를 추진하고자 하는 경우
- 사옥의 신축이나 구입, 주식투자 등 본연의 사업외적인 부문으로서의 과도한 자금수요를 확대시키는 경우
- 단기자금을 장기자산에 운용하는 등 과감한 재무전략을 구사하는 경우 등

2. 신규사업 추진전략

기존사업을 확대하는 경영전략에 비해 신규사업 추진전략은 많은 경영위험을 수반하게 된다. 경우에 따라서는 기업의 도산에까지도 이르게 하는 위험이 있을 수 있으므로 평가자는 유의하여야 한다.

신규로 추진하고자 하는 사업의 규모가 기존사업의 비중과 비교하여 매출액이나 자산규모 대비 30% 이상 달하는 경우라면 사전에 충분한 시장성과 자금조달 방안 등 사업성 검토가 이루어졌는지를 반드시 검토하여야 한다.

특히 신규사업 추진전략을 검토할 때 다음과 같은 경우에는 심각한 사업위험이 발생할 수 있으므로 매우 보수적으로 신용평가를 하여야 한다.

- 신규사업에 필요한 사업자금의 조달가능성이 불투명하여 재무안정성을 심각하게 훼손할 가능성이 높은 경우
- 신규사업에 필요한 경험과 핵심기술의 확보가 의심스러운 경우
- 신규사업의 시장이 지나치게 협소하거나 산업의 수명주기가 성숙기나 쇠퇴기에 접어들어 투자자본의 회수가 의심스러운 경우
- 기존 시장참여자의 대응에 의해 과도한 진입비용이 불가피한 경우
- 투자 대상지역의 정치적 안정이 의심스러운 과다한 해외투자의 경우
- 경기민감도가 높아 침체기에는 기업의 존립을 위해 필요한 최소한의 현금창출이 어려운 경우 등

제10절 계열평가

특정 계열에 소속된 기업을 평가할 때에는 분석 대상기업만을 단독으로 평가하여서는 제대로 된 신용평가라고 말할 수가 없다. 그 이유는 관계회사 상호간 거래관계의 유무에도 불구하고 경영위험을 공유하고 있기 때문이다.

따라서 계열에 속한 기업을 평가할 때에는 반드시 관계회사들에 대한 평가도 병행하여야 한다. 그렇다고 하여 계열사 모두를 분석하고자 하는 대상기업을 평가하듯이 정밀하게 평가하는 것은 아니며 개략적으로 평가를 하면 된다.

관계회사들을 평가할 때는 주로 다음 사항들을 염두에 두고 평가를 하여야 하며, 관계회사들의 재무상태나 경영성과 등 신용도에 관한 평가도 병행하여야 한다.

1. 거래관계에 관한 평가 요소

- 영업거래의 타당성 유무(상호 업종의 비교를 통하여)
- 영업의존도 평가(관계회사에 대한 매출액이 총매출액에서 차지하는 비중)
- 거래규모 파악(매출거래, 매입거래, 매출채권 및 매입채무 등)
- 관계회사의 부도나 경영악화 시 분석대상기업에 미치게 될 영향
  ⇨ 매출액의 감소폭과 영향
  ⇨ 매출채권에 대한 대손가능성 등

2. 관계회사의 재무구조 및 경영성과에 관한 평가 요소

- 설립일자, 신용등급, 주가 등

- 총자산, 자기자본, 자본금, 총부채, 총차입금 등 재무상태
- 매출액, 영업이익, 당기순이익 등 경영성과
- 부채비율, 이자보상배율 등 주요 재무지표

[표 4-3] G기업의 관계회사와의 거래관계 분석 사례

(단위 : 백만원)

구 분	매출액		매입액		매출채권 잔액		매입채무 잔액	
	전기	당기	전기	당기	전기	당기	전기	당기
A물산	70,487	32,995	4,141	16,717	3,302	3,229	–	324
B건설	1,049	–	22,038	–	–	–	76	–
C석유화학	905	–	7	–	14	–	–	–
D종합하학	695	69	6,299	3,871	33	24	1,610	387
E화학	4,181	2,613	–	–	324	578	–	–
F중공업	13,239	8,414	10,615	–	2,565	4,205	5	–
합 계	90,556	44,091	43,100	20,588	6,238	8,036	1,691	711
거래비중	20.9%	7.7%	31.7%	11.2%	8.5%	9.1%	5.2%	1.5%

[거래관계 평가]

G기업의 관계회사와의 거래는 대부분 A물산을 통한 수출물량이며, 사업의 연관성으로 보아 정상적인 거래관계로 판단된다. 최근 동사의 직수출 비중이 증가하면서 관계회사와의 영업상 거래관계는 미미한 수준에 그치고 있으며, 매출채권 거래는 상대 관계회사의 경영성과와 신용도로 보아서 대손가능성은 5% 내외로 매우 낮다.

제11절 경영위험평가의 한계

경영위험평가는 다음과 같은 한계점과 문제점을 지니고 있기 때문에 신용평가를 할 때 유의하여 평가에 임하여야 한다.

1. 평가결과의 계량화가 어렵다

경영위험평가는 평가요소들의 대부분이 정성적인 요소들이기 때문에 평가결과의 계량화나 평점으로 환산하기가 어렵다. 그리고 평가결과에 대하여 동일한 무게로 제3자에게 전달하기도 어렵다. 동일한 경영자나 기업을 두고서도 평가자가 누구냐에 따라 평가의 결과는 달라지기도 하며, 같은 평가결과를 가지고서도 받아들이는 사람이 누구냐에 따라 또한 반응이 틀리기 때문이다.

2. 평가자의 주관이 개재된다

경영위험 평가의 또 다른 문제점은 객관적인 평가기준이 없기 때문에 누가 평가를 하느냐에 따라 평가의 결과가 달라지는데 그 이유는 신용평가자의 경험과 지식, 가치관과 주관에 따라 영향을 많이 받기 때문이다.

3. 정보접근에 한계가 있다

경영위험요소와 경영진의 경영능력 등에 대한 검증된 정보나 자료가 많지 않기 때문에 정확한 평가를 하는 데는 한계가 있다. 기업의 입장에서 외부정보이용자에게는 자사에 불리한 정보를 제공하지도 않을뿐더러 설사 요구하여도 불리한 정보는 은폐를 하려고 하는 속성이 강하다.

[표 4-4] 경영위험 평가 체크리스트

위기관리능력 측면

- 소속산업에 대하여 충분한 이해를 가지고 있는가?
- 국내외 경영환경의 변화(시장변화, 기술변화 등)에 대하여 잘 느끼고 있으며 대응전략은 마련하고 있는가?
- 동종업계의 지식과 경험은 풍부한가?
- 경영에 대한 장기적인 비전은 제시하고 있는가?
- 비전을 실천할 경영목표는 뚜렷하며 달성 가능한 목표인가?
- 경영목표를 성공적으로 달성하는데 필요한 구체적인 경영전략은 있는가?
- 그 경영전략은 현실적이며 실천가능한 것인가?

경영 의사결정 스타일

- 경영에 관한 의사결정은 신속(과감)한가, 신중(우유부단)한가?
- 아니면 보수적인가, 공격적인가?

도덕성과 신뢰성 측면

- 경영자 개인에 대한 불리한 신용정보 내용은 없는가?
- 정치적인 성향을 갖고 있지는 않는가?
- 채무상환의지는 갖고 있는가?
- 제출자료(감사의견 등)는 신뢰할 만한가?

재무정책 성향

- 재무정책에 대한 성향(보수적 또는 공격적)은 어떠한가?

관리능력 측면

- 내부통제능력은 있는가?
- 조직운영이 효율적(시스템이 작동)인가?
- 노사관계는 원만한가?
- 핵심역량의 육성을 위하여 어떤 노력을 기울이고 있는가?

경영권의 안정성

- 대주주와의 관계는 원만한가?
- 경영자가 자주 교체되지는 않았는가?

경영성과

- 부임이후 또는 최근의 경영성과가 그의 경영능력을 뒷받침하고 있는가?

연 | 습 | 문 | 제

1. 경영위험 평가요소가 아닌 것은? (　　)

① 경영조직　② 경영시스템　③ 경영진
④ 일반 주주　⑤ 경영목표

2. 경영조직의 적합성을 평가하기 위한 점검사항이 아닌 것은? (　　)

① 조직의 구성체계　② 경영진의 구성　③ 조직의 안정성
④ 조직문화　⑤ 경영전략

3. 경영자가 갖추어야 할 자질로서 거리가 먼 것은? (　　)

① 높은 도덕성과 국제적인 감각　② 효율적인 자원배분 능력
③ 사회적인 높은 지명도　④ 업무와 종업원에 대한 통제능력
⑤ 환경변화에 대한 예측능력

4. 대주주를 평가할 때의 내용 중 부적절한 것은? (　　)

① 대주주의 경영방침은 경영진의 경영방침과 일치하는 것이 바람직하다.
② 경영자에 상응하는 경영경험과 영위사업에 대한 전문적인 지식이 있어야 한다.
③ 충분한 재력을 소유하고 있어야 한다.
④ 현재의 경영진을 선택한 이유는 중요하지가 않다.
⑤ 대주주의 능력부족은 경영의 위축과 실패의 단초를 제공하기도 한다.

5. 경영위험평가의 한계점과 문제점이 아닌 것은? (　　)

① 평가요소들의 대부분이 계량화가 가능하다.
② 평가결과에 대하여 동일한 무게로 제3자에게 전달하기가 어렵다.
③ 동일한 경영자를 두고 평가자가 누구냐에 따라 평가의 결과가 달라지기도 한다.
④ 평가자의 주관이 개재된다.
⑤ 정보접근에 한계가 있다.

정 | 답 | 및 | 해 | 설

1. ④

일반 주주 → 대주주(Owner)

2. ⑤

경영전략은 경영조직의 적합성을 평가하기 위한 항목이 아니다.

3. ③

사회적인 높은 지명도는 경영자에게 필수적으로 요구되는 자질은 아니다.

4. ④

대주주를 평가할 때 현재의 경영진을 선택한 이유와 신뢰를 주고 있는지를 중심으로 평가가 이루어져야 한다. 신뢰가 무너질 경우 경영진의 교체로 이어져 경영의 연속성과 안정성을 기대할 수가 없게 된다.

5. ①

평가요소들의 대부분이 정성적인 요소들이기 때문에 계량화가 불가능하다.

제5장 시장위험 평가

학습목표

❖ 시장위험의 변동성과 기업신용위험과의 상관관계에 관하여 이해하여야 한다.

❖ 기업신용위험과 관련된 시장위험에는 어떠한 것들이 있는지에 대하여 파악하여야 한다.

학습개요

❖ 기업신용위험과 관련된 시장위험에는 경기변동, 금리변동, 환율변동, 통화량 변동, 정부정책의 변화, 법률의 변화, 사회규범의 변화, 유가의 상승 등 매우 다양하게 있으며 이들 모두가 정도의 차이는 있지만 기업의 경영성과에 직간접적으로 영향을 미치게 된다.

❖ 따라서 기업의 신용평가를 정확하게 하기 위해서는 이들 경제변수들을 포함하여 기업 외부에서 발생되는 영향변수들에 대하여 충분한 식견을 가지고 있어야 한다. 본 장에서는 이러한 경제변수들을 신용평가에 어떻게 적용하여야 하는지에 대하여 자세히 설명하고 있다.

제1절 | 경기변동위험

경기와 기업의 경영성과는 매우 밀접한 상관관계가 있다. 일반적으로 경기가 하강하게 되면 기업의 경영성과는 악화되기 시작하며, 반대로 경기가 상승하게 되면 전반적으로 기업의 경영성과는 호전된다.

그러나 모든 기업이나 산업이 경기의 변동에 같은 강도로 영향을 받지는 않는다. 이는 과거의 경험에 의해서도 알 수가 있지만 시계열 통계자료에 의해서도 실증되고 있다.

통상적으로 경기민감도가 높은 산업은 그렇지 않은 산업에 비해 상대적으로 경기변동에 의해 영향을 많이 받는 것으로 나타나고 있다. 반면에 경기민감도가 낮은 산업은 경기변동에 의해 영향을 전혀 받지 않는다고는 할 수 없지만 그렇게 심각한 수준으로 영향을 받지는 않는다.

[표 5-1] 경기흐름과 기업의 영향

경기순환	기업경영에 미치는 영향
회복기	• 매출증가로 인한 가동률 상승 • 수익성 향상
활황기	• 큰 폭의 매출증가 및 가동률 절정 • 수익성 향상으로 인한 내부유보율 증가 • 생산능력 확대를 위한 설비투자 확대 및 신규사업 진출 • 신설기업의 급증
후퇴기	• 매출감소 추세 및 가동률 저하 • 수익성 감소(설비투자로 인한 고정비 부담)
침체기	• 매출감소로 인한 수익성 악화 • 공장 가동시간 단축 또는 중단 • 한계기업의 도산

또한 기업의 규모별로도 경기민감도에 있어서 차이가 나고 있다. 경기가 상승국면을 보일 때에는 대기업과 중소기업 모두에게 긍정적인 영향을 미치지만 경기가 하강할 경우에는 대기업에 비해 상대적으로 중소기업들이 더 많은 영향을 받고 있다.

기업의 성장성과 수익성 판단 및 예측에는 반드시 경기전망도 함께 고려되어야 한다. 경기전망은 정부의 경제운용 목표나 각종 경제연구소 등에서 발표하는 내용을 참고하여도 되지만, 계절적인 요인이나 미국 뉴욕의 무역센터 폭파 테러사건과 같은 돌발적인 상황에 의해서도 경기 순환주기가 바뀔 수도 있으므로 평소에 경기관련 지표들을 관심 있게 살펴보는 것이 중요하다.

경기지표에는 기업경기실사지수[1]와 같은 경기선행지표와 산업생산지수와 같은 경기동행지표, 이직자수와 같은 경기후행지표들이 있으며, 우리나라에서 주로 사용되고 있는 각종 경기지표들에는 다음과 같은 것들이 있다.

[표 5-2] 경기종합지수(통계청)

선행종합지수	동행종합지수	후행종합지수
1. 재고순환지표	1. 광공업생산지수	1. 생산자제품재고지수
2. 경제심리지수	2. 서비스업생산지수 (도소매업 제외)	2. 소비자물가지수변화율 (서비스)
3. 건설수주액(실질)	3. 건설기성액(실질)	3. 소비재수입액(실질)
4. 기계류내수출하지수 (선박 제외)	4. 소매판매액지수	4. 취업자수
5. 수출입물가비율	5. 내수출하지수	5. CP유통수익률
6. 코스피	6. 수입액(실질)	
7. 장단기금리차	7. 비농림어업취업자수	

1) 기업경기실사지수 : BSI(Business Survey Index)라고도 하며, 산출식은 "[{(호전업체수 – 악화업체수) / 총 응답업체수} + 1] × 100"이다. 지표의 의미는 BSI<100 이면 전월대비 악화, BSI = 100이면 전월대비 불변, BSI>100이면 전월대비 호전될 것이라는 뜻이다.

제2절 | 금리변동위험

금리는 시중의 자금사정을 나타내기도 하지만 한편으로는 기업의 자금조달비용을 결정짓는 중요한 변수이기도 하다. 시장금리가 상승하게 되면 기업은 자금조달비용이 상승하여 수익성을 하락시키는 결과를 초래한다. 뿐만 아니라 미래의 성장기반인 투자활동이 부진하게 되어 기업의 성장성마저도 둔화시키는 역할을 하기도 한다.

특히 금리가 상승기에 접어들면 부실징후기업이나 한계기업의 경우 이자비용의 증가와 차입금에 대한 상환압박이 심화되어 도산하게 되는 경우가 많이 발생한다.

국내 금리수준이 선진국에 비해 매우 높기는 하였지만 1996년까지 지속적으로 하향 안정세를 보이다가 1997년부터 경기가 하강하고 1998년 외환위기가 발생하면서 기업의 자금조달금리가 크게 상승하였다. 그리고 이 시기에 기업의 어음부도율도 큰 폭으로 증가하였다.

신용평가 시에는 분석 대상기업의 차입금 규모와 수익성을 비교하여 향후 금리상승 가능성 쪽의 시나리오도 염두에 두고 상환능력 평가에 임하여야 한다.

제3절 | 환율변동위험

국내 기업들의 제품생산에 필요한 원재료의 상당한 부분은 국외에서 수입을 하고 있으며, 생산된 제품은 또 수출을 하고 있다. 따라서 원화환율의 변동은 기업의 수익성에 많은 영향을 미치고 있다.

국내에서 조달되는 원재료를 사용하여 제품을 수출하는 기업의 입장에서는 원화환율이 상승하는 것이 매출과 수익성에 유리하게 작용하겠지만, 반대로 원유를 포함한 원재료를 수입하여 국내 내수판매를 하는 기업은 환율의 상승에 따른 원가의 상승으로 인하여 수익성을 악화시키는 원인으로 작용한다.

한편 원화환율이 하락하는 경우에는 수출비중이 높은 국내 기업들의 입장에서 볼 때 가격경쟁력의 측면에서 매우 불리해지며 대금결제의 시차로 인하여 발생하는 환차손 등으로 매출과 수익성에 직접적인 영향을 미치게 된다.

특히 우리나라는 유사업종 간에 경쟁관계에 있는 일본이나 중국, 그리고 대만에 비해 상대적으로 원화환율이 강세를 보일 때에는 매우 불리한 상황이 될 수밖에 없다.

그러면 환율의 변동은 어떤 행태를 보여야 기업들에 유리한가. 결론은 원화의 가치가 약세를 보여도 곤란하지만 강세를 보여도 더욱 곤란하므로 원화환율은 적정한 선에서 횡보하는 모습이 가장 바람직하다고 하겠다. 환율이 안정되어 있을 경우 기업들은 계획적인 경영이 가능하므로 경영성과에 도움이 될 것으로 볼 수 있다.

산업위험을 분석하거나 개별기업을 평가할 때에도 당해 산업이나 당해 기업의 특성을 파악하여 반드시 원화환율의 변동에 따른 영향을 평가하여야 한다. 환율변동의 평가는 보유하고 있는 외화자산과 부채에 대한 평가도 이루어져야 하지만, 수출입과 같은 영업활동에서 발생될 수 있는 환차손도 고려하여야 한다.

[표 5-3] 원화환율 상승에 따른 영향분석 사례

업 종	원화환율 상승	
	긍정적인 영향	부정적인 영향
자동차	• 환차익 발생으로 채산성이 개선 • 내수 위축의 우려 속에 가격경쟁력 제고로 수출증대 예상되지만 엔화의 동반 약세로 판매대수의 큰 증가는 어려움	• 수입부품 단가의 상승으로 인한 제조원가 상승 우려 • 물가상승에 따른 내수 위축 우려
화섬	• 수출주도형 산업임에 따라 수출에 긍정적 영향 • 1,000원대 이상일 경우 시장 점유율의 향상 및 수출에 따른 환차익 기대	• 수입원자재 비율이 높은 업체나 외화차입이 많은 업체는 채산성 악화 • 환율상승이 장기적으로 지속될 경우 수출단가 하락 예상
면방	• 면방산업의 경우 수출비중이 50%를 넘어 수출가격 경쟁력이 제고될 전망	• 원면의 수입비중이 50~60%를 차지하여 제조원가 상승 부담 가중

제4절 | 통화정책변동위험

시중의 자금사정을 나타내는 통화량은 풍부하거나 증가할 경우에는 시중금리가 하락하면서 기업의 자금조달이 용이해지지만 반대로 시중의 통화량이 부족하거나 감소할 경우에는 시중금리가 상승하게 될 뿐만 아니라 자금조달이 어려워져 부실징후기업을 포함한 한계기업들은 자금조달이 어려워져 도산할 가능성이 높아지게 된다.

부동산의 과도한 상승을 억제하고자 통화신용정책의 일환으로 한국은행이 취했던 예금지급준비율의 기습 인상은 시중의 통화량을 축소시키는 효과를 가져다준 한 사례이다.

외환위기와 같은 특수한 경기상황 하에서는 자금운용 주체들이 대부분 극도로 보수적인 견지에서 자금을 운용하기 때문에 금리가 폭등하면서 시중의 통화량 감소로 이어져 기업들은 이중고를 겪게 된다.

제5절 | 정부정책위험

정책의 사안에 따라 다르지만 정부정책의 변화가 기업경영에 미치는 영향은 매우 크다. 정부정책이 개별기업의 경영이나 특정 산업에 불리한 방향으로 전개될 경우에는 정책입안 과정이나 입법예고 과정에서 여신담당자들은 정책이나 법률이 발효되기 전에 사전검토를 마치고 대책을 수립하여야 한다. 신용리스크관리는 한발 더 빠르게 움직이는 것이 매우 중요하고 효과적이다. 타행과 같이 움직이면 채권이 부실화될 가능성만이 높아질 뿐이다.

정부정책은 국가 전체의 이익을 위하여 변화되기 때문에 항상 유리한 산업과 기업이 있는 반면에 불리한 산업과 기업도 있게 마련이다. 우리나라가 각 국가들과 체결을 추진하고 있는 FTA(Free Trade Agreement)도 정부정책 변화의 대표적인 사례이다.

[표 5-4] 정부정책변화에 따른 산업의 영향 분석 사례

한미 FTA 체결로 인한 국내 자동차산업의 영향

- 미국시장에서 일본, 유럽업체와 치열한 가격경쟁을 벌이고 있는 국내 완성차업체의 가격경쟁력 상승
- 부품업체의 경우, 미국 완성차업체의 조달증가 뿐 아니라 국내 완성차업체의 현지생산 확대에 따른 수출증가
- 그간 고관세 장벽으로 국내기업의 진출이 불가능했던 픽업트럭 등 신규시장 개척 가능
- 자동차 세제의 합리적 개편으로 자동차 내수시장 진작 기여

(자료 : 산업자원부 보도자료 2007. 4. 11)

제6절 | 유가상승위험

유가의 상승은 각종 산업의 생산코스트를 상승시킨다. 공장을 가동시키는 데는 에너지가 필요하며, 에너지는 대부분 석유를 사용하기 때문에 제조경비가 상승하는 효과가 있다.

특히 우리나라는 다른 나라에 비해 에너지 다소비형 산업구조를 갖고 있어서 생산코스트 상승효과가 상대적으로 더 크다.

[표 5-5] 유가 30% 상승 시 물가상승율 비교

구 분	한국(A)	OECD국가 (B)	상대가격(A-B)
물가상승률	1.54%	0.3%	1.24%

(자료 : KOTIS, 2000년 2월)

또한 유가의 상승은 각종 산업의 원재료가격 상승에 따른 원가율을 상승시키는 원인으로 작용한다. 석유 및 석유화학 중간재를 사용하는 모든 산업은 유가가 상승함에 따라 원재료가격이 상승하여 제조원가율, 궁극적으로는 매출원가율을 상승시키게 된다.

[표 5-6] 유가상승에 따른 주요산업별 제조원가율 상승효과

<table>
<tr><th colspan="2" rowspan="2">구 분</th><th rowspan="2">산업별</th><th colspan="3">제조원가율 상승효과</th></tr>
<tr><th>유가 30%
상 승 시</th><th>유가 60%
상 승 시</th><th>유가 90%
상 승 시</th></tr>
<tr><td rowspan="19">제조업</td><td>1차 산품</td><td>(평균)</td><td>0.58%</td><td>1.16%</td><td>1.74%</td></tr>
<tr><td rowspan="7">경공업</td><td>음식료품</td><td>0.56%</td><td>1.12%</td><td>1.68%</td></tr>
<tr><td>섬유사 · 직물</td><td>1.49%</td><td>2.98%</td><td>4.47%</td></tr>
<tr><td>섬유제품</td><td>1.00%</td><td>2.00%</td><td>3.00%</td></tr>
<tr><td>가죽 및 모피제품</td><td>0.80%</td><td>1.60%</td><td>2.40%</td></tr>
<tr><td>인쇄, 출판, 목재</td><td>0.71%</td><td>1.42%</td><td>2.13%</td></tr>
<tr><td>플라스틱, 고무제품</td><td>1.69%</td><td>3.38%</td><td>5.07%</td></tr>
<tr><td>(경공업 평균)</td><td>0.92%</td><td>1.84%</td><td>2.76%</td></tr>
<tr><td rowspan="10">중화학</td><td>석유제품</td><td>14.80%</td><td>29.60%</td><td>44.40%</td></tr>
<tr><td>화학제품</td><td>3.10%</td><td>6.20%</td><td>9.30%</td></tr>
<tr><td>비금속광물제품</td><td>1.23%</td><td>2.46%</td><td>3.69%</td></tr>
<tr><td>철 강</td><td>0.82%</td><td>1.64%</td><td>2.46%</td></tr>
<tr><td>금속제품</td><td>0.69%</td><td>1.38%</td><td>2.07%</td></tr>
<tr><td>일반기계</td><td>0.58%</td><td>1.16%</td><td>1.74%</td></tr>
<tr><td>정밀기계</td><td>0.48%</td><td>0.96%</td><td>1.44%</td></tr>
<tr><td>전기전자</td><td>0.56%</td><td>1.12%</td><td>1.68%</td></tr>
<tr><td>자동차</td><td>0.58%</td><td>1.16%</td><td>1.74%</td></tr>
<tr><td>선 박</td><td>0.52%</td><td>1.04%</td><td>1.56%</td></tr>
<tr><td colspan="2">(중화학 평균)</td><td>1.90%</td><td>3.80%</td><td>5.70%</td></tr>
<tr><td colspan="3">(제조업 평균)</td><td>1.54%</td><td>3.08%</td><td>4.62%</td></tr>
</table>

(자료 : KOTIS, 2000년 2월)

한편 유가의 상승은 원가율 상승으로 인한 가격경쟁력이 낮아질 수도 있지만, 우리나라 기업과 경쟁하고 있는 다른 국가의 기업들도 같은 현상이므로 국내기업의 가격경쟁력은 변하지 않는다고 볼 수도 있다. 그러나 유가폭등이 가져다주는 가장 큰 문제는 각종 석유 및 석유화학 제품의 수요 감소로 인한 산업전반의 경기위축이라고 볼 수 있다.

유가의 상승은 유류 소비위축으로 인하여 유류 판매업종의 매출액이 감소하게 되고 석유화학 제품의 수요위축으로 인하여 유화업계의 매출액이 감소하게 된다. 또 석유화학 제품의 수요 감소는 관련 산업의 매출액 및 수익성의 감소로 이어지며, 궁극적으로는 국가의 전반적인 경기가 둔화되어 경제성장률이 하락하는 문제점을 초래할 수 있다.

[표 5-7] 유가상승이 산업전반에 미치는 영향

구 분	관련 산업
유류 소비위축으로 인한 유류 판매업종의 매출액 감소	정유, 석유정제 재처리업, 주유소 등
석유화학 제품의 수요위축으로 인한 유화업계의 매출액 감소 및 수익성 저하	석유화학, 합성고무, 합섬원료, 합성수지 등 기초화합물 제조업
석유화학 제품의 수요 감소는 관련 산업의 매출액 및 수익성 감소	고무제품, 타이어, 플라스틱제품, 페인트, 합성세제, 필름 등 화학제품 제조업
에너지비용 등 경비 상승으로 인한 수익성 악화 산업	운송업, 건설업, 일반제조업, 전력, 수도 등 거의 모든 산업이 해당됨

연 | 습 | 문 | 제

1. 시장위험요인으로 보기 어려운 것은? (　　)

① 경기변동　　② 금리변동　　③ 경쟁심화
④ 정부정책변화　　⑤ 환율변동

2. 경기변동위험에 관한 설명 중 부적절한 것은? (　　)

① 경기와 기업의 경영성과는 매우 밀접한 상관관계가 있다.
② 모든 기업이나 산업이 경기의 변동에 같은 강도로 영향을 받지는 않는다.
③ 경기민감도가 높은 산업은 경기변동에 의한 영향을 적게 받는다.
④ 활황기에는 수익성 향상으로 인해 기업의 내부유보율이 증가한다.
⑤ 침체기에는 한계기업의 도산이 증가한다.

3. 경기선행지표가 아닌 것은? (　　)

① 재고순환지표　　② 경제심리지수　　③ 건설수주액
④ 기계류내수출하지수　　⑤ 광공업생산지수

4. 환율변동으로 인한 기업의 영향을 잘못 연결한 것은? (　　)

① 수출주력기업 – 환율상승 – 수출증가 – 수익성 향상
② 원재료 수입의존기업 – 환율상승 – 제조원가 상승 – 매출감소
③ 수출주력기업 – 원화가치 상승 – 매출감소 – 수익성 악화
④ 원재료 수입의존기업 – 원화가치 상승 – 수익성 악화 – 재무구조 악화
⑤ 수출주력기업 – 원화가치 하락 – 매출증가 – 수익성 향상

5. 유가가 상승할 경우 나타나는 현상과 거리가 먼 것은? (　　)

① 제조경비의 상승　　② 감가상각비의 증가　　③ 운반비의 상승
④ 원재료가격의 상승　　⑤ 수익성 하락

정 | 답 | 및 | 해 | 설

1. ③

경쟁심화는 산업위험요인이다.

2. ③

경기민감도가 높은 산업은 경기변동에 의한 영향을 많이 받는다.

3. ⑤

광공업생산지수는 경기동행지표이다.

4. ④

원재료 수입의존기업은 원화가치가 상승할 경우 수익성이 향상된다.

5. ②

유가가 상승하면 공장 가동에 필요한 에너지비용의 증가, 운반비의 증가, 각종 원재료 가격의 상승이 발생하여 수익성이 하락한다. 따라서 감가상각비의 증가는 유가의 상승에 의한 부작용이 아니다.

제6장

산업위험 평가

학습목표

- ✤ 산업위험의 개념에 관하여 이해하여야 힌다.
- ✤ 산업분석의 중요성과 목적을 충분히 숙지하여야 한다.
- ✤ 산업분석의 절차를 이해하여야 한다.
- ✤ 산업분석에 필요한 자료의 종류와 특성에 대하여 파악하여야 한다.
- ✤ 산업분석에 필요한 자료들을 수집하는 방법을 알고 있어야 한다.
- ✤ 주요 산업의 특성에 관하여 이해하여야 한다.
- ✤ 산업의 경쟁강도를 결정하는 요인에 대하여 이해하여야 한다.
- ✤ 제품의 수급상황을 분석하는 목적과 방법에 대하여 알고 있어야 한다.
- ✤ 잠재적인 산업위험의 개념에 대하여 이해하여야 한다.
- ✤ 산업의 성장성과 수익성을 결정짓는 요인에 대하여 알고 있어야 한다.

학습개요

- ✤ 산업이란 동일하거나 유사한 제품을 생산하여 판매하고 있는 경쟁업체들의 집합체이자 공동시장이다. 통계청의 한국표준산업분류에 의하면 산업이란 '유사한 성질을 갖는 산업활동에 주로 종사하는 생산단위의 집합' 이라고 정의하고 있다.
- ✤ 이러한 산업을 분석하고 평가하는 궁극적인 목적은 분석 대상기업이 영위하고 있는 산업의 특성과 경쟁구조 및 산업에 내재되어 있는 위험요소들에 대한 분석과 전망을 통하여 분석대상 기업의 성장성과 수익성에 미치는 영향을 파악하고자 함에 있다.

제1절 산업분석의 중요성

개별기업의 신용을 분석하고 평가할 때 여러 가지 평가요소와 점검사항들이 있다. 이 중에서 기업의 외부 경영환경 측면에서 빼놓을 수 없는 매우 중요한 평가요소가 바로 분석 대상기업이 영위하고 있는 산업의 환경이다. 왜냐하면 산업환경이 대상기업의 영업에 유리한 방향으로 작용하고 있다면 대상기업의 경영성과는 좋은 모습을 보일 것이고, 반대로 불리한 방향으로 작용한다면 경영성과는 나빠질 것이기 때문이다.

산업환경이 영업을 하기에 유리하다는 것은 그만큼 시장의 매력도가 높다는 것을 의미하며, 반대로 산업환경이 불리하게 바뀌게 되면 소속 기업들의 영업도 위축되어 매출이 감소하거나 정체상태를 보이게 된다. 이러한 관점에서 볼 때 산업분석은 분석대상 기업의 사업에 관한 분석과 미래 상환능력에 대한 예측의 출발점이라고 말할 수 있다.

다시 말하면 산업은 바다이며 기업은 그 바다 위를 항해하고 있는 배라고 비유할 수 있다. 배가 목적지까지 안전하게 항해를 하려면 능력이 있는 선주와 경험이 많은 선장과 선원들 그리고 배의 크기와 튼튼함도 중요하지만 바다의 평온함도 매우 중요하기 때문이다.

제2절 산업분석의 절차

산업분석의 절차는 분석의 목적에 따라 다를 수 있지만 기업의 신용도를 평가하기 위하여 행하는 산업분석은 대체적으로 다음과 같은 절차로 진행된다.

[표 6-1] 산업분석의 일반적인 절차

단계	절차	내용
제1단계	산업의 분류	• 분석하고자 하는 산업을 세분화
제2단계	산업분석자료 수집	• 산업분석에 필요한 자료나 정보를 수집
제3단계	산업의 특성 파악	• 당해 산업의 특성과 평가 유의사항을 정리 • 산업분석의 효율성 제고 목적
제4단계	경쟁구조 분석	• 전체 경쟁업체 파악 • 경쟁적 시장지위와 시장점유율 파악 • 경쟁업체별 강약점 분석 • 경쟁업체별 경영성과 파악
제5단계	제품의 수급상황 분석	• 최근 5년간 제품별 수급상황 분석 • 수요변동의 원인분석 • 공급변동의 원인분석 • 향후 1년간 수급상황 전망
제6단계	잠재위험 평가	• 정부정책의 변화 가능성 유무 • 환경 및 사회위험 발생 가능성 유무
제7단계	성장성과 수익성 전망	• 원재료 수급상황과 가격전망 • 수요산업의 전망

제3절 산업의 분류

산업을 분석할 때 가장 먼저 해야 하는 일이 분석하고자 하는 산업을 구체화하는 작업이다. 산업분석의 핵심은 상호 경쟁관계에 놓여 있는 경쟁업체들을 파악하여 분석 대상 기업의 위상이 어떠한지를 확인하는 것이다. 경쟁업체를 찾아내기 위해서는 동일한 제품을 생산하여 판매하고 있는 업체를 찾아야 한다. 그러기 위해서는 산업의 분류를 다음과 같이 세분화할 필요가 있다.

[표 6-2] 산업분류의 예시

대분류	중분류	소분류	세분류	세세분류
(C)	(C20)	(C204)	(C2043)	(C20432)
제조업	화합물 및 화학제품	기타화학제품	비누, 세정광택제 등	**비누**

위의 표에서처럼 비누를 제조하는 산업까지 세세분류를 하였을 때 비로소 비누를 생산하여 판매하는 업체들의 모습이 그려지게 되며, 이들 업체들이 비누산업에서 서로 경쟁관계에 있는 경쟁업체들이 된다. 따라서 산업분석을 할 때에는 이와 같이 경쟁업체의 윤곽이 나타날 때까지 업종을 세분화하여야 한다.

한국표준산업분류에서는 산업의 분류를 생산된 재화 또는 제공된 서비스의 특성과 투입물의 특성 그리고 생산활동의 일반적인 결합형태에 의해 분류함을 기준으로 하여 위의 표와 같이 5단계로 분류하고 있다. UN의 권고기준에서도 생산재화와 서비스의 특징, 용도나 투입요소, 생산공정 및 기술의 유사성을 분류기준으로 삼고 있어 국내 통계청의 분류기준과 거의 동일하다.

한편 신용분석시 실무적으로 산업을 분류할 때에는 위의 방법과는 약간 차이점이 있다. 신용분석을 하기 위한 산업분석의 목적중의 하나가 산업의 성장성과 수익성을 전망하는 것이며, 산업의 성장성은 동 산업에서 생산되는 제품을 소비하는 수요산업에 의해 영향을 받기 때문에 산업의 분류를 수요산업의 동질성에 의해 분류하는 경우도 있다. 이러한 분류는 수요를 기준으로 하는 것이며, 생산의 목적이 소비에 있기 때문에 특정산업을 이해하는데 훨씬 더 효과적이기 때문이다.

예를 든다면 화학섬유는 UN이나 한국표준산업분류의 분류기준에 의하면 석유화학산업으로 분류하여야 하지만 신용분석 목적의 산업분류에서는 섬유산업으로 분류하여 산업을 분석하고 있다. 그 이유는 위에서 설명한 바와 같이 화학섬유산업의 수요산업이 의류산업이기 때문에 화학섬유와 천연섬유산업을 동일한 섬유산업으로 분류하여 평가를 한다.

제4절 산업분석 자료수집

산업분석을 효율적으로 마무리하기 위해서는 분석에 필요한 자료나 정보를 얼마나 효과적으로 수집하느냐에 달려 있다. 국가 기간산업과 같이 산업생산 비중이 국가경제에 미치는 영향이 큰 중요한 산업의 경우에는 정보나 자료가 넘치지만 시장규모가 작은 산업의 경우에는 분석에 필요한 자료를 구하기가 무척 힘이 든다.

1. 자료의 출처

산업분석에 필요한 자료의 출처들과 이용 시 유의하여야 할 사항들을 정리하면 다음과 같다.

1-1 통계청

정부기관인 통계청에서 작성한 공식적인 통계자료이다. 주요 산업의 주요 제품별로 당해 제품의 생산, 출하, 수입, 수출, 재고 등에 관한 내용을 월별, 분기별, 연도별로 시계열로 정리하여 보여 주고 있다. 동 시계열 자료는 통계청의 홈페이지를 활용하여도 되며, 매년 발간하고 있는 통계연감을 구입하여 이용할 수도 있다.

동 자료를 이용할 때는 각 제품 단위별로 생산 및 출하의 변동원인에 관한 분석의 내용이 없기 때문에 단순히 통계자료로만 이용하여야 한다. 그리고 수급상황에 관한 통계자료가 시기적으로 너무 늦게 제공된다는 것이 단점이다.

1-2 산업협회

산업분석에 가장 많이 활용되고 있는 자료가 각 산업의 조합이나 동업종 협회에서 발간하고 있는 협회지 또는 통계연감이다. 조합이나 협회가 결성되어 있는 산업은 시장규모가 큰 경우이고 시장규모가 작은 업종은 이나마 조합이나 협회도 없는 것이 현실이다.

동 협회지의 장점은 제품의 생산과 수입, 내수와 수출 등 수급상황에 관한 시계열 정보뿐만 아니라 수급의 주요 원인과 전망에 관한 분석내용도 담겨 있어 매우 요긴한 자료로서 이용되고 있다. 협회지는 동 산업 내 이슈들과 애로사항 그리고 회원사들의 동정에 관한 정보들도 게재되고 있으므로 참고할 필요가 있다.

한편 협회지를 이용할 때 유의할 사항은 협회지는 어디까지나 해당 산업의 소속사들의 이익을 대변하는 이익단체와 같은 특성이 있기 때문에 전망이나 해당 산업에 대한 정부정책에 대한 비판 등과 같은 내용들은 여과하여 수용할 필요가 있나.

[표 6-3] 분석자료원 예시

시멘트산업 관련 자료의 출처

- 대한요업총협회
- 한국양회공업협회, 시멘트통계연보(연간)
- 한국양회공업협회, 시멘트(반기)
- 통계청, 산업생산통계(연간)
- (주)월간세라믹스, 세라믹스(월간)

1-3 정부기관

산업자원부와 같은 정부기관 또는 정부산하 공공기관 연구소에서 연구 분석하여 발표하는 주요 산업별 조사분석보고서도 산업분석에 요긴하게 사용되는 자료이다. 동 자료는·정부에서 발간한 자료라는 점이 자료의 신뢰성 측면에서 장점이 있으며, 정부의 정책방향에 기초하여 작성된 자료이기 때문에 산업의 전망을 위해 자주 이용되거나 인용되고 있다.

동 자료의 단점은 국가의 기간산업과 같이 중후장대한 산업에 관한 분석자료에만 한정되어 있다는 것이 이용상 아쉬운 점이다.

1-4 연구소

민간 경제연구소 등에서 조사 연구하여 발표하는 주요 산업별 조사분석보고서도 산업분석에 자주 이용되고 있다. 동 자료 또한 객관적이고 타당성 있는 근거에 의해 심도있는 분석과 전망을 다루고 있기 때문에 신뢰할 만한 자료라고 하겠다.

그러나 동 자료들도 역시 국가의 기간산업과 같이 비중이 큰 산업에 관한 분석자료에만 한정되어 있다는 것이 이용상 불편하고 아쉬운 점이다.

1-5 언론매체

산업분석 담당자나 신용분석자는 항상 본인이 담당하고 있는 산업이나 관심 있는 산업에 관한 자료는 평소에 체계적으로 수집하여 정리하여 둘 필요가 있다. 여신심사를 목적으로 한다면 산업분석은 평소에 준비된 내용이 그대로 사용되어야 신속한 심사업무를 수행할 수가 있다. 은행간의 경쟁이 극심한 상황하에서 매번 심사를 할 때마다 산업을 다시 분석하여야 한다면 이미 경쟁에서 뒤쳐지기 때문이다.

따라서 신용분석자는 언론매체에서 발간하는 신문이나 잡지 등을 통하여 업계의 동정이나 산업내 이슈들을 정리하여 두었다가 이를 산업분석의 자료로서 적극 활용하여야 한다.

1-6 업종 대표기업

각 산업마다 업계를 선도하는 대표기업이 있기 마련이다. 모든 기업들이 그러하듯이 경쟁에서 살아남기 위해서는 나름대로의 시장동향과 시장전망을 시장조사를 통하여 실시하여야 한다. 이처럼 산업내 대표기업으로 분류되는 업체들의 시장분석자료도 산업분석에 유용하게 이용된다. 어쩌면 가장 생동감 있고 현실적인 자료라고 하여도 무방하다. 따라서 신용분석자는 항상 담당 산업의 업계 대표기업이 누구인지와 누구를 통하여 자료를 손에 넣을 것인지도 염두에 두고 있어야 한다.

2. 현장조사

산업의 시장규모가 크거나 성장산업인 경우에는 분석에 필요한 자료들이 많이 있고 쉽게 구할 수 있지만 시장규모가 매우 협소하거나 도입기에 있는 산업의 경우에는 자료를 구하기가 매우 어렵다.

이처럼 제품시장에 관한 신뢰할 만한 정보나 자료가 없거나, 있더라도 찾기가 어려운 경우에는 신용분석자나 심사역이 직접 현장조사를 통하여 자료를 수집하여야 한다.

한편, 분석대상 기업이 가지고 있는 업계정보를 활용할 수도 있다. 해당산업을 가장 잘 알고 있는 곳은 역시 그 제품을 생산하고 있는 기업이기 때문이다. 이 역시 고객에 관한 정보조사가 사전에 정확히 그리고 완전하게 조사되었다면 그 제품 산업의 절반은 이미 파악되었다고 판단된다. 문제는 대상기업이 제공하는 산업이나 제품의 정보가 객관적으로 입증되지 않았다는 신뢰성의 문제가 대두된다. 이 점은 대상기업으로부터 경쟁업체나 대표기업의 명단을 얻어 해당산업이나 제품에 대한 추가정보를 받아 상호 비교평가를 함으로써 객관화시킬 수 있고 신뢰성을 높일 수가 있다.

제5절 산업별 특성파악

산업의 특성이란 산업의 성장과정에서 오랜 기간 동안에 정착되어 온 업계 고유의 관행이라고도 볼 수가 있다. 각 산업이 가지고 있는 고유의 특성은 그 산업내에 소속되어 있는 기업들의 경영활동에 커다란 영향을 미치게 된다. 뿐만 아니라 분석하고자 하는 산업의 특성을 모르면 효과적이고 효율적인 산업분석이 될 수가 없다. 그러므로 분석대상 산업이 가지고 있는 특성을 찾아내어 그 특성들이 산업에 미치는 영향과 대상기업의 경영활동에 미치게 될 영향을 평가하여야 한다.

1. 산업의 수명주기

산업의 수명주기(Life cycle)는 도입기, 성장기, 성숙기 그리고 쇠퇴기로 구분한다. 산업의 수명주기별로 나타나는 현상과 특성이 각기 다르기 때문에 분석하고자 하는 산업의 수명주기를 판단하여 산업분석에 임하여야 한다.

도입기산업은 신기술의 탄생이나 신제품이 개발되어 시장에 처음 출시되는 시기를 말한다. 신기술이 탄생하기까지에는 기업은 많은 투자비용을 지출하게 된다. 주요 투자비용으로는 시장성이 있는지를 판단하기 위한 시장성조사와 신기술 개발에 투입되는 개발비용, 생산을 위한 설비자금, 그리고 신제품을 시장에 널리 알리기 위한 광고비용 등이 있다. 지출되는 비용의 규모에 비해 신제품의 판매를 통하여 유입되는 현금이익은 매우 미약하다. 따라서 이 시기의 기업의 현금흐름은 매우 불량하며, 유동성이 부족한 기업은 도산하는 경우도 발생한다. 그리고 충분한 시장조사를 통하여 시장성이 있다고 판단하였더라도 신제품의 출시가 반드시 모두 성공한다는 보장이 없다.

구체적인 통계는 없지만 신제품이 출시되어 성장기 산업으로 진입하는 경우는 오랜 시간도 소요되지만 성공하는 확률이 매우 낮다고 보아야 한다. 따라서 재무능력이 없는 기업은 신제품을 출시하여 실패하는 경우 기존의 안정적인 사업마저도 위태롭게 하는 경우가 많다. 그러므로 신용평가를 할 때 신규사업에 진출하거나 개발비용이 많이 소요되는 신제품을 출시하는 경우에는 특히 유의할 필요가 있다. 그만큼 도입기의 제품이나 산업은 사업위험이 높기 때문이다. 이러한 도입기의 산업이나 신설기업의 경우에는 여신지원의 대상이 아니라고 하는 것이 여신지원의 기본원칙이기도 하다.

성장기산업은 신기술이나 신제품이 성공적으로 시장에 진입하여 시장이 크게 성장하는 시기이다. 이 시기에 있어서 기업의 매출은 크게 증가하며 수익성도 크게 향상된다. 그리고 시장규모 확대와 매출증가에 따른 공급의 확대를 위하여 설비증설이 일어나며, 광고비 지출도 더욱 늘어나는 경향이 있다. 따라서 이 시기에는 기업의 현금흐름은 수익성에 비해 양호하지 못한 경우가 많다. 그 만큼 재투자가 활발하게 일어나기 때문이다. 그리고 경쟁기업의 출현도 나타나기 시작하며 점차 기업간 경쟁이 치열해지는 시기이기도 하다. 그리고 기업의 자금수요도 가장 많이 발생하는 시기이기 때문에 여신지원의 목표시장이 되기도 한다.

성숙기산업은 시장이 포화상태를 보이기 시작하면서 시장규모의 증가세가 둔화되는 시기이다. 산업의 성장률이나 시장수요의 증가속도가 현저히 감소하여 기업의 매출이 정체되거나 증가율이 낮아지는 시기이다. 이 시기에는 기업들이 제품의 품질을 개선하여 교체수요를 만들어 가거나 새로운 신규시장을 개척하려는 노력이 활발하게 진행된다.

그러나 성숙기는 신제품의 개발비용이나 설비증설 비용, 광고선전비 등 도입기나 성장기에 비해 비용지출 규모가 크게 감소하는 시기이다. 반면에 성장기에 비해 속도는 둔화되었지만 매출을 통한 현금이익은 여전히 안정적으로 발생되기 때문에 현금흐름이 상대적으로 양호한 시기가 된다.

한편, 기업들은 기존 제품이나 산업이 성숙기에 접어들게 되면 시장수요의 한계로 인하여 신규사업에 진출하거나 신제품을 출시하기 위한 재투자를 결정하게 된다. 신용평가 시 유의하여야 할 사항은 기술의 혁신속도가 빠르게 진행되고 제품의 수명주기가 매우 짧은 제품이나 산업의 경우에는 현금흐름 전망이나 사업의 안정성 측면을 평가할 때 신중한 접근이 필요하다. 그 이유는 신규사업 진출에 따른 사업위험도 높지만 기존 제품으로부터 개발비용을 상회하는 충분한 현금이익 창출이 이루어지지 않은 상태에서 신제품을 다시 출시하게 되면 기업의 수익성이 악화될 가능성이 더욱 높아지기 때문이다.

쇠퇴기산업은 시장의 규모가 축소되는 시기를 말한다. 쇠퇴기에 접어들면 한계기업들은 매출과 수익성의 부진으로 도산하는 사례가 발생하기도 한다. 그러나 쇠퇴기 산업이라고 하여 급격하게 시장규모가 축소되는 경우는 드물며 서서히 수요가 감소하기 때문에 이 기간을 이용하여 현명한 기업들은 시장에서 철수하게 된다.

시장규모가 축소되는 이유는 유행이나 사회문화의 발달과 변화로 인하여 수요가 감소하는 경우도 있지만, 신기술의 발전이나 기술의 혁신으로 인하여 기존 제품을 대체하는 신제품이 시장에 출시됨으로써 나타나는 경우도 있다. 신용평가의 관점에서는 둘 다 위험하지만 후자의 경우가 더욱 위험하다.

한편, 최근에는 국가 간의 자유무역협정의 체결이 이루어지고 있고 이에 따른 무역장벽이 허물어짐에 따라 종전의 사양산업이 사양화를 멈추고 다시 성숙기 산업으로 변모해 가는 경우도 발생하고 있다. 그 이유는 국가정책의 변화와 국제무역질서의 패러다임이 변함으로 인하여 새로운 시장이 탄생하기 때문이다.

[표 6-4] 제품의 수명주기별 특징

구 분		도입기	성장기	성숙기	쇠퇴기
마케팅	전략	적극적	적극적	소극적	전략철수
	비용	많음	많음	적음	없음
설비투자		초기투자	설비증대	현상유지	부분철수
매출성장성		부진	급성장	성장세 둔화	정체 또는 감소
수익성		부진	급성장	수익성 저하	부진
Cash Flow		불량	개선	양호	악화
특징		도산기업이 많음	신규 진입 기업 점차 증가	시장 안정	수요의 지속감소 대체제품 출현
Risk		High	Low	Low	High

2. 내수위주 산업과 수출위주 산업

내수위주 산업의 특징은 시장이 국내에 한정되어 있다는 것이다. 따라서 이러한 산업에 종사하는 기업의 매출액은 국내 시장규모가 팽창하지 않으면 매출수량이 크게 증가하는 일이 별로 없다. 인구가 증가하거나 소득수준이 향상되어 매출이 증가할 수도 있지만 큰 변동은 없다고 보아야 한다. 이들 산업의 매출은 국내 경기변동과 소득수준에 의해 영향을 많이 받는 특징이 있는바, 신용평가 시 유의하여야 한다.

한편, 내수위주 산업은 신기술이나 신제품의 출시를 통하여 신규수요를 창출하여 계속기업으로서 생존할 수도 있지만, 수입물량의 증가는 이들 기업에게는 심대한 위협요인이기 때문에 신용평가 시 고려하여야 한다.

수출위주 산업의 경우에는 전량 수출에 의존하는 경우도 있고 일부는 내수에 기반을 두고 점차 수출비중이 증대되는 경우도 있다. 수출의존도가 높은 산업의 경우는 수출지역의 경기변동과 해당 수입국가의 수입규제나 무역장벽 등에 관하여 주의를 기울여야 하며, 원화환율의 변화에도 충분한 주의를 기울여야 한다.

3. 소비재 산업과 중간재 산업

소비재는 상품의 사용기간이 짧아 단기간에 소비를 반복하기 때문에 물량 면에서 수요가 꾸준하다는 것이 특징이면서 장점이다. 또한 소비재는 판매단가가 높지 않은 상품이 대부분이기 때문에 경기민감도나 소득의 탄력성이 낮다는 것도 큰 특징이다.

소비재를 생산하는 기업은 이러한 특징 때문에 시장수요 변동의 원인으로 인하여 도산하는 경우는 드물다. 다만 진입장벽이 낮아 기업간 경쟁의 과열과 경영의 비효율성 등의 이유로 도산하는 경우는 있지만 이는 어느 산업에 있어서나 마찬가지이다.

내구재는 소비재와는 달리 제품의 사용기간이 길고 대부분 고가의 제품이 많다. 내구재는 경기민감도가 높아 경기가 침체되면 수요가 급격히 감소하는 경향이 있다. 소비자가 경기가 호전될 때까지 소비지출을 미루기 때문이다. 따라서 고가의 내구재를 생산하는 국내 업체의 경우 과거 경험에 의하면 부도율이 여타산업에 비해 더 높게 나타났다.

최종 소비재가 아닌 산업의 중간재로 다시 사용되는 생산재 산업은 해당 수요산업의 경기변동에 의해 영향을 많이 받는 것이 특징이다. 따라서 신용평가 시에는 중간재를 생산하는 기업일 경우 해당 수요산업이 무엇인지를 확인하여 동 수요산업의 성장성과 업황 등을 반드시 참고하여야 한다.

소비재에 해당하는 산업은 식음료, 서비스업, 문구류, 생활필수품 등 매우 다양하며, 내구재에 해당하는 산업은 자동차, 가구, 가전제품, 의류 등이다. 그리고 중간재에 해당하는 산업은 기계, 철강, 비철금속, 시멘트, 페인트, 섬유, 기계부품, 타이어, 금형, 목재, 제분 등이 이에 속한다. 한편, 중간재는 생산재인 동시에 소비재인 경우도 있다. 예를 들면, 타이어, 자동차부품, 페인트, 기계, 섬유 등이 여기에 해당하며, 이러한 산업은 복수의 수요시장을 가지고 있기 때문에 비교적 안정적인 시장기반을 확보하고 있다고 볼 수 있다.

4. 장치산업과 노동집약적 산업

장치산업은 제품의 생산에 필요한 거대한 설비를 요하는 산업을 말한다. 거대한 생산설비는 막대한 자본을 필요로 하기 때문에 장치산업을 자본집약적인 산업이라고도 한다.

장치산업은 거대 자본을 필요로 하기 때문에 자금력이 약한 기업들은 시장에 진입하기가 어려워 진입장벽이 높다. 이러한 산업은 산업발달의 초기에는 공급자 우위의 시장이 형성되기도 하였지만 지금은 대부분 공급과잉으로 인하여 수요자 시장으로 변모하였다.

장치산업을 평가할 때에는 경쟁업체 수가 많을수록 시장점유율이 매우 중요하다. 적어도 매출액이 손익분기점을 넘어서야 하며 시장지위가 높아야 한다. 그 이유는 감가상각비와 이자비용 및 인건비 등의 높은 고정비 부담으로 인하여 자산운용의 효율성이 높아야 하기 때문이다.

노동집약적인 산업은 제조공정의 완전자동화나 기계화가 어려워 생산의 전 과정이나 일부 공정에 노동력이 투입되어야 하는 산업을 말한다. 이러한 산업을 평가할 때에는 인건비의 수준과 대체인력의 충분성 등을 고려하여야 한다. 그리고 노사분규의 발생빈도와 노동조합의 강성 여부와 노사문화의 특징을 살펴 분석에 임하여야 한다.

한편 자본집약적 장치산업이면서 노동집약도가 높은 산업도 있다. 여기에 해당하는 대표적인 산업이 자동차산업과 조선산업, 타이어 산업 등이다.

5. 시장생산과 주문생산

시장생산의 형태는 대부분 대기업형 산업이 주류를 이룬다. 수요자가 불특정 다수이기 때문에 시장조사와 대량생산체제, 그리고 광고선전비와 물류비용 등이 많이 소요되는 특징이 있다. 따라서 이들 산업에 종사하는 기업을 평가할 때에는 제품경쟁력을 비롯하여 기업의 이미지, 브랜드파워, 시장점유율, 영업전략, 마케팅능력, 유통망 확보 등 다양한 평가요소들을 세심하게 검토하여야 한다.

주문생산은 주로 중소기업형 산업이다. 건설업이나 조선산업과 같은 일부 산업을 제외하고는 대부분이 영세한 기업들이 주류를 이룬다. 이들 산업이나 기업들을 평가할 때에는 주요 고정거래처의 수와 거래관계의 지속가능성, 그리고 거래처의 기대수준에 부응하는 정도의 기술력 유무 등이 평가의 주요 포인트이며 수주능력과 수주실적 등을 중시 여겨야 한다.

한편 주문생산을 영위하는 기업은 제품재고에 대한 부담과 광고선전비 등 판매비 부담이 적은 것이 장점이며 영업의존도가 높은 것이 큰 단점이기도 하다.

주문생산 형태의 산업에는 건설업, 조선업, 자동차부품, 기계산업 등이 있다.

6. 기술의 변화속도

기술의 변화속도가 빠른 산업이 있는 반면에 변화속도가 느린 산업도 있다. 전통적인 제조업에 해당하는 산업이 비교적 기술변화가 느리며, 첨단산업일수록 기술변화속도가 빠른 편이다.

기술의 변화속도가 빠른 산업의 특징은 도산하는 기업이 많다는 것이다. 기술의 변화속도를 이기지 못하기 때문이다. 이러한 산업들은 기술력이 매우 중요하기 때문에 신용평가 시 산업표준이 되는 원천기술의 확보여부와 기술혁신능력, 그리고 연구개발투자에 관한 내용 등을 중점적으로 다루어야 한다.

첨단산업은 기술혁신이 빈번하여 제품의 수명주기도 무척 빠르고 내수시장의 협소로 인하여 주로 글로벌 시장을 형성하고 있다. 따라서 산업기술을 선도하는 상위 극소수의 기업을 제외하고는 대부분 시간의 문제이지 도산하거나 하청업체로 전락하는 경우가 많이 발생하였다.

기술의 변화속도가 빠른 대표적인 산업에는 정보통신산업, 항공산업, 무기산업 등이 있다.

7. 계절성

기후와 같은 계절적인 요인에 의해 성장성이 제약을 받는 산업이 있다. 대표적인 산업이 의류, 청량음료, 에어컨, 난방기구, 비료 등이다. 이들 산업을 분석할 때에는 장기적인 기후변화를 예측할 수는 없지만 예측하지 못한 돌발 변수에도 기업이 지탱할 수 있는 정도의 재무능력과 영업력을 가지고 있는지를 검토하여야 한다. 현금흐름을 전망할 때에는 기본가정의 시나리오 외에도 반드시 최악의 시나리오도 검토하여 분석에 임하여야 한다.

8. 경기민감도와 소득탄력성

경기주기에 따라 성장성과 수익성의 영향을 많이 받는 산업을 경기민감도가 높은 산업이라고 한다. 경기민감도가 높은 산업은 경기가 수축기로 접어들면 매출부진으로 도산하는 기업이 많이 발생하는 특징이 있다. 경기민감도가 높은 대표적인 산업으로는 고급의류, 자동차, 고급가구, 고급화장품, 골프장 등이 해당된다.

반면에 경기민감도가 낮은 산업은 경기가 확장기로 접어들거나 수축기로 접어들어도 수요의 변화가 크지 않은 것이 특징이다. 따라서 이들 산업은 안정적인 수요로 인하여 도산하는 경우가 드물다. 경기민감도가 낮은 대표적인 산업으로는 저가의 생활필수품과 소비재, 식품류 등이다.

한편, 소득수준의 향상에 따라 수요가 감소하거나 증가하는 경우가 있는데, 이러한 산업을 소득탄력성이 높은 산업이라고 한다. 국내의 현실로 보아서는 소득수준이 지속적으로 향상된다고 예상할 때 소득수준이 높아질수록 수요가 감소하는 산업은 주의를 하여야 한다. 대표적인 산업으로는 연탄, 농업, 값싼 저 기능성 제품 등이다.

9. 전후방 산업의 종류

전후방 산업의 종류에 따라 해당산업을 분석하는 접근방법이 달라질 수 있다. 따라서 분석 대상 산업에서 사용하는 원재료가 무엇인지와 수요시장이 무엇인지를 확인하여 분석에 임하여야 한다.

원재료 시장의 경우 원재료의 수급상황과 가격추이 등을 파악하여야 하며, 수요시장의 경우는 수요산업의 업황 전망 등을 고려하여야 한다. 예를 들면 분석하고자 하는 산업이 시멘트산업일 경우 원재료인 석회석의 수급과 가격은 큰 문제가 발생되지 않는다. 왜냐하면 대부분이 국내 광산에서 생산되고 있고 매장량도 풍부하기 때문이다. 반면에 수요시장은 레미콘을 포함한 건설산업이기 때문에 건설업의 업황에 따라 시멘트산업의 경기가 영향을 많이 받게 된다.

제6절 경쟁구조분석

산업의 경쟁구조를 분석하는데 많이 이용되는 방법은 Michael E. Porter가 그의 저서인 'Competitive Strategy' 에서 소개한 'Five Forces Model' 이다. 이 다섯 가지의 힘의 축이란 기존 기업 간의 경쟁, 잠재적인 진입기업의 위협, 대체품의 출현 위협, 구매자의 교섭력, 공급자의 교섭력 등이다.

그림 6-1 Michael E. Porter's Five Forces Model

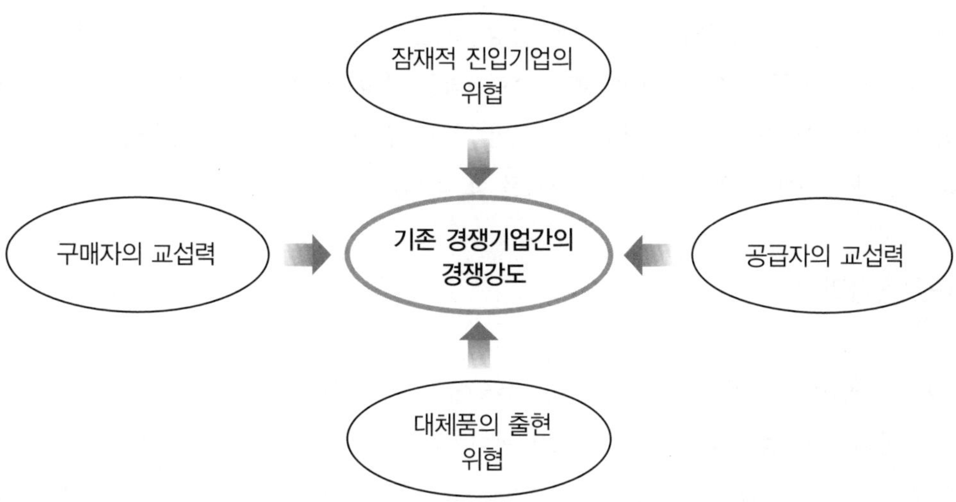

1. 기존 기업들 간의 경쟁강도

산업내 경쟁의 강도는 기존 기업들의 수와 공급의 과잉, 기존 기업들의 경영전략과 비용구조 등에 의해 결정된다. 산업내 경쟁강도가 높아질수록 참여업체들의 수익성은 저하된다. 경쟁업체들을 파악할 때 전체 업체들을 대상으로 하는 것이 바람직하지만 효율성 측면에서 볼 때 경쟁업체 분석은 시장점유율 면에서 70~80%이상에 포함되는 업체들만 분석하여도 충분하다. 시장을 지배하는 것은 바로 시장점유율 70~80%를 차지하는 상위기업 몇 개 기업이기 때문이다.

신용평가를 할 때 분석 대상기업이 산업내 경쟁구도 상에서의 위상을 살펴보아야 한다. 특히, 원가를 통제하면서 수익을 창출할 수 있는 능력이 있는지에 대한 평가가 필요하다. 이는 시장지위를 가지고 판단할 수도 있을 것이다. 시장지위가 높다는 것은 시장지배력이 강하다는 의미이며, 이는 경쟁업체에 비하여 원가나 품질의 측면에서 상대적인 경쟁우위요소와 핵심역량과 같은 내부수행능력이 강력하다는 것을 의미한다.

1-1 경쟁업체의 수

경쟁업체 수가 많을수록 시장의 경쟁강도는 높아진다. 그 이유는 시장규모는 일정한데 참여업체 수가 더 늘어나는 만큼 기업들의 매출액이 감소할 수밖에 없기 때문이다. 또한 기업의 규모가 큰 대기업이 많을수록 경쟁강도는 높아진다. 이들 대기업들은 투하자본에 해당하는 만큼의 자본비용을 상회하는 수익을 창출하여야 하기 때문이다. 한편 경쟁업체 수가 너무 적어 독과점이나 독점적인 시장지위를 누리고 있는 경우라면 성장성이나 수익성 측면에서 매우 긍정적인 평가를 할 수 있다.

1-2 공급과잉

특정 산업의 경쟁강도가 높은 이유는 수요에 비해 공급이 많기 때문이며, 이러한 수급의 균형이 크게 벌어질수록 경쟁강도는 높아지며 기업의 수익성은 감소하게 된다. 공급의 과잉은 수요의 감소 또는 공급의 확대에 의해서 나타난다. 공급의 확대는 경쟁업체수가 많거나 참여업체들의 생산능력이 과다하여 발생하기도 한다.

따라서 산업분석을 통한 개별기업을 평가할 때 공급과잉의 정도와 공급과잉이 해소될 가능성이 있는지를 분석하여 성장성과 수익성을 전망하여야 한다. 참고로 자본집약적 장치산업일 경우에는 유휴설비가 발생하는 만큼 고정비 부담으로 인하여 수익성이 낮아지기 때문에 손익분기점 매출액을 위하여 판매가격을 낮추어서라도 매출을 늘리려고 노력할 것이다. 그리고 일시적인 현상이 아닌 사양산업이나 퇴출장벽 등으로 인하여 구조적으로 공급과잉이 발생하고 있다면 당해 산업의 매력도는 그만큼 떨어질 수밖에 없을 것이다.

1-3 경영전략

한편 시장의 경쟁강도는 기업들의 경영전략의 차이에 의해서도 높아질 수 있다. 시장 점유율을 높이기 위한 박리다매전략 등이 그 예가 될 것이다. 이러한 덤핑판매는 또 다른 덤핑판매를 불러오기 때문에 기업간 가격담합과 같은 업계 공동의 전략이 구사되기도 한다.

2. 잠재적인 진입기업의 위협

진입장벽이 낮아 신규로 진입하는 기업이 발생한다면 동일한 시장규모하에서는 필연적으로 분석 대상기업의 매출액과 수익성에 영향을 주게 된다. 따라서 산업분석을 할 때에는 다음과 같은 진입장벽들이 있는지를 살펴서 평가에 반영하여야 한다. 진입장벽이 높을수록 새로운 기업의 시장내 진입이 어려워지므로 기존 기업들에게는 유리한 상황이 된다.

2-1 규모의 경제

규모의 경제효과가 클수록 높은 진입장벽으로 작용한다. 주로 막대한 자본투자를 필요로 하는 자본집약적인 장치산업이 여기에 해당한다. 이들 산업은 진입초기에도 거대 자본이 필요하지만 진입한 후에도 연구개발비용 등과 같이 지속적으로 자본이 투자되어야 한다. 따라서 자금력이 뒷받침되지 못하는 기업들은 시장진입을 할 수 없게 된다. 대표적인 산업으로는 자동차, 조선, 항공, 제철, 맥주, 반도체 등이다.

2-2 정부의 정책 및 규제

시장에 진입하기 위해서는 정부의 허가를 받아야 하는 경우와 같이 정부의 정책이나 규제 등은 제도적으로 진입을 막는 가장 효과적인 진입장벽의 역할을 한다. 대표적인 산업으로는 항공, 전력, 통신산업 등이다.

2-3 제품의 차별화

제품차별화가 심할수록 진입장벽이 높다. 기존 기업의 브랜드에 대한 소비자들의 인지도나 충성도가 높을수록 신규 진입기업은 브랜드인지도를 높이기 위하여 많은 비용을 투입하여야만 한다. 따라서 자금력이 약한 기업은 쉽게 신규 진입을 결정하기가 어려울 것이다. 대표적인 산업이 청량음료, 타이어산업 등이다.

2-4 유통망

기존 기업들이 강력한 유통망을 확보하고 있는 경우에 신규 진입기업은 기존의 유통망을 이용할 수가 없기 때문에 새로운 유통망을 확보하는데 많은 시간과 비용이 소요된다. 제품을 구매하여 소매하는 판매상들은 이왕이면 소비자들에게 잘 알려져 있는 기업의 제품을 진열하여 놓고 판매하기를 원할 것이기 때문이다. 대표적인 산업이 소주와 같은 주류산업, 빙과류 등이다.

잠재적 진입기업의 위협에 관한 사례

"○○그룹이 여행사를 만들면 ○○제품 불매운동을 벌일 생각입니다." 22일 한국관광협회중앙회 A회장은 ○○그룹의 여행업 진출과 관련해 기자간담회를 자청했다. ○○그룹은 지난달 일본 최대 여행사인 JTB와 손잡고 오는 7월부터 여행사업을 시작할 계획이라고 발표했다.

A회장은 "대기업이 들어오면 자금력이 떨어지는 중소 여행사들은 망할 수밖에 없다"며 "여행사 직원들이 일자리를 잃고 거리로 내몰리는 상황을 보고 있을 수 없다"고 말했다.

A회장은 이달 초 ○○그룹 회장 앞으로 한 통의 편지를 보냈다. "대의를 위해 여행업 진출을 재검토해 달라"는 내용이었다. 하지만 보름이 넘도록 아무런 대답도 들을 수 없었다. 그는 "여행업계 상생을 위해 충심을 담은 편지를 보냈다"며 "이젠 공개적으로 반대운동을 전개할 수밖에 없다"고 말했다. A회장은 "여행수지 적자가 눈 덩이처럼 불어나는 상황에서 대기업이 외국기업과 손잡고 국내 여행객을 해외로 내보내는 사업을 한다는 걸 국민들이 용납하지 않을 것"이라고 말했다.

○○그룹이 JTB의 영업망을 통해 인바운드(외국인 관광객의 국내유치)를 늘리겠다고 말하고 있지만, 이에 대한 구체적인 계획은 없다고 지적했다. 대신 내국인의 해외관광 계획만 세우고 있다는 것이다. 그는 "○○가 일본 여행사를 끌어들이는 것에 자존심이 상한다."며 "현재도 저가 공세를 펼치고 있는 JTB가 일본 항공사의 빈 좌석을 덤핑으로 판매할 경우 여행업계는 물론 국내 항공사도 손실을 받게 될 것"이라고 주장했다.

A회장은 ○○가 최근 억대의 연봉으로 핵심 인력을 스카우트하는 것에도 우려의 목소리를 냈다. "사람만 빠져나가는 게 아니라 영업 노하우도 고스란히 누출될 수밖에 없습니다. 또 남아 있는 직원들은 상대적 박탈감에 시달리게 됩니다." A회장은 ○○가 여행업 진출을 계속 추진할 경우, 1만5000여 회원사와 함께 반대 시위를 전개하고 ○○상품 불매운동을 벌이는 등 순차적으로 대응 수위를 높여 나갈 계획이다. 그는 "대기업이 모든 업종에 무차별적으로 진출하는 관행을 이번 기회에 고치고 싶다"고 말했다.

(자료 : 조선일보 2007. 5. 23)

2-5 기존 기업들의 보복

기존 기업들의 영업전략적 반응 형태 및 강도에 따라 진입장벽의 높이는 달라진다. 기존 기업들이 신규로 진입하고자 하는 기업에게 행할 수 있는 보복에는 판매단가 인하, 신용판매기간의 연장, 경품지급, 광고활동의 강화 등이 있다.

2-6 기존 기업들의 원가상의 우위

기존 시장참여업체들의 경우 오랜 기간동안 많은 시행착오를 거쳐 터득한 노하우에 의해 원가를 절감할 수 있는 방법을 터득하고 있다고 보아야 한다. 예를 든다면, 기존 기업은 신규 진입기업에 비해 원재료를 훨씬 더 싸게 구입할 수 있는 방법을 알고 있을 것이며, 생산공정상의 원가절감 방법을 알고 있는 것 등이다.

2-7 퇴출장벽이 높은 산업

대규모 장치산업이나 국가 전략산업 등과 같은 산업에 종사하는 기업의 경우 사업성이 낮아지거나 업종이 사양화되고 있더라도 정부의 통제 또는 철수비용의 과다 등으로 인하여 쉽게 그 사업에서 철수를 할 수 없는 경우가 있는데 이를 퇴출장벽이라고 하며, 이러한 퇴출장벽이 높을수록 진입장벽도 따라서 높아진다.

3. 대체품의 출현 위협

대체품이나 대체재의 출현은 분석 대상기업을 일시에 도산케 하는 요소로 작용할 수도 있기 때문에 가장 강력한 산업위험 중의 하나이다. 따라서 여타 산업에서 대체재가 많으면 많을수록 그리고 교체수요가 확대될수록 기업들은 제품의 판매가격을 높게 받을 수 있는 가능성은 점점 줄어들게 된다.

대체재의 출현으로 인한 기존 산업과 기업들의 위협요인을 점검하는 방법은 시장에 대체재가 존재할 경우 수요자들이 대체재로의 이동 가능성이 얼마나 높은가를 평가하는 것이다. 그 가능성은 대체재의 경제적 효용성에 달려 있다.

3-1 제품의 가격

대체재의 가격이 기존 산업의 제품보다 싸다고 한다면 소비자들은 쉽게 대체재로 교체구매를 할 것이다.

반대로 가격차이가 거의 없다면 소비자들은 이미 기존 제품에 대한 상품지식을 잘 알고 있기 때문에 굳이 새로운 노력을 투입하여 대체재로 교체하고자 하지는 않을 것이기 때문에 대체재의 영향은 그만큼 줄어들게 된다.

3-2 제품의 품질

또한 대체재의 품질이 기존 산업의 제품보다 우월하다고 한다면 소비자들은 쉽게 대체재로 교체구매를 할 것이다.

반대로 품질과 가격의 차이가 거의 없다면 소비자들은 이미 익숙해져 있는 기존 제품을 선호하기 때문에 대체재로 인한 수익성의 영향은 그만큼 줄어들게 된다.

3-3 소비자의 선호도 변화

소비자들의 기호는 멈춰있는 것이 아니고 지속적으로 변화하는 것이 특징이다. 따라서 같은 품질이나 가격이라고 할지라도 새로운 디자인의 개발 등으로 인하여 소비자들의 기호는 쉽게 다른 상품으로 이동할 수가 있다.

4. 구매자의 교섭력

산업분석을 할 때 분석 대상산업에 대하여 구매자의 교섭력이 높을수록 산업환경이 불리한 경우이며, 반대로 구매자의 교섭력이 약할수록 산업환경이 유리하다고 평가를 하여야 한다.

4-1 시장독점 강도

제품을 판매하는 기업이 시장을 독점하고 있는 강도가 높을수록 교섭력은 판매기업 측에 있다. 이러한 형태는 독과점이나 독점산업에서 주로 발견할 수가 있으며, 전력, 지역난방, 지역도시가스, 상수도 등이 여기에 해당된다. 그리고 시장점유율이 매우 높은 기업의 경우도 마찬가지이다.

4-2 제품 교체비용

타사 제품으로의 교체비용이 높을수록 교섭력은 판매기업 측에 있다. 고가의 첨단설비나 기계장치 등은 가격도 비싸지만 조작방법의 복잡성 등으로 인하여 효용성 측면에서 차이가 많이 나지 않으면 기존 제품을 그대로 사용하게 되는 경향이 높은데 이를 교체비용의 부담이라고 한다.

4-3 대체품의 존재여부

타 산업에서 유용성이 비슷한 대체품이 존재하고 있다면 교섭력은 구매자에게 있게 된다. A/S나 품질의 상태 및 가격에 대한 만족도가 조금이라도 나빠지면 대체품으로 이동할 가능성이 높기 때문에 판매자가 교섭력을 가질 수가 없게 된다.

4-4 구매비중

제품 구매자의 구매비중이 판매기업의 매출액에서 차지하는 비중이 높을수록 교섭력은 구매자에게 있다. 경우에 따라서는 구매자의 구매비중이 매우 높을 경우 대체품이나 대체할 만한 구매처가 시장에 없다면 교섭력은 반대로 판매기업에게 있게 된다.

4-5 제품 차별화 수준

경쟁업체에 비하여 제품차별화가 심할수록 교섭력은 판매자에게 있다. 제품차별화의 요인으로는 브랜드 파워, 기업 이미지, 소비자의 충성도 등이며, 대표적인 산업에는 고급승용차, 유명음식점, 명품점, 제과점, 청량음료 등이 있다.

4-6 브랜드인지도

브랜드에 대한 소비자의 인지도가 높을수록 교섭력은 판매자에게 있다. 대체적으로 높은 브랜드 인지도는 소비자충성도에 기반하고 있기 때문에 브랜드 파워가 강할수록 신용평가자의 입장에서는 후한 평가를 줄 수가 있다.

4-7 제품에 대한 구매자의 정보수준

구매자가 구매하고자 하는 제품에 관한 정보를 많이 알면 알수록 교섭력은 구매자에게 있게 되며, 반대로 낮을수록 교섭력은 판매자에게로 넘어간다.

5. 공급자의 교섭력

산업분석을 할 때 분석 대상산업에 대하여 원재료 공급자의 교섭력이 높을수록 산업환경이 불리한 경우이며, 반대로 원재료 공급자의 교섭력이 약할수록 산업환경이 유리하다고 평가를 하여야 한다.

5-1 공급자의 수

원재료를 공급하는 기업이 많을수록 공급과잉의 현상이 빚어져 원재료를 구매하는 구매자가 유리하게 된다. 따라서 산업을 분석할 때 해당 산업의 수요산업은 물론 원재료공급시장의 상황도 검토하여 공급업체의 수가 많을수록 산업환경은 유리하다고 평가할 수 있다. 원재료를 더 낮은 가격으로 구매할 수 있기 때문에 수익성이 좋아질 가능성이 높기 때문이다.

5-2 대체품의 존재 여부

기존 원재료를 대체할 만한 대체 원재료가 시장에 존재할 경우 구매자의 교섭력이 높아진다. 예를 든다면, 타이어의 원재료인 고무는 합성고무도 있지만 천연고무도 있다. 이들은 서로 대체재의 관계에 있기 때문에 타이어산업의 입장에서는 수익성 측면에서 유리하다고 하겠다.

5-3 공급자의 매출의존도

원재료 공급업체의 매출비중에서 구매기업이 차지하는 비중이 높을수록 구매기업이 교섭력을 가지게 된다. 대표적인 사례로서는 자동차부품을 납품하는 완성차 업체의 협력업체, 건설 하청업체, 기타 납품업체 등이 여기게 해당된다.

5-4 교체비용

기존에 사용해 오던 원재료나 중간재를 다른 기업의 원재료로 교체하고자 할 때 교체비용이 높은 경우 교체를 포기하게 된다. 따라서 교체비용이 높으면 원재료 구매기업이 불리해진다.

제7절 제품수급상황분석

산업내 제품의 수요와 공급에 관한 분석은 최근 약 5년간의 추세분석을 통하여 증감원인을 분석하고 향후 수급상황이 어떻게 변할 것인가를 판단하는 작업이다. 수급상황이라 함은 수량이나 금액을 기준으로 제품의 생산, 출하, 수입, 수출, 재고 등의 변동추이를 의미한다. 때로는 수요인 내수와 수출, 공급인 생산과 수입 등으로 구분하여 분석하기도 한다.

[표 6-5] 합성고무 수급상황 예시

(단위 : 천M/T)

구 분	20X1년	20X2년	20X3년		20X4년		20X5년	
			수량	증감률	수량	증감률	수량	증감률
생 산	334	402	420	4.5%	428	1.9%	454	6.1%
수 입	22	23	21	-10.5%	38	80.9%	25	-34.2%
(공급계)	356	425	441	3.8%	466	5.7%	479	2.8%
수 출	143	218	277	26.9%	267	-3.6%	264	-1.1%
내 수	213	207	164	-20.8%	199	21.3%	215	8.0%
(수요계)	356	425	441	3.8%	466	5.7%	479	2.8%

주) SBR, BR 기준 (자료 : 화학경제연구원, 화학연감 및 화학저널, 각년호)

1. 수요측면에 대한 분석

수요는 해당 산업의 성장성을 결정짓고 그 산업에 소속된 기업들의 매출에 직접적인 영향을 미치게 된다. 수요분석의 목적은 최근의 수요변화 추이를 분석하고 수요의 증감

원인을 밝혀 향후 수요의 변화를 예상하는 것이다. 그러므로 수요의 변화에 영향을 줄 수 있는 다음 사항들에 대하여 심도있는 분석을 통하여 정확한 수요예측이 이루어져야 한다.

- 최근 5년간 수요의 증감원인 분석
- 수요와 경기의 연동성 여부
- 산업재인 경우 수요산업의 업황 전망
- 소비자의 성향과 니즈변화 가능성
- 소비 트랜드와 유행의 변화
- 라이프스타일의 변화
- 정부정책의 변화 가능성
- 새로운 시장의 탄생 가능성 등

2. 공급측면에 대한 분석

공급은 산업의 성장성을 의미한다. 그리고 산업의 성장성은 수요에 의해 결정된다. 따라서 수요가 공급을 결정한다고 볼 수 있다. 공급에 관한 분석은 당해 산업의 공급능력(생산능력)과 공급능력의 변화원인을 분석하는 일이다. 일반적으로 장치산업과 비장치산업에 대한 공급능력 분석은 관점을 달리할 필요가 있다. 장치산업의 경우에는 공급과잉과 수급균형의 현상이 일정한 주기를 가지고 있는 경향이 있다. 이는 장치산업의 경우 생산설비의 증설기간이 비교적 길어 해당 산업내에서 설비투자가 일단락되면 공급이 일시적으로 초과상태를 보이다가 일정한 시간이 지나면 수급이 어느 정도 균형을 이루거나 아니면 공급부족의 현상이 발생되는 경우가 있다.

반면에 비장치산업은 진입장벽이 낮아 항상 신규 진입기업이 발생하며, 이로 인해 대부분의 산업이 만성적인 공급초과 현상을 보이고 있다.

공급의 변화에 영향을 줄 수 있는 다음 사항들에 대하여 심도있는 분석이 이루어져야 한다.

- 당해 산업의 총생산능력
- 대규모 생산설비의 신증설 여부

• 신규 진입기업의 출현 가능성 여부
• 수입물량 변화 등

3. 수급상황과 산업의 수익성

수요와 공급은 별개의 분석항목으로는 볼 수 없다. 왜냐하면 수요의 변화에 따라 공급이 변화하게 되고 공급의 변화에 따라 수요도 영향을 받게 되는 상호 유기적인 관계에 있기 때문이다.

수급에 관한 분석의 초점은 수급이 어느 정도 균형을 보이고 있느냐를 분석하는 것이다. 대부분의 산업이 성숙기에 있고, 성숙기 산업의 특성상 공급이 수요를 초과하고 있는 상황임을 고려할 때 수급의 균형을 보이고 있는 산업의 예를 찾기가 그리 쉽지는 않다. 수급이 균형을 이룰 때와 균형이 깨어진 상태에서의 산업의 수익성을 정리하여 보면 다음의 표와 같다.

[표 6-6] 수급상황과 산업의 수익성

수요와 공급 상황	산업(기업)의 수익성
수요와 공급이 균형을 이루고 있는 상태	적정한 수익성 달성 가능
수요가 공급을 초과하고 있는 상태	초과 수익성 달성 가능
공급이 수요를 초과하고 있는 상태	적정한 수익성 달성 불가능

제8절 잠재위험평가

산업의 잠재적인 위험이 현실화될 경우 해당 산업에 나타날 수 있는 충격을 분석하여 평가에 참고하여야 한다. 잠재적인 위험요인으로는 정부정책의 불리한 변화, 대체재의 출현 가능성, 신규 진입기업의 출현 가능성, 사회제도의 변화, 신기술의 발명으로 인한 기존 산업의 사양화 등 산업의 경쟁강도를 높이거나 성장성과 수익성에 부정적인 영향을 주는 요소들을 망라한다.

[표 6-7] 합성고무산업의 잠재위험평가 예시

- 세계적으로 공급과잉상태 지속
- 주요 수출지역인 중동 산유국과 중국 등이 자급을 위해 설비증설 강화
- 유가의 급격한 상승은 원가부담으로 인한 수익성의 저하요인
- 환경문제 해결을 위한 지속적인 투자와 세심한 주의 필요
- 천연고무가 대체재로 사용되기도 함

제9절 성장성과 수익성 전망

산업분석의 궁극적인 목적은 분석 대상기업의 매출과 수익성을 전망하는데 있다. 지금까지의 과정을 순서대로 진행하였다면 분석 대상 산업의 향후 전망에 대하여 어느 정도 그림이 그려지게 될 것이다. 산업의 성장성은 수요산업의 업황 전망을 참고하여 판단할 수 있으며, 수익성은 원재료 수급상황과 가격전망 그리고 경쟁상황을 고려하여 판단할 수가 있다. 그리고 상황에 따라서는 정부의 경제성장 목표치와 권위 있는 기관이나 연구소의 산업별 성장전망도 참고할 필요가 있다.

산업의 성장성과 수익성을 전망할 때 점검하여야 할 사항들은 다음과 같다.

- 최근 5년간 산업내 제품의 수급상황
- 산업의 경쟁상황
- 산업의 수명주기상 위치
- 수요산업의 업황 전망
- 산업의 비용구조
- 원재료 수급상황과 가격 전망
- 정부의 경제성장 목표
- 정부정책의 변화 가능성
- 산업의 트랜드
- 기술변화 방향과 변화속도
- 사회문화의 변화(라이프스타일 등)
- 대체품의 출현 가능성과 기존 대체품의 추이전망 등

[표 6-8] 합성고무의 주요 수요산업의 업황전망 예시

품 목	수요산업	수요산업의 업황전망
SBR	타이어, 고무벨트, 호스, 바닥재, 신발류, 전선케이블	불황
BR	타이어, 신발	불황
SB-Latex	제지, 아스팔트첨가제, 시멘트혼화제, 접착제 등	불황
EPR	전선피복, 컨베이어벨트, 자동차부품(방수시트, 범퍼, 호스, 타이어사이드휠, 펜벨트, 히터호스) 등	약 5%성장 예상

[표 6-9] 합성고무 수급전망

(단위 : 천M/T)

구 분	200E(실적)		200F(전망)	
	수량	증감률	수량	증감률
생 산	454	6.1%	447	-1.54%
수 입	25	-34.2%	19	-24.0%
(공급계)	479	0.0%	466	-2.7%
수 출	264	-1.1%	251	-4.9%
내 수	215	8.0%	215	0.0%
(수요계)	479	0.0%	466	-2.7%

주) SBR, BR 기준
(자료 : 화학경제연구원, 화학저널)

제10절 산업과 관련된 기업신용평가의 문제점

산업분석과 개별기업 평가, 계열에 소속되어 있는 개별기업의 평가, 그리고 여러 가지 사업을 복수로 영위하는 기업에 대한 신용을 평가할 때 유의하여야 할 사항들을 정리하면 다음과 같다.

1. 산업위험등급과 신용등급

산업위험분석의 결과를 등급화한 것이 산업위험등급(Industry risk rating)이라고 하며, 통상 최상위 등급인 IR1등급부터 최하위 등급인 IR5등급까지 5단계로 구분하고 있다.

한편 개별기업은 영위하는 산업의 종류에 따라 향후 성장성이 좌우되는 것은 당연하다고 할 수 있다. 그러나 같은 산업이라고 하더라도 경영자의 능력, 영업력, 제품의 경쟁력 등 기업의 개별적인 요인에 따라서 경영성과는 차이가 날 수밖에 없다. 따라서 산업내 상한등급은 해당산업에 속한 개별기업의 신용등급이 해당산업의 상한등급으로 보는 것이 타당하다고 볼 수 있다.

2. 계열 소속기업과 개별기업의 신용등급

계열 전체의 사업구조상 업종간 수직계열화를 이루고 있을 때 특정기업의 신용등급을 결정하기가 어려워질 수도 있다. 사업의 연관관계가 매우 밀접한 경우 산업 간의 영향보다는 영업의존도, 자금지원 등 계열기업간 연결고리에 의한 영향이 더 크게 나타날 수 있기 때문이다. 그리고 계열사를 직간접적으로 지원한다거나 계열기업간 분식거래 등의 문제가 발생할 소지도 충분하다. 따라서 계열에 소속되어 있는 기업의 신용등급은 산업과는 달리 계열의 신용등급이나 주력기업 또는 모기업의 신용등급에 의해 영향을 받지 않을 수가 없다.

3. 복수 사업을 영위하는 기업

연관관계가 부족한 여러 가지 사업을 영위하는 기업에 대한 신용평가를 재무제표에만 의존하여 평가할 경우 경영성과의 결과가 어느 사업에서 비롯되었는지를 알 수가 없다. 그러므로 반드시 사업부별로 성과평가를 하여야 하며, 사업부문별로 경쟁력, 위험요소 등을 파악하여 평가하여야만 향후 기업 경영성과의 전개방향에 대한 전망이 분명하여진다.

제11절 산업별 특성과 신용평가 시 주요 점검항목 및 유의사항

산업분석의 효율성을 높이고 개별기업에 대한 신용평가의 정확성을 높이기 위해서는 각 산업 고유의 특성을 파악하는 것이 매우 중요하다. 주요 산업별(가나다 순)로 특성과 신용평가 시 주요 점검항목 및 유의사항을 정리하면 다음과 같다.

1. 가구산업

✤ 산업의 특성

- 건설경기와 밀접한 관계가 있다
- 원재료의 수입의존도가 매우 높다
- 내수위주의 산업이다
- 경기민감도가 높다

✤ 주요 점검항목 및 유의사항

- 국제 목재가격 추이
- 환율변동
- 물류비용
- 경제성장률과 소득증가율
- 주요 납품처 및 교섭력

2. 가전제품산업

✤ 산업의 특성

- 기술과 자본 및 노동집약적인 장치산업이다
- 제품수명주기가 매우 짧다

✤ 주요 점검항목 및 유의사항

- 제품경쟁력
- 신제품개발능력
- 마케팅능력
- 경기민감도

3. 건설산업

✤ 산업의 특성

- 수주산업이다
- 참여업체수가 많아 경쟁강도가 높다
- 종합산업이다
- 연쇄도산이 높다
- 노동집약적인 산업이다
- 진입장벽이 낮다
- 정부정책의 영향을 많이 받는다.
- 자금관리가 중요하다

✤ 주요 점검항목 및 유의사항

- 시공능력
- 수주실적과 수주잔고
- 미분양 재고
- 매출채권

- 유동성
- 지급보증 규모
- 정부정책
- 계열사의 지원 가능성

4. 고무제품산업

✤ 산업의 특성
- 중간재 산업이다
- 원재료의 수입의존도가 높다
- 환경관련 규제가 심하다

✤ 주요 점검항목 및 유의사항
- 원재료가격 동향
- 환율변동
- 환경위험

5. 기계산업

✤ 산업의 특성
- 국가기간산업이다
- 기술선도 산업이다
- 기술 집약적인 산업이다
- 수주산업이면서 경기선행 산업이다
- 에너지 저소비형 산업이다

✤ 주요 점검항목 및 유의사항
- 원자재가격 동향

- 환율변동
- 차입금 규모

6. 도시가스산업

✤ 산업의 특성

- 장치산업이자 독점사업이다
- 판매가격이 국제시세 및 환율에 연동되어 있다
- 수입의존도가 높다
- 공해를 유발하는 에너지의 대체에너지로 사용된다.

✤ 주요 점검항목 및 유의사항

- 계열사의 지원
- 신규시장 탄생가능성 여부

7. 면방산업

✤ 산업의 특성

- 원재료의 수입의존도가 높다
- 장치산업이다
- 가격경쟁력이 약화되고 있다
- 수출시장에서 경쟁국과의 경쟁이 치열하다

✤ 주요 점검항목 및 유의사항

- 노무비 수준
- 원재료 가격동향
- 환율변동
- 신섬유 개발능력

8. 모방산업

✤ 산업의 특성

- 기술집약적인 장치산업이다
- 원재료 수입의존도가 높다
- 경기민감도가 높다

✤ 주요 점검항목 및 유의사항

- 가격경쟁력
- 원모가격과 환율변동 추이

9. 배합사료산업

✤ 산업의 특성

- 내수위주의 장치산업이다
- 원재료의 수입의존도가 높다
- 공정이 단순하다

✤ 주요 점검항목 및 유의사항

- 축산업의 경기동향
- 국내경기 동향
- 국제곡물가격
- 환율변동

10. 비료산업

✤ 산업의 특성

- 내수위주 산업이다

- 원재료의 수입의존도가 높다
- 계절성이 뚜렷하다
- 성장이 정체되어 있다
- 판매방식이 이원화되어 있다

✤ 주요 점검항목 및 유의사항

- 원재료 가격동향
- 환율변동
- 농협의 입찰가격
- 정부의 대북 정책

11. 비철금속산업

✤ 산업의 특성

- 기초소재산업이다
- 경기변동에 민감하다
- 장치산업이다
- 원재료 수입의존도가 높다
- 가격의 등락이 심하다

✤ 주요 점검항목 및 유의사항

- 국제가격 추이
- 환율동향
- 수요산업의 경기변동
- 에너지비용

12. 시멘트산업

✤ 산업의 특성

- 내수위주 산업이다
- 에너지 다소비 산업이다
- 건설경기에 민감한 산업이다
- 자본집약적인 장치산업이다
- 운송비 부담이 크다
- 생산기술이 단순하여 제품의 차별화가 어렵다
- 환경문제를 유발하는 공해산업이다

✤ 주요 점검항목 및 유의사항

- 생산능력
- 광산의 석회석 매장량
- 시장점유율과 시장지위
- 공장의 입지여건
- 수요산업 경기동향
- 자산운용효율성
- 환경위험

13. 석유화학산업

✤ 산업의 특성

- 기술과 자본 집약적인 대규모 장치산업이다
- 각 산업의 중요한 기초 소재산업이다
- 콤비나트형 산업이다
- 원료의 수입의존도가 매우 높다
- 유가 및 환율의 변동에 따라 원가의 기복이 심하다
- 대표적인 시황산업이다

• 가동률이 원가에 미치는 영향이 크다

✤ 주요 점검항목 및 유의사항

• 가동률
• 국제유가와 환율의 추이
• 국내 내수경기
• 차입금 규모
• 수직계열화

[표 6-10] 석유제품 이용 계통도

유 종	중간제품	주요제품	용 도
원유	중질유	중유	선박연료, 신문잉크, 가열연료, 카본블랙용
		잔사유	윤활유, 그리스, 파라핀, 코크스, 아스팔트
	경질유	휘발유	공업용휘발유, 항공기연료, 자동차연료, 도료용, 살충제용, 드라이클리닝용
		항공유	제트기연료용
		등유	등화용연료, 가정용연료, 소형발동기연료
		경유	디젤엔진연료, 등유연료용, 가열연료
		나프타	접착제, 도료, 의류, 의약품, 비료, 세제, 화장품 등 화학공업용 원료
	부산물	황, 납 등	유황, 소다, 황산 등
	가스		석유화학연료용, 연료용 LPG

14. 수산업

✤ 산업의 특성

• 노동집약적인 산업이다
• 계절적인 특성이 강하다
• 공급자 우위시장이다

✤ 주요 점검항목 및 유의사항

- 선박수량
- 선박의 평균연령
- 유가

15. 외식산업

✤ 산업의 특성

- 입지여건이 중요하다
- 진입장벽이 낮아 경쟁이 극심하다
- 고정비 부담이 높다
- 운전자금 부담이 낮다
- 영업의 차별화가 중요하다
- 재고관리가 중요하다

✤ 주요 점검항목 및 유의사항

- 브랜드인지도
- 입지여건

16. 유통산업

✤ 산업의 특성

[**백화점**]

- 장치산업이다
- 매장이 많을수록 유리하다
- 입지여건이 매우 중요하다
- 운전자금 부담이 거의 없다

[할인점]

- 입지여건이 매우 중요하다
- 다점포화가 필요하다
- 대기업형 산업이다
- 원가우위 확보가 중요하다

[홈쇼핑]

- 투하자본이 적다
- 자유로운 영업시간
- 진입장벽이 낮다
- 차별화가 중요하다
- 유통구조가 단순하다

✤ 주요 점검항목 및 유의사항

- 입지여건
- 운영효율성
- 내수경기
- 점포수와 점포망
- 라이프스타일의 변화
- 규모의 경제
- 상품기획능력
- 판매관리비 수준

[표 6-11] 양호한 입지여건과 불량한 입지여건

양호한 입지여건(홈쇼핑 제외)

- 대규모 인구 밀집지역
- 소득수준이 높은 주거지역(특히 백화점의 경우)
- 대중교통을 이용하기 편리한 지역(지하철, 버스 등)
- 교통이 혼잡하지 않은 지역
- 넓은 주차공간의 확보가 가능한 지역
- 고객 및 승용차의 진출입이 용이한 매장 구조

- 오락이나 레저스포츠 등 연계하여 이용이 가능한 시설이 인근에 위치한 지역

불량한 입지여건(홈쇼핑 제외)

- 소규모 도시 이하의 지역
- 유사 경쟁업체가 인근에 있는 지역
- 교통이 매우 혼잡한 지역
- 평지가 아닌 고개나 지하에 위치한 매장
- 대규모 집회나 시위가 빈발하는 지역
- 가격경쟁에서 불리한 재래시장 등이 소재한 지역

17. 의류산업

✤ 산업의 특성

- 대기업과 중소기업 및 영세기업이 공존하는 산업이다
- 기술집약적 방향으로 변환기에 있는 노동집약적인 장치산업이다
- 생산과 판매가 이원화되어 있다
- 제품 수명주기가 짧아지고 있다
- 세분화된 시장이다
- 전후방 산업이 다양하다
- 산업위험이 높다
- 원가구조가 복잡하다

✤ 주요 점검항목 및 유의사항

- 브랜드파워
- 제품 및 브랜드의 다양화 수준
- 유통구조와 유통망
- 매출규모와 운전자금관리
- 재고관리와 현금흐름

[표 6-12] 의류 생산시스템의 변화

구 분	일괄생산방식	반응생산방식
제품기획	시즌 3개월 전에 상품 기획 및 디자인 확정	시즌 3개월 전부터 기획시작 주 3회 기획회의에 의해 아이템을 수시로 추가
초두물량	시즌 예상 물량의 약 90% 생산	시즌 예상물량의 약 60% 생산
생산기지	중국, 베트남	초두물량은 중국에서 생산 나머지는 국내에서 생산
소비자 반응체크	1~2주 단위로 반응체크	전산시스템으로 실적 매일체크
신상품 입고주기	계절별 2~3회	주 6회
제품교체주기	시즌 끝난 뒤 재고상품은 상설할인매장으로 이동	2~3주마다 비인기 상품 체크하여 교체

18. 의약품산업

✤ 산업의 특성

- 내수위주산업이다
- 고부가가치산업이다
- 원재료 수입의존도가 높다
- 진입장벽이 낮은 편이다
- 판매비 지출이 많다
- 운전자금부담이 높다
- 연구개발비가 많이 소요 된다
- 정부의 규제가 심하다

✤ 주요 점검항목 및 유의사항

- 매출액 규모
- 제품구성
- 신제품개발능력

- 운전자본부담율
- 시장개방 등 정부정책 변화

19. 자동차산업

✤ 산업의 특성

- 대규모 장치산업이다
- 산업의 연관효과가 크다
- 국가 기술수준의 척도이다
- 업체간 전략적 제휴가 빈번하다
- 수출비중이 증가하고 있다

✤ 주요 점검항목 및 유의사항

- 경기민감도
- 환율
- 노사분규
- 제품경쟁력
- 브랜드인지도
- 인건비 수준
- 마케팅능력
- 차입금규모

20. 자동차부품산업

✤ 산업의 특성

- 완성차 업체의 수요 종속산업이다
- 부품의 국산화율이 높다
- 타 산업에 미치는 파급효과가 크다

- 규모의 경제가 필요하다
- 판매비와 재고자산의 부담이 적다
- 영업의존도가 높다

✤ 주요 점검항목 및 유의사항

- 납품업체의 업황
- 납품업체와의 거래관계 지속가능성 여부
- 직수출물량 규모

21. 정유산업

✤ 산업의 특성

- 국가 기간산업이다
- 소비국 정제를 원칙으로 하는 내수 중심형 산업이다
- 대규모 설비투자가 필요한 장치산업이다
- 일정량의 정제유를 의무적으로 비축하여야 한다.
- 원유의 수입의존도가 높다

✤ 주요 점검항목 및 유의사항

- 원유정제능력
- 설비의 고도화와 첨단화
- 시장점유율
- 판매망
- 사업의 다각화 수준과 다운스트림화 여부
- 환위험관리 능력

고도화 시설

고도화 시설이란 원유를 1차로 정제하고 남은 값싼 벙커C유 등 중질유를 값비싼 등유, 경유 등 경질유로 바꿔주는 설비를 말한다.

다운스트림(Downstream)

특히 석유화학산업에 있어서 나프타분해, 수송, 판매 등과 같은 하류부문을 말하며, 반대로 탐광, 개발, 채유 등을 업스트림(Upstream)이라고 일컫는다.

22. 제지산업

✤ 산업의 특성

- 원재료의 수입의존도가 매우 높다
- 내수위주의 산업이다
- 자본집약적인 산업이다
- 에너지 소비가 큰 산업이다
- 환경위험에 노출되어 있는 산업이다

✤ 주요 점검항목 및 유의사항

- 국제 펄프가격 동향
- 환율변동
- 유가
- 기술력

펄프(Pulp)

종이, 셀로판, 인조섬유 등의 원재료로서 식물섬유를 기계적 또는 화학적으로 분해하여 만든 것이다. 원재료로는 가문비나무, 너도밤나무, 소나무 등이 주로 사용되나, 삼, 닥나무, 짚, 휴지

따위도 쓰인다. 펄프는 그 제조방법에 따라 기계 펄프와 화학 펄프로 나뉜다. 기계 펄프는 목재를 기계로 파쇄(破碎)하여 만든 것으로, 쇄목(碎木) 펄프라고 하는데 이에는 그라운드 펄프(GP), 케미 그라운드 펄프(CGP) 등이 있다. 화학 펄프는 식물섬유를 화학적으로 분해하여 만든 것으로 이에는 일반 인쇄용지의 제조에 주로 사용되는 아황산펄프, 고급인쇄용지, 도화용지 등에 쓰이는 소다 펄프, 판지(板紙) 등의 제조에 쓰이는 세미 케미컬 펄프(SCP), 골판지 등의 원료가 되는 크래프트 펄프(KP)가 있다. 인쇄용지는 기계 펄프와 화학 펄프를 섞어 만드는데, 이때 화학 펄프의 양에 따라 종이의 질이 달라진다. 하질지인 갱지는 30-40%의 화학 펄프에다 그 나머지는 그라운드 펄프를 혼합하여 만든다.

23. 조선산업

✤ 산업의 특성

- 자본과 노동 그리고 기술집약적인 장치산업이다
- 진입장벽이 높다
- 수주산업이다
- 운전자금회전기간이 길다
- 수출비중이 높다
- 관련 산업이 다양하다

✤ 주요 점검항목 및 유의사항

- 선박건조능력과 기술력
- 수주능력과 수주잔고
- 선종의 다양화
- 노동력

24. 주류산업

✤ 산업의 특성

- 정부의 규제가 심하다

- 내수산업이다
- 장치산업이다
- 경기민감도가 높다
- 광고선전비의 비중이 높다

✤ 주요 점검항목 및 유의사항

- 매출액 규모
- 영업기반
- 주종의 다양화 수준
- 브랜드인지도
- 유통망

25. 중전기기산업

✤ 산업의 특성

- 국가기간산업이다
- 제품의 종류가 다양하다
- 기술집약적인 산업이다
- 내수위주의 주문생산형 산업이다
- 경기민감도가 높다

✤ 주요 점검항목 및 유의사항

- 경기변동
- 기술력
- 수주능력

26. 창고보관업

✤ 산업의 특성

- 매출원가율이 낮다
- 장치산업이다
- 대도시 주변에 집중되어 있다

✤ 주요 점검항목 및 유의사항

- 창고입지여건
- 고정거래처 확보 수
- 창고회전율(입고율)
- 자가창고 여부

27. 철강산업

✤ 산업의 특성

- 대규모 설비투자가 필요한 장치산업이다
- 생산을 탄력적으로 조절하기 힘들다
- 수급여건에 따라 가격변동폭이 크다
- 대표적인 시황산업으로서 수요산업은 건설, 자동차, 조선, 기계, 가전 등이다
- 수요산업의 경기에 따라 호황과 불황이 반복된다.
- 대체재가 존재한다.

✤ 주요 점검항목 및 유의사항

- 철강 제조공정의 다양화 여부
- 시장지배력
- 비용구조
- 원재료 구매의 효율성

시황산업(Market-driven industry)

수요산업의 경기변동에 따라 판매량이 크게 달라지는 산업을 말하며, 경기연동산업이라고도 한다. 국가의 경제성장의 기여도가 높은 산업일수록 경기연동성이 높다.

28. 청량음료산업

✤ 산업의 특성

- 내수위주의 산업이다
- 대규모 설비투자가 필요한 장치산업이다
- 제품의 수명주기가 비교적 짧다
- 신제품 개발에 따른 사업위험이 높다
- 계절성이 강하며 기후변화에 따른 수요변동이 심하다
- 광고선전비 부담이 크다

✤ 주요 점검항목 및 유의사항

- 광고비 등 판매비 부담률
- 신제품개발능력
- 브랜드인지도

29. 타이어산업

✤ 산업의 특성

- 자동차산업의 수요 종속산업이다
- 장치산업이다
- 원재료 수입의존도가 높다
- 중간재와 소비재의 양면성이 있다
- 가격보다는 품질이 우선한다.

- 고도의 기술력이 필요하다
- 수출위주의 산업이다

✤ 주요 점검항목 및 유의사항

- 원재료가격 동향
- 환율동향
- 브랜드파워
- 대량구매처 확보여부

30. 통신기기산업

✤ 산업의 특성

- 고도의 기술력과 자본집약적인 산업이다
- 제품의 수명주기가 짧다
- 통신서비스 시장에 대한 의존도가 높다

✤ 주요 점검항목 및 유의사항

- 이동전화가입자수 증가추이
- 수출시장개척능력
- 마케팅능력
- 기술력(신제품개발능력)

31. 페인트산업

✤ 산업의 특성

- 석유화학이 기초원료이다
- 내수 의존적인 산업이다
- 원재료의 수입의존도가 높다

- 다품종 소량생산체제이다

✤ 주요 점검항목 및 유의사항
- 수요산업의 경기동향
- 원재료가격 추이
- 환율변동
- 환경 친화적인 제품개발능력

32. 플라스틱산업

✤ 산업의 특성
- 내수위주의 산업이다
- 노동집약적인 중소기업형 산업이다
- 경기민감도가 높다
- 환경관련 규제가 심하다

✤ 주요 점검항목 및 유의사항
- 원재료가격 동향
- 수요산업 경기동향
- 환경위험

33. 피혁산업

✤ 산업의 특성
- 노동집약적이며 수출위주 산업이다
- 원재료 수입의존도가 높다
- 공해유발산업이다

✤ 주요 점검항목 및 유의사항

- 원재료 가격동향과 환율변동 추이
- 가격경쟁력
- 경기동향

34. 화장품산업

✤ 산업의 특성

- 매출원가율이 낮다
- 브랜드 인지도가 매우 중요하다
- 제품의 수명주기가 짧다
- 내수 의존적인 산업이다
- 원재료의 수입의존도가 높다
- 진입장벽이 낮다
- 과점적인 시장구조이다
- 판매비 지출이 많다. 특히 광고비 비중이 높다.

✤ 주요 점검항목 및 유의사항

- 경기변동
- 영업비용 규모
- 브랜드이미지
- 제품개발능력

35. 호텔산업

✤ 산업의 특성

- 자본집약적인 산업이다
- 인지도가 중요하다

- 등급과 지역별로 영업실적의 차이가 크다
- 소득 탄력성이 높다

✤ 주요 점검항목 및 유의사항

- 객실회전율
- 부대시설의 다양화 수준
- 입지여건
- 호텔의 등급

연 | 습 | 문 | 제

1. 산업분석을 할 때 산업을 세세분류까지 하여야 하는 이유는? (　　)

① 경쟁업체를 찾기 위하여　　② 효율적인 제품수급분석을 위하여
③ 산업의 성장성 전망을 위하여　　④ 산업의 수익성 전망을 위하여
⑤ 효과적인 산업위험분석을 위하여

2. 산업분석에 사용되는 정보나 자료로서 부적합한 것은? (　　)

① 통계청에서 작성한 공식적인 통계자료
② 각 산업의 조합이나 동업종 협회에서 발간하고 있는 협회지 또는 통계연감
③ 증권시장에서 나돌고 있는 풍문
④ 공공기관 연구소에서 발표하는 주요 산업별 조사분석보고서
⑤ 산업내 대표기업들의 시장분석자료

3. 산업의 중간재에 해당하는 것은? (　　)

① 식음료　② 서비스업　③ 생활필수품　④ 시멘트　⑤ 가전제품

4. 진입장벽이라고 볼 수 없는 것은? (　　)

① 규모의 경제　② 정부의 정책이나 규제　③ 차별화된 제품
④ 강력한 유통망　⑤ 퇴출장벽이 낮은 산업

5. 구매자의 교섭력에 관한 내용 중 타당한 것은? (　　)

① 교체비용이 높을수록 교섭력은 구매자 측에 있다.
② 대체품이 없다면 교섭력은 구매자에게 있다.
③ 구매비중이 판매기업의 매출액에서 차지하는 비중이 높을수록 교섭력은 구매자에게 있다.
④ 제품차별화가 심할수록 교섭력은 구매자에게 있다.
⑤ 브랜드에 대한 소비자의 인지도가 높을수록 교섭력은 구매자에게 있다.

정 | 답 | 및 | 해 | 설

1. ①

산업분석의 핵심은 상호 경쟁관계에 놓여 있는 경쟁업체들을 파악하여 분석 대상기업의 위상이 어떠한지를 확인하는 것이다. 그러기 위해서는 경쟁업체를 찾아내기 위해서 동일한 제품을 생산하여 판매하고 있는 업체를 찾아야 한다.

2. ③

증권시장에서 나돌고 있는 풍문은 확인되지 않은 정보이기 때문에 정보로서 부적합하다고 하겠다.

3. ④

시멘트는 건설업이나 레미콘의 원자재이기 때문에 중간재라고 볼 수 있다.

4. ⑤

퇴출장벽이 낮으면 진입장벽도 낮아진다.

5. ③

구매비중이 판매기업의 매출액에서 차지하는 비중이 높을수록 교섭력은 구매자에게 있다.

제 7 장 영업위험 평가

학습목표

- ✤ 영업위험 평가항목들의 종류에 대하여 알고 있어야 한다.
- ✤ 영업위험 평가에 필요한 자료들은 무엇이 있는지를 파악하여야 한다.
- ✤ 영업위험 평가방법을 숙지하고 있어야 한다.

학습개요

- ✤ 높은 영업성과는 영업활동의 높은 효율성에서 비롯되므로 기업의 각 영업활동을 세부적으로 점검하여 영업위험을 평가하여야 한다. 그리고 영업위험을 효과적으로 평가하기 위한 방법을 포함하여 평가에 필요한 자료들은 무엇이 있는지도 정리하여야 한다.
- ✤ 기업의 영업활동은 구매활동, 생산활동, 판매활동으로 구분할 수가 있다. 이와 같은 일련의 영업활동 과정에서 흐름이 원활하지 못한 부분의 존재 유무와 존재하고 있다면 그 문제점과 위험수준을 파악할 수 있어야 한다.
- ✤ 특히 영업위험은 현실화된 위험도 중요하지만 비효율성과 같이 눈에 보이지 않는 위험요인을 찾아내어 평가에 반영하는 것이 중요하므로 이에 대한 충분한 학습이 필요하다. 그리고 잠재적인 위험요인이나 취약점들이 있다면 이들에 대한 통제 및 위험을 제거하거나 경감시킬 만한 능력을 가지고 있는지도 점검하여야 한다.

제1절 영업위험평가의 개요

기업이 존재하는 이유는 영업활동을 통하여 이익을 창출하는 것이다. 최소한의 비용과 노력을 투입하여 최대의 수익을 얻는 것이 가장 바람직한 영업활동이라고 하겠다. 이와 같은 바람직한 영업활동의 결과는 영업활동의 높은 효율성에서 비롯된다고 보아야 한다.

제조업의 경우 영업활동이란 원재료를 구매하여 제품을 생산하고, 생산한 제품을 판매하는 과정의 연속이다. 이를 활동별로 다시 정리하면 영업활동은 구매활동, 생산활동, 판매활동으로 구분할 수가 있다. 이와 같은 일련의 영업활동 과정이 경영진의 기대수준에 부합하도록 원활한 흐름을 보여야 경영성과도 좋을 것이다. 그러나 대부분의 기업들의 경영성과는 경영진이나 대주주의 기대수준에 부합하지 않는 것이 일반적이다.

영업활동의 흐름이 원활하지 못하다는 것은 어디에선가 문제점이 있다는 것을 의미한다. 경영자는 이러한 문제점을 신속하게 찾아내어 정확한 진단을 내리는 것이 본연의 의무이며, 매출을 통한 수익의 극대화를 달성할 수 있는 지름길이다. 다양한 영업활동의 과정에서 어느 한 가지라도 부족하게 되면 전체 영업활동에 지장을 초래하게 되는데 이를 영업위험이라고 한다.

영업위험은 확인이 가능한 위험도 있지만 비효율성과 같이 눈에 보이지 않는 위험요인도 상존한다. 따라서 신용평가자는 분석 대상기업의 영업활동의 전반적인 측면을 검토하여 이와 같은 문제점이나 비효율성이 존재하고 있는지 여부를 평가에 반영하여야 한다. 그리고 문제점이 있다면 리스크가 이미 현실화 되었는지, 아니면 경영진이나 직원들의 리스크경감 노력에 의해 당해 리스크가 잠재적인 상태에 머무르고 있는지도 평가하여야 한다.

영업위험의 수준을 평가하기 위한 항목은 영업전략, 마케팅능력, 유통망, 사업구조, 경쟁력, 운영효율성 등으로 요약할 수 있으며, 이들 각 항목에 대한 세부적인 평가의 결과를 요약 정리한 SWOT분석을 통하여 시장매력도와 내부수행능력을 종합적으로 평가할 수가 있다.

제2절 영업전략

기업의 최고경영자는 영업활동에서 발생하는 장애물이나 위험요소들을 어떻게 효과적으로 관리하고 차단하여 목표매출액과 목표이익을 달성할 것인지를 항상 고심하게 된다. 최적의 사업 포트폴리오 구성을 통하여 목표이익을 달성할 수 있는 영업전략을 수립하고 전략을 실천할 구체적인 실행방법을 강구할 것이다. 부실한 영업전략은 부실한 영업성과를 초래한다.

영업전략에는 효율적인 원재료구매 정책, 소비자 지향적인 제품생산 정책, 판매전략과 신용판매 정책, 목표고객 설정 그리고 광고전략 등 다양한 정책들을 포함하고 있다.

영업전략을 검토할 때의 관점은 전략의 적절성과 타당성, 그리고 전략의 실천가능성과 매출로 연결될 수 있는지를 위주로 다음과 같이 평가를 하여야 한다.

- 적절한 영업전략이 수립되어 있는가?
- 경영전략과 연결되는 전략인가?
- 선택과 집중이 반영되었는가?
- 전시 행정적인 전략은 아닌가?
- 실천 불가능한 단순 나열식의 전략은 아닌가?
- 전략은 구체적이며 실현가능성이 있는가?
- 매출과 수익으로 직결될 수 있는 전략인가? 등

[표 7-1] 영업전략의 예시

영업전략

- 대리점 수의 확대를 통한 매출증진
- 대리점 규모 확대를 통한 매출증진
- 수익성 높은 시장성 있는 제품중심의 판매를 통한 이익확보
- 대형거래처에 대한 계획성 있는 사전계획과 사후관리를 통한 거래유지
- 광고선전 및 홍보를 통한 기업이미지의 제고 및 친밀도 강화
- 지속적인 신제품 개발을 통한 기존시장 및 신규시장의 시장 점유율 제고
- 해외시장 개척을 위한 지속적이고 적극적인 투자

(자료 : S기업 사업보고서, 금융감독원 전자공시실)

제3절 마케팅능력

마케팅은 영업전략을 실행에 옮기는 구체적인 절차이다. 따라서 기업은 목표시장과 목표고객을 설정하고 철저한 시장분석을 통하여 목표고객의 욕구와 기대수준에 부합하는 제품을 생산하여 소비자의 구매심리를 효과적으로 자극함으로써 최대의 매출실적을 거둘 수 있는 능력을 가지고 있어야 한다.

기업의 마케팅능력을 평가할 때에는 경영진의 면담이나 서면조사를 통하여 영업전략의 실행방안에 관하여 확인할 수도 있으며, 간접적으로는 과거 수년간의 광고선전비 또는 판매비의 지출액과 매출액 증가율의 변동성을 비교하여 마케팅의 효율성을 평가할 수도 있다. 그리고 마케팅능력을 평가하기 위한 점검항목들을 정리하면 다음과 같다.

- 목표고객은 설정되어 있는가?
- 목표고객들의 성향은 분석되어 있는가?
- 실천가능한 마케팅전략은 수립되어 있는가?
- 세분화된 시장별로 시장침투전략이 있는가?
- 마케팅활동은 효과적이며, 판매증가와 연결되고 있는가?
- 예산의 지원은 충분하며, 총매출액 및 경쟁업체들과 비교수준은 어떠한가?

[표 7-2] A기업의 판매비 증가율과 매출액 증가율의 비교 사례

구 분	20×1년	20×2년	20×3년
판매비 증가율(전기대비)	10.0%	11.0%	10.2%
광고선전비 증가율(전기대비)	5.0%	5.5%	6.1%
매출액 증가율(전기대비)	7.2%	5.8%	6.0%

[평가의견]

A기업은 광고선전비를 지속적으로 확대지출하고 있으나 매출증가율은 정체상태에 있다. 특히 판매비 지출 증가속도가 전기대비 평균 10%에 달하지만 매출증가 속도는 이에 못 미치고 있어 마케팅활동이 매우 비효율적으로 이루어지고 있다고 볼 수 있다.

제4절 유통망

개별기업이 보유하고 있는 유통망(판매망)은 제품이 생산되어 소비자에게 판매되는 연결고리이며 고객접점이다. 유통망은 하루아침에 형성되는 것이 아니며, 오랜 세월동안 비가 내려 비로소 강이 만들어지듯이 막대한 판매비의 지속적인 지출과 노력에 의해 견고한 유통 채널이 만들어지는 것이다.

유통망이나 유통구소는 산업마다 다르다. 대부분의 산업은 생산자와 소비자를 연결하는 중간 판매상을 통하여 상품을 유통시키고 있지만 일부 산업의 경우에는 생산자로부터 소비자에게 직접 연결이 되기도 한다.

유통망을 점검할 때 분석의 초점은 당해 기업만이 가지고 있는 독점적인 유통채널을 보유하고 있는지와 유통채널이 얼마만큼 효율적인지를 평가하는 것이다. 이러한 유통망은 기존의 시장참여 기업들이 공동으로 이용하기도 하면서 때로는 신규 참여기업에 대해 강력한 진입장벽으로 활용하기도 한다. 따라서 기존 기업과 신규 기업을 평가할 때 이점에 대하여 유리함과 불리함을 구분하여 평가하여야 한다.

[표 7-3] 유통망의 예시

□ **판매경로**

- 대리점 판매 (매출비중 : 25%)
  본사 ⇨ 대리점 ⇨ 소매상, 소비자, 기업체 및 관공서
- 직거래 판매 (매출비중 : 75%)
  본사 ⇨ 소매상, 기업체, 단종 업체, 관공서 정부기관

(자료 : S기업 사업보고서, 금융감독원 전자공시실)

제5절 사업구조

사업구조(Business portfolio)란 전체적인 사업구성을 의미하며, 기업의 규모가 크고 제품의 수가 많은 경우에는 유사한 제품별로 그룹핑하여 사업구성표를 작성하여 분석하여야 하며, 기업의 규모가 작거나 제품의 수가 단순한 경우에는 제품별로 구성표(Products mix)를 작성하여 평가를 하여야 한다. 다음의 표와 같이 사업구성표를 재작성하여야 하는 이유는 손익계산서의 총매출액만을 가지고는 구체적으로 매출액의 변동원인과 매출액 변동내용의 문제점을 파악하기가 어렵기 때문이다. 사업구성표나 제품구성표는 사업부나 제품의 수요시장별로 구분하여 작성하는 것이 유용한 방법이 된다. 사업구조나 제품구성을 분석할 때의 관점과 목적은 다음과 같다.

✤ 분석의 관점

- 사업부(제품)별로 전체 매출액에서 차지하는 비중
- 사업부(제품)별 수명주기상 위치
- 사업부(제품)별 경쟁력
- 사업부(제품)별 수요산업과 수요산업의 업황전망
- 사업(제품)간 시너지 효과 유무
- 향후 매출에 미치게 될 영향

✤ 분석의 목적

- 사업구조(제품구성)의 적절성 평가
- 제품별로 경쟁력과 영업력 평가
- 경영진의 경영능력(영업전략 등) 평가
- 매출액과 현금흐름 전망

[표 7-4] A기업의 사업구조 분석 사례

사업(제품)		매출비중	수명주기	경쟁력	수요산업	수요산업 업황전망
건축용 페인트		40%	성숙기	업계 2위	건설업	부진
공업용 페인트	자동차용 페인트	18%	성숙기	업계 3위	자동차산업	양호
	철강용 페인트	7%	성숙기	업계 3위	철강산업	양호
	선박용 페인트	15%	성숙기	업계 3위	조선업	호황
	전기전자용 페인트	6%	성숙기	업계 3위	전자산업	양호
	비철금속용 페인트	5%	성숙기	업계 3위	비철금속산업	양호
	목재용 페인트	9%	성숙기	업계 3위	목재산업	양호

[평가의견]

A기업은 매출비중이 40%에 달하는 건축용 페인트가 관련 수요산업인 건설업의 경기가 부진을 보일 것으로 전망되어 다소 부정적이기는 하지만, 기타 60%에 해당하는 제품의 수요산업이 골고루 분산되어 있고 동 수요산업들의 업황 전망이 전반적으로 양호하며 시장지위도 업계 상위를 보이고 있어 안정적인 영업이 가능할 것으로 전망됨.

제6절 경쟁력

기업의 경쟁력은 시장지위를 통하여 읽을 수가 있다. 시장지위는 곧 시장점유율이다. 일반적으로 시장점유율이 높은 기업은 시장점유율이 낮은 기업들보다 경쟁력이 높다고 보아야 한다. 완전경쟁시장에서 시장점유율이 높은 기업은 시장에서 높은 시장지배력을 바탕으로 가격결정권을 포함한 시장주도권을 가지고 있으며 시장지위가 낮은 기업들에 비해 상대적으로 높은 이익을 향유하게 된다.

기업경쟁력의 원천은 조직내의 핵심역량, 제품의 경쟁력, 신제품 개발능력, 시장분석 능력 등에 달려 있다. 그리고 기업의 경쟁력은 경쟁업체가 모방하기 어렵거나 모방이 불가능한 원천적인 산업표준기술을 확보하고 있다거나 강력한 브랜드파워를 가지고 있을 경우에 더욱 견고해지며 쉽게 허물어지지 않는다.

[표 7-5] 기업경쟁력의 원천

- 우수한 경영능력
- 핵심역량의 육성
- 우수한 기술 인프라 구축
- 우수한 기술력 확보
- 풍부한 자금력
- 시장조사 능력

→

- 산업표준 기술특허 확보
- 높은 기업이미지
- 강력한 브랜드파워
- 높은 시장지위
- 독특한 기업문화

→ 기업경쟁력

1. 핵심역량

내부 수행능력 평가에 필요한 요소들 중 하나가 조직의 핵심역량이다. 핵심역량은 높은 기술력과 탁월한 영업전략 수립 및 실행능력을 의미한다. 또한 핵심역량은 눈에 보이지 않는 무형의 자산일 수도 있고 그러한 능력을 보유한 사람일 수도 있다.

분석대상 기업의 핵심역량은 경쟁업체들과의 비교를 통하여 평가가 가능하다. 분석대상 기업의 핵심역량이 경쟁업체들에 비해 어떤 면에서 차별화가 되고 있는지를 검토하여야 한다.

2. 시장지위

시장지위가 높을수록 시장지배력이 강하다. 그리고 시장지배력이 강한 기업일수록 소속산업의 성장률보다 더 높은 성장률을 달성하는 경우가 많으며, 수익성도 경쟁기업들에 비하여 높은 것이 특징이다.

시장지위를 분석하는 방법은 다음의 표와 같이 분석대상 기업의 제품별로 시장지위를 확인하여 평가하는 방법도 있지만 경쟁업체 전체를 대상으로 분석대상 기업의 시장지위를 파악하는 방법도 있다.

한편, 시장지위는 통상적으로 시장점유율에 근거하여 평가를 하는데 다음과 같은 유의하여야 할 사항들이 있으므로 참고할 필요가 있다.

- 시장점유율은 반드시 시장지배력을 의미하지는 않는다. 특히 시장을 선도하는 기업이 다수일 때 나타나는 현상이기도 하다. 예를 든다면 정유업체들이 여기에 해당한다. 이처럼 몇몇 소수의 기업들이 시장의 대부분을 점유하고 있으면서 상호 경쟁관계에 있을 때 가격정책 등과 같은 담합에 의한 시장전략이 구사되기도 한다.
- 시장규모가 작거나 국민경제에 미치는 영향이 중요하지 않은 산업은 정확한 시장규

[표 7-6] B기업의 사업부별 시장지위 예시

사업(제품)	매출비중	시장점유율	회사의 전략
백 시멘트	29%	70%	가격경쟁력 강화
타일시멘트	11%	25%	가격경쟁력 강화
알루미나 시멘트	16%	75%	가격경쟁력 강화
용융알루미나 시멘트	10%	30%	가격경쟁력 강화
기타	34%	-	비중 축소

모 파악이 어려워 시장점유율 분석이 무의미하기도 하다.

- 시장점유율을 분석하는 목적 중의 하나가 분석 대상기업의 매출전망에 있다고 한다면 사양화가 진행 중에 있는 산업이거나 기술의 혁신이 빈번하게 일어나고 있는 산업에서는 경쟁기업들 간의 시장점유율은 항상 변화할 뿐만 아니라 그 변화의 폭도 매우 크다.

[표 7-7] 페인트산업의 경쟁업체 및 시장지위 예시

(단위 : 백만원, %, 배)

업체명	시장지위	매출액	영 업 이익률	상환능력		재무구조		기 타			
				이자보상배율	차입금 상 환 계 수	부채비율	차입금	감사의견	구분	Bond	CP
A기업	1	1,277,862	9.31	11.88	1.64	77.7	479,111	적정	상장	AA-	A1
B기업	2	206,854	9.01	2.10	3.72	76.7	103,361	적정	상장		
C기업	3	163,843	5.22	3.29	2.92	70.7	72,438	적정	상장	BBB-	
D기업	4	141,404	5.32	4.41	3.11	70.8	43,154	적정	상장	BBB-	
E기업	5	151,434	6.99	2.14	3.61	260.6	55,313	적정	등록	BB-	
F기업	6	109,307	14.53	20.22	0.77	202.5	13,428	적정	외감		
G기업	7	78,080	7.70	3.10	2.96	104.9	21,977	적정	상장		
H기업	8	55,182	9.31	8.07	1.73	138.9	12,904	적정	외감		
I기업	9	53,025	16.87	-	-	66.4	0	적정	외감		
J기업	10	45,094	13.91	11.01	-	70.5	0	적정	외감		
K기업	11	49,067	6.43	2.44	1.43	253.7	5,337	적정	등록		
L기업	12	32,834	9.50	4.68	2.26	304.8	14,089	적정	외감		
M기업	13	31,430	6.39	4.48	2.16	286.6	6,369	적정	외감		
N기업	14	26,314	9.49	2.25	4.89	84.0	13,579	적정	외감		
O기업	15	20,213	5.99	7.47	1.53	262.0	2,500	적정	외감		
P기업	16	19,539	3.93	180.47	0.24	131.5	200	한정	외감		
Q기업	17	18,262	6.02	5.65	2.99	115.4	4,675	적정	외감		
R기업	18	17,954	11.04	1.76	2.8	651.2	7,816	한정	외감		
S기업	19	16,166	3.93	1.83	5.69	201.8	4,491	적정	외감		

[표 7-7] 페인트산업의 경쟁업체 및 시장지위 예시 (계속)

(단위 : 백만원, %, 배)

업체명	시장 지위	매출액	영 업 이익률	상환능력		재무구조		기 타			
				이자 보상 배율	차입금 상 환 계 수	부채 비율	차입금	감사 의견	구분	Bond	CP
T기업	20	14,384	17.48	70.94	0.15	31.0	405	적정	외감		
U기업	21	12,022	5.21	11.96	1.23	90.3	1,699	적정	외감		
V기업	22	38,930	6.88	0.68	12.67	-156.8	51,786	적정	상관		
W기업	23	18,360	4.91	0.60	-	4,462.5	0	적정	외감		
X기업	24	17,350	13.58	2.12	4.78	1257.8	14,726	적정	외감		
Y기업	25	16,576	18.85	3.00	1.80	-404.9	6,984	거절	외감		
Z기업	26	13,973	-1.66	-0.20	-73.79	75.3	3,005	적정	외감		
AA기업	27	9,163	-8.71	0.50	32.60	257.5	9,080	적정	외감		
AB기업	28	7,040	10.51	1.17	4.63	-1952.9	4,045	적정	외감		
AC기업	29	8,038	3.26	2.60	6.31	218.3	3,334	거절	외감		

(자료 : 각사 감사보고서 및 사업보고서)

3. 제품의 경쟁력

제품의 경쟁력은 무엇으로 평가할 것인가? 제품의 경쟁력은 절대적인 것이 아니다. 어디까지나 상대적이다. 즉, 경쟁업체들의 제품과 비교하여 품질의 우위를 확보하고 있거나, 원가의 우위를 가지고 있는 제품이 경쟁력이 있는 제품이다. 품질은 우수하지만 가격이 너무 높으면 수요자로부터 호응을 얻기 어렵다. 반대로 가격은 저렴하지만 품질이 만족스럽지 못하다고 한다면 이 또한 수요자로부터 호응을 얻기가 어렵게 된다. 제품의 경쟁력은 매출과 직결되는 가장 강력한 기업의 경쟁력이다.

경쟁업체들에 비해 품질의 상대적인 우위는 기업간 기술력의 차이에서 비롯되며, 매출원가의 우위는 생산성과 규모의 경제 등에서 비롯된다. 그리고 제품의 경쟁력은 단순히 품질과 가격의 우위에 의해서만 결정되는 것은 아니다. 기업에 대한 소비자들의 신뢰도, 상표와 제품에 대한 소비자들의 충성도의 표현으로 나타나기도 한다. 강력한 소비자의 충성도는 제품의 수명을 연장하기도 하며, 더 많은 이익을 가져다준다. 제품의 경쟁력은 다음과 같은 방법으로 평가할 수 있다.

- 기술력은 동업계에서 어느 수준인가?
- 매출원가율은 산업평균 또는 경쟁업체와 비교하여 어떠한가?
- 생산효율성(생산성 및 생산수율 등)은 어느 정도인가?
- 제품에 대한 소비자들의 호응도는 어떠한가?

4. 신제품 개발능력

기술혁신이 빠르게 진행되고 있는 산업이나 기술력이 중요한 산업의 경우에는 제품의 수명주기가 점점 빨라지고 있다. 그러므로 현재의 시장지위를 유지하고 계속기업으로 성장하기 위해서는 신제품을 지속적으로 출시하지 않으면 안 된다. 신제품 개발은 자금력과 기술력 그리고 시간을 필요로 한다. 신제품 개발능력에 관한 평가는 분석 대상기업의 연구개발비용의 투입규모와 자금력, 우수한 기술인력을 포함한 연구 인프라가 적절한지를 평가하여야 한다. 신제품 개발능력은 다음과 같은 방법으로 평가할 수 있다.

- 신제품이나 신기술개발에 필요한 적절한 연구 인프라는 갖추고 있는가?
- 연간 연구개발비 투입규모는 적절한가?
  - ➡ 총매출액에서 차지하는 비중과 절대규모를 파악하고 산업평균과도 비교하여 보아야 한다.
- 최근 수년간의 신제품 출시 실적과 제품별로 매출액을 살펴보아야 한다.
  - ➡ 신제품개발은 신설기업이나 신규사업과 마찬가지로 충분한 시장조사와 기술의 확보 및 검증이 반드시 선행되어야 한다. 신제품개발은 성공할 확률이 낮아 거액의 자금이 소요되는 신제품일수록 위험부담은 더욱 커지며, 신용위험을 가중시키는 요소로 작용한다.

5. 시장조사 능력

신제품개발과 마케팅활동은 철저한 시장조사를 통하여 소비자가 원하는 것이 무엇인지를 파악하고 분석하는 것에서부터 출발한다.

시장에 출시한 신제품의 수명이 매우 짧거나 시장에 성공적으로 진입하지 못한 수많은 제품을 분석해 보면 거기에는 분명한 이유가 있을 것이다. 제품개발을 시작하기 전에 충분한 시장조사를 하지 않았거나 시장분석이 잘못된 경우이다. 시장조사능력이 부족하면 소비자의 기대수준에 부합하는 제품을 개발하는데 실패할 가능성이 높으며, 제품개발에 투입된 많은 비용이 허공으로 사라지게 된다.

제7절 운영효율성

기업의 영업활동은 원재료를 구매하여 제품을 생산하고 판매를 통하여 다시 현금으로 회수하게 되면 한 주기의 영업순환이 종료된다. 기업은 이러한 영업순환을 지속적으로 반복하면서 존재한다. 분석 대상기업의 신용도를 평가할 때 기업경영의 핵심인 영업활동의 각 분야에서 발생될 수 있는 위험요소가 무엇인지를 파악하는 것은 매우 중요한 일이다.

제품을 생산하는 과정과 원재료를 구매하는 과정, 그리고 판매활동을 평가할 때는 운영의 효율성 측면에서 접근하여야 한다.

1. 원재료구매의 효율성

원재료 구매측면의 효율성을 평가할 때 점검할 내용은 원재료의 수급상황, 가격동향, 구매방법, 구매조건 등이며, 구매자금조달에는 문제가 없는지를 평가하여야 한다.

1-1 원재료 수급상황

분석 대상기업의 제품생산에 주요 원재료가 무엇인지를 파악한 다음에 해당 원재료 시장의 수급상황을 분석하여야 한다. 최근 3년 정도 수급상황의 추이를 살펴보고 수급에 문제가 없는지를 분석하여야 한다.

원재료공급이 원활하지 못하면 분석 대상기업의 생산위험을 상승시키는 요인으로 작용하게 된다. 그리고 원재료의 공급부족은 원재료 가격의 상승을 초래할 가능성이 높기 때문에 원가상승의 요인이 되며, 궁극적으로는 수익성이 낮아지거나 악화될 가능성이 높아진다.

원재료 수급이 원활하지 못하면 대기업에 비해 상대적으로 중소기업들의 수익성이 더욱 악화되는 경향이 강하다. 중소기업은 대기업과는 달리 원재료가격의 상승분을 판매단가에 전가하기 어려운 구조를 가지고 있기 때문이다.

한편, 원재료 공급이 지나치게 수요를 초과하는 상황이 장기화될 경우 원재료 공급업체들의 도산이나 사업철수를 초래하여 원재료 수급을 불안하게 만드는 요인이 될 수도 있으므로 원재료 수급은 균형을 이루는 것이 바람직하다고 하겠다.

원재료 수급상황은 다음과 같은 방법으로 평가할 수 있다.

- 원재료의 수입의존도는 어느 정도인가?
- 원재료의 수급상황은 균형을 이루고 있는가?
- 원재료의 공급부족이 발생하고 있다면 그 원인은 무엇인가?
- 원재료의 공급부족 상황은 일시적인가 또는 구조적인가?

1-2 원재료 가격동향

원재료가격동향에 관한 분석은 최근 3년간 가격추이와 향후 1년간 정도의 가격전망을 중심으로 이루어져야 한다.

원재료 가격은 국내 내수시장에서의 가격은 물론 수입비중이 높은 원재료인 경우에는 수입가격의 동향과 환율의 변동가능성도 염두에 두어야 한다.

제조원가 중에서 원재료비 비중이 높은 업종이나 기업의 경우 원재료가격의 상승은 분석대상 기업의 수익성을 직접적으로 위협하는 중요한 요인이기 때문에 신뢰성 높은 자료에 근거하여 전망을 하여야 한다. 일반적으로 원재료 공급이 부족하거나 원화환율의 상승, 그리고 물가상승 등으로 인하여 원재료가격이 상승하므로 관련 변수들의 점검을 통하여 가격의 향방을 전망할 수가 있을 것이다.

원재료 가격동향은 다음과 같은 방법으로 점검하여야 한다.

- 원재료의 가격은 안정적인가 또는 상승추세인가?
- 상승추세라고 한다면 어느 정도로 지속될 것인가?
- 원재료가격이 상승하고 있는 근본적인 원인은 무엇인가?
- 가격상승의 원인이 공급의 부족인가 아니면 인플레이션 때문인가?

[표 7-8] 주요원재료 가격 변동추이

(단위 : 원/톤)

품 명	원가비중	구 분	20×1년	20×2년	20×3년
생고무	14.85%	수입	890,837	846,376	903,476
합성고무	14.29%	국내	1,224,712	1,382,323	1,435,193
타이어코드	22.76%	국내	2,891,109	3,710,872	2,799,778
카본블랙	9.59%	국내	678,070	738,604	696,964
비드 와이어	2.40%	국내	889,308	987,797	943,681

(자료 : H타이어 사업보고서, 금융감독원 전자공시실)

1-3 원재료 구매방법

원재료를 구매하는 방법은 크게 두 가지로 구분할 수 있다. 하나는 원재료 공급업자와의 공급계약에 의해 원재료를 조달하는 경우이고, 또 다른 방법은 필요한 원재료를 시장구매하는 경우이다. 원재료 구매의 효율성과 안정적인 측면을 고려할 때 장기 공급계약에 의해 조달하는 방법이 유리하다. 공급계약에 의해 원재료를 조달하는 방법은 원재료의 적기 조달이 매우 중요한 산업에서는 필수적인 구매방법이다. 예를 든다면 자동차산업의 경우 수많은 부품 중에서 1개의 부품이라도 적기에 조달하지 못하면 자동차 생산이 중단되는 경우도 있다.

따라서 신용평가를 할 때는 분석 대상기업의 업종의 특성이나 생산공정상의 특성을 고려하여 적절히 평가를 하여야 한다. 비록 공급계약구매가 아닌 시장구매라고 하더라도 최소한 고정적인 구매거래처는 확보되어야 하는 것이 바람직하다.

원재료 구매방법은 다음과 같은 방법으로 점검하여야 한다.

- 공급계약에 의한 구매인가 아니면 시장구매인가?
- 안정적인 원재료 구매처를 확보하고 있는가?
- 양질의 원재료를 저렴하게 구매할 수 있는 노하우를 가지고 있는가?

1-4 원재료 구매조건

구매조건이란 원재료를 구매할 때의 가격조건이나 결제조건 등과 같은 내용을 말한다. 구매가격은 낮을수록 수익성에 유리하기 때문에 시장평균 가격과 비교하여 분석 대상기업의 가격교섭력을 평가하여야 한다. 대량구매를 하는 대기업이 가격교섭력에 있어서는 중소기업보다는 더 유리하다.

또한 원재료를 구매하는 기업의 입장에서는 원재료를 현금으로 구매하기보다는 외상으로 구매하는 것이 현금흐름상 유리하다. 그리고 외상구매기간도 보다 장기화 되는 것이 더욱 유리하다. 최근 3년간 신용구매기간의 변화내용을 검토하여 평가에 반영하여야 한다. 이때 신용구매기간의 변화를 확인하는 방법으로 매입채무회전기간을 많이 사용한다. 매입채무회전기간은 장기화될수록 당해 기업의 현금흐름에는 긍정적으로 작용하게 된다.

한편, 매입채무회전기간이 점점 단축되고 있다거나 신용구매가 어려워 현금구매를 하고 있다면 당해 기업은 거래처로부터 신용을 잃었거나 잃어가고 있다는 증거이므로 유의하여야 한다.

매입채무회전기간(일) = 365 ÷ (매출액 / 평균 매입채무 잔액)

기업의 신용도와 자금사정을 가장 잘 파악할 수 있는 외부인이 바로 원재료공급자이다. 원재료를 공급하는 입장에서 거래관계를 악화시키거나 거래단절의 위험까지도 불사하고 신용판매를 하지 않거나 외상기간을 단축시킨다는 것은 그만큼 원재료를 구매하는 당해 기업의 자금사정이 어려워지고 있다는 의미로 받아들여야 한다.

원재료 구매조건은 다음과 같은 방법으로 점검하여야 한다.

- 현금구매인가 아니면 신용구매인가?
- 매입채무회전기간이 길어지고 있는가 아니면 짧아지고 있는가?
- 현금구매를 하고 있다면 그 이유는 무엇인가?

1-5 원재료 구매자금

원재료 구매자금이란 신용구매일 경우 매입채무(지급어음) 결제자금을 말한다. 통상 매입채무 결제자금의 원천은 매출채권인 상품판매회수대금과 보유중인 유동성이 된다.

따라서 평가 시 대상기업의 매출채권을 포함하여 유동성을 매입채무의 평균잔액과 비교하여 적정한 수준을 유지하고 있는지를 검토하여야 한다. 적어도 매출채권 평균잔액이 매입채무의 평균잔액보다 더 많아야 한다.

매출채권 대 매입채무비율(%) = 매출채권 평균잔액 / 매입채무 평균잔액 × 100

2. 생산의 효율성

생산의 효율성은 생산성을 의미한다. 기업의 생산성은 투입비용과 생산량의 비교를 통하여 평가하여야 한다. 최소의 비용으로 최대의 생산량을 달성할 때 생산성이 높다고 말한다. 생산성을 판단하는 지표에는 생산수율과 노무비의 비중, 그리고 제조경비의 비중이 있다. 생산성과 생산수율이 높아지려면 최신의 생산설비를 갖추어야 하며, 공정의 자동화 비율이 높아야 하고 인건비의 수준이 낮거나 숙련도가 높아서 시간당 생산량이 극대화되어야 한다. 그리고 가동률을 최대화하여 유휴설비의 발생에 따른 고정비 부담을 최소화하여야 한다.

2-1 생산능력

생산능력은 목표 매출액과의 비교를 통하여 여유있는 것이 바람직하다. 생산능력의 한계로 인하여 매출성장에 지장이 있다던가 아니면 불원장래에 거액의 자본적지출이 예상된다면 현금흐름에도 부정적일 것이다.

정유산업, 시멘트산업, 철강산업, 원양어업 등과 같은 장치산업의 경우에는 생산능력이 곧 매출액이 되며 시장지위가 되기 때문에 생산능력은 매출액 전망의 척도가 된다.

물론 영업력이나 매출규모에 비해 생산능력이 지나치게 많다면 유휴설비의 감가상각비나 부대비용으로 인하여 원가율을 높이는 원인이 되므로 유의하여야 한다.

생산능력은 다음과 같은 방법으로 점검하여야 한다.

- 생산능력이 중요한 장치산업인가?
- 생산능력에는 여유가 있는가?
- 평균가동률은 얼마나 되는가?

[표 7-9] 생산능력의 예시

품 목	단 위	20×1년도	20×2년도
페인트	kl	69,720	72,735
수 지	ton	27,721	29,422
합 계	kl	69,720	72,735
	ton	27,721	29,422

주) 산출기준은 표준작업능력에 의거 산출

2-2 생산설비

생산실비를 점검하는 목적은 생산성을 평가하기 위함이다. 따라서 점검하여야 할 항목은 기계장치와 같은 생산설비의 노후화 정도와 생산공정의 자동화 수준, 그리고 기계장치의 리스여부 및 첨단설비 여부 등이다.

생산설비의 노후화 수준을 평가하기 위해서는 직접 현장을 방문하여 기계장치들을 확인하여야 하지만 이를 생략하고 장부만으로도 확인이 가능하다. 즉, 기계장치의 평균 잔존내용연수가 얼마인지를 파악하거나 재무상태표상의 기계장치의 감가상각누계액의 크기를 보고 기계장치의 노후화 정도를 파악할 수가 있다.

생산공정의 자동화 비율이 높아지거나 완전자동화가 이루어지고 생산설비가 첨단일수록 생산성도 높아지게 된다. 자동화공정이 어려운 산업의 경우는 기계화 수준 등을 점검하여 평가에 반영하여야 한다.

한편, 기계장치의 리스여부도 확인하여 평가에 반영하여야 한다. 생산설비가 리스인 경우에는 리스구입 사유와 자가 생산설비에 비해 유리한 점이 있는지를 확인하여야 한다.

생산설비는 다음과 같은 방법으로 점검하여야 한다.

- 잔존 내용연수는 얼마나 남아있는가?
- 주요 생산설비의 리스 여부와 리스구입의 이유는 무엇인가?
- 첨단의 생산설비를 갖추고 있는가?
- 기계장치 등 설비자산의 잔존 내용연수 또는 최초 구입가격과 현재의 장부가액과의 차이로 볼 때 노후화는 어느 정도 진행되었는가?

- 생산설비가 노후화되었다면 교체 시기는 언제로 예상하는가?
- 노후설비 교체에 따른 자본적지출은 얼마나 될 것인가?
- 필요자금은 준비되고 있는가?

[표 7-10] 장부가액에 의한 기계장치의 노후화 수준 평가 예시

최초 구입가격	감가상각충당금 누계액	현재의 장부가액	노후화 수준 평가
100억원	10억원	90억원	신품에 가까운 기계장치
100억원	90억원	10억원	노후화가 많이 진행된 기계장치

2-3 가동률

가동률은 높을수록 생산성이 상승하며 생산성의 향상은 기업의 수익성을 높이는 역할을 한다. 또한 가동률의 상승은 영업상황이 호전되고 있다는 증거이기도 하다. 특히 장치산업에 종사하는 기업을 평가할 때에는 가동률 점검이 매우 중요하다.

가동률은 생산능력 대비 생산실적을 가지고 산출한다. 대기업의 평균가동률은 80% 내외이고 중소기업의 평균가동률은 70%를 밑돌고 있는 실정이다. 그 만큼 중소기업의 경영이 어렵다는 반증이다.

한편, 가동률을 가지고도 생산능력을 파악할 수가 있다. 가동률이 100%에 근접할수록 생산능력에 여력이 없다는 것을 의미하게 된다.

가동률은 다음과 같은 방법으로 점검하여야 한다.

- 현재의 가동률은 몇 %인가?
- 최근 가동률의 추이는 하락하고 있는가 아니면 상승하고 있는가?
- 가동률이 하락하고 있다면 그 원인은 무엇인가?
- 동업계 평균과 비교하여 대상기업의 가동률이 적절한가?

[표 7-11] 가동률 산출의 예시

(단위 : kl, ton, %)

품 목	단 위	생산능력	생산실적	가동률
페인트	kl	72,735	69,856	96.04%
수 지	ton	29,422	24,224	82.33%
합 계	kl	72,735	69,856	96.04%
	ton	29,422	24,224	82.33%

2-4 기술력

기술력 평가요소에는 기술개발에 필요한 인프라 여건과 기술개발에 필요한 R&D비용 투입규모, 기술인력의 수와 질, 신기술개발능력과 기술혁신능력 그리고 상품화 실적 등이 있다. 구체적인 내용은 별도의 장에서 설명한 기술위험평가를 참고하기 바란다.

기술력은 다음과 같은 방법으로 점검하여야 한다.

- 기술연구소는 설치되어 있는가?
- 연구인력의 구성원 수와 구성원의 수준은 어느 정도인가?
- 연구개발비 투입규모는 매출액 대비 몇 %인가?
- 연구개발비는 경쟁업체나 업계 선도기업과 비교하여 어느 정도 수준인가?
- 기술관련 특허권은 정기적으로 획득하고 있는가?
- 기술제휴실적은 있는가?
- 실제로 상품화되어 출시된 실적은 있는가?
- 상품화되었다면 매출액에 기여한 정도는 얼마인가?

2-5 노동력

노동력의 평가관점은 노동생산성이다. 노동생산성은 노동인력의 숙련도에 의해 결정된다. 숙련도를 간접적으로 평가하는 방법은 생산직 사원들의 평균근무연수를 참고하기도 한다. 근무연수가 장기일수록 대체적으로 노동의 숙련도는 상승한다고 보기 때문이다.

한편, 업종의 특성에 따라 생산직 사원들의 평균연령이 생산성에 미치는 영향이 중요한 경우도 있다. 건설업과 같은 경우에는 평균연령이 너무 높아도 곤란하지만 너무 낮아도 숙련도가 떨어지는 경우이다. 정밀하고 세밀한 조립공정에서는 젊은 여성인력의 생산성이 더 높을 수도 있을 것이다. 따라서 평가 대상 산업이나 기업의 특성에 맞도록 적절하게 평가를 하여야만 할 필요가 있다.

그리고 노동집약도가 높은 산업이나 기업일 경우에는 정년퇴직과 같은 일시적인 대규모 퇴직에 대비하여 대체인력 충원에 문제가 없는지를 분석하여야 한다. 이러한 이유로 인하여 조선업이나 자동차산업 등과 같이 대규모 인력이 필요한 산업은 대도시 근처에 생산공장을 두고 있다.

또한 노사분규의 발생가능성과 과거 노사분규의 발생빈도 및 노사분규가 진행된 기간 등을 점검하여 노사분규로 인한 생산성의 하락이나 제품생산의 차질 가능성을 평가에 반영하여야 한다. 그러기 위해서는 평가시에 노조의 유무와 노조의 강성 여부 및 경영진의 노사관계에 관한 인식에 대하여도 점검하여야 한다.

노동력은 다음과 같은 방법으로 점검하여야 한다.

- 노동력이 중요한 산업인가?
- 생산직 사원의 평균근무연수는 얼마인가?
- 생산직 사원의 평균연령은 얼마인가?
- 노동조합이 설립되어 있는가?
- 노사분규는 빈번한가?
- 노사분규의 강도는 어떠한가?
- 대체인력 확보가 용이한가?

2-6 재고관리

생산의 효율성은 생산성이라는 평가기준 외에도 정확한 수요예측과 적정가동률 유지 등도 매우 중요한 평가기준이 된다. 수요예측의 실패로 인하여 불필요한 재고를 과다하게 보유하고 있거나 적정한 수준의 재고 유지에 실패하여 판매할 제품이 부족하여 영업에 지장을 초래할 상황이 발생한다면 생산효율성이 떨어진다고 보아야 한다. 따라서 재고는 적정 수준 유지가 중요하며 재고보유가 과다하면 현금흐름이 악화되므로 유의하여야 한다.

재고관리가 잘되고 있는지의 여부는 재고자산회전율의 추이를 검토하여 간접적으로 평가가 가능하다. 이 때는 동업계 평균 재고자산회전율과의 비교와 당해 기업의 과거 약 3년간 회전율의 추이를 비교하여 적정 여부를 평가하면 된다.

재고자산회전율(회) = 매출액/평균 재고자산

재고자산회전율이 하락하고 있다면 대상기업의 제품경쟁력이 약화되고 있다거나 불량재고의 누적 또는 분식의 가능성을 예상할 수 있으며, 수요시장의 경기부진도 원인이 될 수 있으므로 다양한 각도로 원인분석에 임하여야 한다.

재고관리의 적절성은 다음과 같은 방법으로 평가하여야 한다.

- 재고자산회전율은 상승하고 있는가 아니면 하락하고 있는가?
- 재고자산회전율이 하락하고 있다면 그 원인은 무엇인가?
- 재고자산의 분식 가능성은 없는가?
- 불량재고 또는 시장성이 없는 재고는 없는가?

3. 판매의 효율성

판매측면은 앞서 설명한 영업전략, 마케팅능력, 유통망, 제품의 경쟁력 등에 관한 평가는 물론 수요시장의 전망, 거래처의 구성, 판매방법과 조건 등에 관하여도 구체적인 평가가 반드시 있어야 한다.

3-1 수요시장의 전망

기업의 경쟁력이나 역량이 아무리 강하여도 수요가 부족하거나 침체되면 판매가 부진해질 수밖에 없다. 따라서 개별기업의 판매의 효율성을 평가할 때에는 비록 기업이 통제할 수 없는 분야이긴 하지만 수요측면도 점검할 필요가 있다.

수요시장은 다음과 같은 방법으로 점검하여야 한다.

- 분석 대상기업의 수요산업은 무엇인가?
- 수요산업의 업황전망은 어떠한가?

- 수요에 비해 공급이 지나치게 과잉은 아닌가?
- 수요시장에 트랜드의 변화 등 특별한 이슈는 없는가?

3-2 주요 거래처

시장생산을 하는 대기업과는 달리 중소기업은 양질의 고정거래처의 확보가 안정적인 영업을 위하여 매우 중요하다. 그러므로 중소기업을 평가할 때에는 고정거래처의 수와 고정고래처의 신용도를 평가하는 것이 중요하다.

주요거래처는 다음과 같은 방법으로 점검하여야 한다.

- 주요 거래처의 수는 얼마나 되는가?
- 주요 거래처의 구성은 얼마나 다양한가?
- 주요 거래처와의 영업이 지속될 가능성은 얼마나 높은가?
- 주요 거래처의 신용도에는 문제가 없는가?
- 추가적인 주요 거래처 확보는 가능한가?

[표 7-12] 특정기업에 전속되어 있는 납품업체(Vendor)들의 특성

긍정적인 측면	부정적인 측면
• 영업이 비교적 안정되어 있다. • 계획생산이 가능하여 일반기업에 비해 재고자산이 적다 • 마케팅비용이 상대적으로 적다	• 거래단절 가능성에 따른 영업위험이 높다 • 납품처에 대해 협상력이 없다 • 영업의존도가 높아 납품처의 경영난 또는 도산에 의해 연쇄도산의 가능성이 높다

3-3 영업의존도

거래처의 구성이 깊고 넓어야 영업이 안정적이라고 평가를 할 수가 있는데 그렇지 못하고 거래처수가 소수이거나 특정 거래처만을 상대로 영업을 하는 기업은 영업의존도가 높아 영업위험이 매우 높은 경우이다. 예를 든다면 자동차부품을 생산하여 특정 자동차업체에만 납품하는 중소협력업체가 그 예이다.

영업의존도가 높은 기업은 납품처에 대하여 교섭력이 약하기 때문에 수익성이 양호하지 못한 것이 일반적이며, 납품처의 경영난이나 도산에 의해 연쇄도산할 가능성도 상존

하고 있다.

반면에 영업의존도가 높은 기업이 누리는 이점은 납품처와의 거래가 지속되는 한 영업이 안정적이며, 납품일정에 따라 납품이 이루어지면 되기 때문에 계획적인 생산이 가능하여 재고자산에 대한 부담이 일반기업에 비해 상대적으로 적다. 또한 광고선전비나 판촉비 등 마케팅비용 부담이 거의 없다.

영업의존도는 다음과 같은 방법으로 점검 및 평가하여야 한다.

- 특정기업에 대하여 의존적인 영업을 하고 있는가?
- 그렇다면 영업의존도는 어느 정도인가?
- 영업의존도가 높은 기업과의 거래관계는 돈독한가?
- 가격교섭력 등 거래관계나 거래조건상 매우 불리한 점은 없는가?

3-4 판매방법

판매방법을 크게 두 가지로 구분하면 시장판매방식과 주문판매방식 및 납품업체 등으로 구분할 수 있다.

시장판매방식은 대기업과 같은 영업형태로 불특정 다수를 상대로 마케팅활동을 통하여 판매활동을 하는 영업방식이다. 마케팅비용 등 판매비가 많이 투입되는 특징이 있으며 제품의 경쟁력, 브랜드파워 등 기업의 전반적인 경쟁력의 크기에 의해 매출이 결정된다.

주문판매방식은 중소기업형 납품업체나 조선업, 건설업, 기계산업 등과 같은 산업이 여기에 속한다. 주문판매방식의 기업을 평가할 때에는 수주능력과 수주실적 그리고 수주잔고 분석이 매우 중요하다.

그리고 시장판매방식이나 주문판매방식 모두 장기공급계약에 의해 일정기간 동안에 납품이 이루어지는 것이 일반적인 판매방식보다는 안정적인 수요확보라는 측면에서 평가에 더 유리하다. 판매방법은 다음과 같은 방법으로 점검하여야 한다.

- 시장생산인가 아니면 주문생산인가?
- 시장생산일 경우 시장지위, 브랜드파워, 영업전략 등은 확인하였는가?
- 주문생산인 경우 수주능력과 수주실적은 어느 정도인가?

3-5 판매조건

판매조건에는 여러 가지가 있지만 가장 중요한 것이 역시 현금판매를 하느냐 아니면 외상판매를 하느냐 하는 점이다. 단순히 기업의 현금흐름 측면에서는 신용판매보다는 현금판매가 영업현금흐름에 긍정적인 요인으로 작용한다.

기업간의 경쟁이 치열해질수록 신용판매방식을 취하는 것이 대부분이다. 특히 기업규모가 적을수록 교섭력이 약해지기 때문에 현금판매는 거의 없으며 신용판매를 할 수밖에 없는 것이 현실이다.

또한 신용판매는 기업의 영업전략상 시장점유율을 높이고 매출을 증대시키기 위하여 신용판매 비중을 높이거나 신용판매 기간을 늘리는 경우도 있다. 따라서 평가시에는 전략상 선택인지 아니면 어쩔 수 없이 경쟁에 의해 신용판매 기간을 연장하고 있는지를 검토하여야 한다.

경우에 따라서는 제품경쟁력이 취약하거나 영업력이 약한 기업들은 소비자나 구매거래처들로부터의 호응도가 낮아 신용판매기간의 연장이라는 수단을 동원하지 않으면 판매가 어려운 경우도 있으므로 유의하여야 한다. 매출채권회전기간의 변화추이를 살펴보고 판매조건의 변화를 파악하여 평가에 반영하여야 한다.

매출채권회전율(회) = 매출액 / 평균 매출채권

한편 업종의 특성상 현금판매방식을 취하는 경우도 있다. 대표적인 산업이 백화점이나 편의점 등 소매업종과 일반 서비스업이 여기에 해당된다. 이러한 기업들은 영업현금흐름이 비교적 여유가 있는 편이지만 반드시 그러한 것만은 아니다. 그 이유는 유동성으로 남아 있어야 할 자금을 장기자산에 투입함으로써 유동성이 부족하여 흑자도산을 하는 기업도 발생하고 있다. 판매조건은 다음과 같은 방법으로 점검하고 평가하여야 한다.

- 판매대금의 전반적인 결제조건들은 어떠한가?
- 신용판매인가 아니면 현금판매인가?
- 신용판매는 업계의 관행인가 아니면 전략적인가?
- 신용판매기간(매출채권회전기간)이 연장되고 있는가 아니면 단축되고 있는가?
- 신용판매기간의 연장은 전략적 선택인가 아니면 경쟁력의 약화에 그 원인이 있는가?

[표 7-13] 판매방법 및 판매조건의 예시

판매방법 및 조건

대리점 판매

- 대리점 계약을 체결
- 결제조건은 외상거래 후 4개월 어음(80%) 및 현금결재(20%)
- 운송조건은 현지 착지조건이며, 운송비용은 당사가 부담

직거래 판매

- 발주계약의 체결에 의함
- 결제조건은 계약에 준함
- 운송조건은 현지 인도로써 운송비용은 당사가 부담

(자료 : S기업 사업보고서, 금융감독원 전자공시실)

4. 매출채권 대손위험

매출채권의 대손위험은 업종과 기업규모에 따라 다르게 나타나고 있다. 특히 기업규모별로는 분명하게 구분이 되고 있다. 대기업의 매출채권 대손위험은 보편적으로 낮은 반면에 중소기업의 대손위험은 상대적으로 높게 나타나고 있다. 그 이유는 중소기업의 거래처는 신용도가 낮은 불량한 거래처가 많다는 것에 기인하고 있다.

매출채권의 대손위험은 크게 두 가지로 구분하여 평가를 한다. 하나는 거래기업의 수가 적을 때 매출채권을 거래처별로 신용도를 일일이 점검하여 기일에 회수불가능 여부를 핀단하는 방법이다. 이러한 방법은 주루 납품업체나 협력업체 또는 하청업체 그리고 거래처수가 적은 중소기업의 매출채권 대손위험을 평가할 때 사용하면 된다.

그리고 또 다른 하나는 시장판매방식을 취하고 있는 대기업처럼 거래처수가 불특정 다수로 구성되어 있을 때에는 당해 기업의 과거 수년간 매출채권에 대한 실제 평균대손률을 산출하여 대손위험을 예상할 수가 있다.

매출채권 대손률(%) = 대손상각 / 매출액 × 100
매출채권 평균대손률(%) = 최근 3년간 각 년도별 대손률의 합계 / 3

매출채권의 대손위험은 다음과 같은 방법으로 점검하고 평가하여야 한다.

- 매출비중이 높은 주요 거래처의 신용도는 어떠한가?
- 과거 수년간(3년 또는 5년)의 평균대손률은 어느 정도인가?

제8절 시장매력도와 내부수행능력

분석 대상기업의 경영성과를 예상하고 기업의 경쟁력을 평가할 때 SWOT분석을 자주 이용하게 된다. SWOT분석은 대상기업의 내부 및 외부 경영환경 측면을 검토하여 긍정적인 요소와 부정적인 요소들을 적출 하여 미래 사업의 안정성을 평가하고자 하는데 목적이 있다.

어느 기업이나 부정적인 경영환경이 있기 마련이며 또한 긍정적인 경영환경 요소들도 가지고 있다. 그러나 성공한 기업과 실패한 기업에는 분명한 차이점이 있다. 실패한 기업은 부정적인 경영환경(위협요인과 약점)을 극복하지 못하고 무너진 경우이며, 성공한 기업은 긍정적인 경영환경요소(기회요인과 강점)를 잘 활용하여 경영위험을 회피하거나 최소화시킴으로서 부정적인 경영환경을 극복한 경우이다.

경영성과나 매출전망을 단순히 계수적으로 접근하기보다는 SWOT분석과 같은 방법을 사용하면 계수분석에 의한 매출증감 원인 및 향후 전망치에 대한 신뢰도를 좀더 높일 수 있을 것이다. 시장매력도가 높다는 것은 시장환경이 위협적인 요소보다는 기회요인이 더 많다는 것을 의미하며 내부수행능력이 우수하다는 것은 경쟁업체들과 비교하여 상대적인 약점보다는 강점이 더 많다는 것을 의미한다. 대상기업이 영위하는 산업환경이 우호적이고 내부수행능력이 우수하다고 한다면 당해 기업의 향후 예상되는 매출액이나 경영성과는 필연적으로 좋은 결과를 가져올 것이기 때문이다.

신용평가를 할 때는 긍정적인 요소들과 부정적인 요소들을 모두 적출하여 경영충격의 정도를 분석하여야 하지만 신용분석자의 입장에서는 보수적인 접근방법을 택하여 부정적인 요소들에 좀더 무게중심을 두는 것이 바람직하다.

[표 7-14] SWOT분석 시 주요 검토사항

	긍정적인 요인	부정적인 요인
	강점(Strength)	약점(Weakness)
내부 수행 능력	• 우량한 재무구조 • 높은 수익성 • 높은 브랜드인지도 • 차별화 된 제품 • 높은 재무융통성 • 모기업의 지원 가능성 • 신용등급의 상승 등	• 불량한 재무구조 • 저조한 수익성 • 낮은 브랜드인지도 • 비효율적인 영업전략 • 취약한 재무융통성 • 신용등급의 하락 등
	기회요인(Opportunity)	위협요인(Threat)
시장 (산업) 환경	• 성장기 산업 • 시장규모의 확대 • 새로운 시장의 탄생 • 보완재의 출현 • 경기의 확장기 진입 • 금리의 하락 등	• 사양산업 • 시장규모의 축소 • 대체품의 출현 • 경기의 수축기 진입 • 강력한 경쟁기업의 출현 • 금리의 상승 등

연 | 습 | 문 | 제

1. 영업위험 평가요소가 아닌 것은? (　　)

① 영업전략　② 마케팅능력　③ 유통망

④ 경쟁력　⑤ 대체재의 출현

2. 사업구조 분석의 목적이 아닌 것은? (　　)

① 사업구조의 적절성 평가　② 제품별 경쟁력과 영업력 평가

③ 유통망의 적절성 평가　④ 경영진의 경영능력(영업전략 등) 평가

⑤ 매출액과 현금흐름 전망

3. 기업경쟁력의 원천이 될 수 없는 것은? (　　)

① 산업표준이 되는 기술특허 확보　② 산업의 수명주기

③ 높은 기업이미지　④ 강력한 브랜드파워

⑤ 독특한 기업문화

4. 시장지위와 관련한 내용 중 부적절한 것은? (　　)

① 시장지위는 시장점유율에 의해 어느 정도 평가가 가능하다.

② 시장을 선도하는 기업이 다수일 때 시장점유율은 반드시 시장지배력을 의미하지는 않는다.

③ 시장규모가 작거나 국민경제에 미치는 영향이 중요하지 않은 산업과 같은 경우에는 정확한 시장규모 파악이 어려워 시장점유율 분석이 무의미하기도 하다.

④ 소수의 기업들이 시장의 대부분을 점유하고 있으면서 상호 경쟁관계에 있을 경우 가격정책 등과 같은 담합에 의한 시장전략이 구사되기가 쉽다.

⑤ 시장점유율을 분석하는 목적 중의 하나가 분석 대상기업의 매출전망에 있다고 한다면 사양화가 진행 중에 있는 산업이거나 기술의 혁신이 빈번하게 일어나고 있는 산업에서는 경쟁기업들 간의 시장점유율은 항상 일정하다.

5. 영업효율성에 관한 평가 내용 중 부적절한 것은? (　　)

① 원재료공급이 원활하지 못하면 분석 대상기업의 생산위험을 상승시키는 요인으로 작용하게 된다.

② 원재료의 공급부족은 원재료 가격의 상승을 초래할 가능성이 높기 때문에 원가상승의 요인이 되며, 궁극적으로는 수익성이 낮아지거나 악화될 가능성이 높아진다.

③ 생산공정의 자동화 비율이 높아지거나 완전자동화가 이루어지고 생산설비가 첨단일수록 생산성은 높아지지만 수익성은 하락한다.

④ 원재료를 구매하는 기업의 입장에서는 원재료를 현금으로 구매하기보다는 외상으로 구매하는 것이 현금흐름상 유리하다.

⑤ 매입채무회전기간이 점점 단축되고 있다거나 신용구매가 어려워 현금구매를 하고 있다고 한다면 당해 기업은 거래처로부터 신용을 잃었거나 잃어가고 있다는 증거이므로 유의하여야 한다.

정 | 답 | 및 | 해 | 설

1. ⑤

대체재의 출현은 산업위험 평가요소이다.

2. ③

유통망의 적절성 평가는 영업위험 평가요소이며 사업구조 분석의 목적이 될 수는 없다.

3. ②

산업의 수명주기와 기업의 경쟁력과는 거리가 멀다.

4. ⑤

시장점유율을 분석하는 목적 중의 하나가 분석 대상기업의 매출전망에 있다고 한다면 사양화가 진행 중에 있는 산업이거나 기술의 혁신이 빈번하게 일어나고 있는 산업에서는 경쟁기업들 간의 시장점유율은 항상 변화할 뿐만 아니라 그 변화의 폭도 매우 크다.

5. ③

자동화 비율이 높고 생산설비가 첨단일수록 생산성이 높아져 수익성은 상승한다.

제8장

기술위험 평가

학습목표

- ✤ 기술위험의 개념에 관하여 이해하여야 한다.
- ✤ 기술위험 평가항목들의 종류에 대하여 알고 있어야 한다.
- ✤ 기술위험 평가에 필요한 자료들은 무엇이 있는지를 파악하여야 한다.
- ✤ 기술위험의 구체적인 평가방법을 숙지하고 있어야 한다.

학습개요

- ✤ 업종이나 기업의 규모를 막론하고 대부분의 기업에 있어서 기술력은 기업의 생명을 연장하는 중요한 수단이다. 따라서 기업의 영속성을 유지하기 위해서 필요한 기술력을 보유하고 있는지 여부는 신용평가의 입장에서 매우 중요한 평가항목이다.

- ✤ 따라서 본 장에서는 주로 신용평가자의 입장에서 기업의 기술력을 직간접적으로 평가하는 방법과 수단들에 관하여 체계적으로 정리하였다. 그러므로 기술력이 중요한 산업이나 기업을 평가할 때 효과적인 신용평가를 위해서 여기서 소개한 점검방법과 수단들을 숙지할 필요가 있다.

제1절 기술위험의 개요

타 산업이나 경쟁기업에서 신기술의 개발이나 기술혁신이 이루어 질 경우 분석대상 기업이 현재 보유하고 있는 기술은 무용지물이 되거나 이용가치가 크게 낮아질 것이다. 그리고 신기술의 개발이나 기술을 혁신하지 못한 기업은 매출의 감소로 이어지고 궁극적으로는 시장에서 퇴출될 위기를 맞게 될 것이다. 이처럼 신기술의 개발이나 기술혁신을 선도하지 못하고 기술력 경쟁에서 낙오되어 기업경영이 악화되거나 도산가능성의 위험을 기술위험이라고 한다.

기술위험을 발생시킬 수 있는 요인들은 접근방식에 따라서 여러 가지가 있겠지만 대체적으로 다음과 같이 정리할 수 있다.

- 기술개발 관련 전반적인 인프라 수준의 미흡 또는 낙후
- 기술력의 중요성에 대한 최고경영자의 인식 부족
- 경영진 또는 기술최고책임자(CTO)의 기술관련 지식이나 관심 부족
- 기술연구소 등 연구조직의 부재 또는 미약
- 연구인력의 자질과 능력의 부족
- 연구인력의 수적인 열세
- 연구개발비 투입능력의 약화
- 구체적인 연구실적의 미흡
- 연구실적에 대한 상품화 실적의 미흡

제2절 기술위험평가의 중요성

기업의 신용도를 평가할 때에는 당해 기업이 보유하고 있는 자산의 시장가치도 중요하지만 기업의 수익가치를 중시하여야 한다. 미래 수익창출능력에 의해 평가되는 기업의 수익가치는 평가대상 기업만이 보유하고 있는 독점적인 영업권과 기술력 그리고 특허권과 브랜드가치 등에 의해 결정된다.

특히 분석 대상기업이 기술의 빌전 속도가 매우 빠른 첨단산업에 종사하는 경우에는 현재의 기술력과 기술개발능력에 대한 평가가 매우 중요하다. 예를 들어 디지털 산업 분야는 불과 2~3년이면 산업 내 기업 간 지위가 뒤바뀔 정도로 매우 변동성이 큰 특징을 보이고 있다.

이러한 산업에 종사하는 대부분의 기업들은 가격경쟁에 휩쓸려 핵심역량과 비전을 잃어가고 있다. 그리고 이러한 기업들은 기업의 미래가치를 포기하며 임시방편으로 오직 생존을 위해 분투하는 모습을 보이곤 한다. 그러나 기술을 선도하는 소수의 기업은 핵심역량과 빠른 스피드 위주로 사업의 시너지를 공고히 하여 지속적인 성장을 구가하고 있다.

동일한 시장에 참여하고 있는 기업들에게 있어서 기술의 급격한 변동은 위협요인이기도 하지만 한편으로는 기회요인이 되기도 한다. 적절한 전략과 혁신으로 이러한 기회요인을 잘 포착하여 성장을 극대화시킬 수 있는 조직의 역량이 필요하다.

우수한 기술력을 바탕으로 지속적인 성장과 안정적인 수익을 추구함으로써 조직 구성원 모두가 긍지를 가질 수 있는 회사를 만드는 것은 바로 경영자의 몫일 것이다. 그러기 위해서는 최고경영자는 조직의 방향성을 하나로 모을 수 있는 전사적인 목표와 비전을 제시하여 조직의 역량을 집중해 나가는 경영 전략이 절실하다.

문제는 신용평가자가 기업의 기술력을 평가한다는 것이 현실적으로 매우 어렵다는 사실이다. 산업의 종류도 무수히 많지만 동일한 산업내에서도 제품과 기술의 종류가 매우 다양하기 때문이다. 더욱이 기술의 수준이 오랜 기간 동안 멈춰 있는 것이 아니고 매우 빠른 속도로 발전하고 있기 때문에 아무리 특정분야의 기술전문가라고 할지라도 다른 분야의 기술은 물론이고 전문분야의 기술수준도 세월이 흐름에 따라 비전문가가 되어 버리기가 일쑤이다.

따라서 신용분석자의 입장에서는 분석 대상기업의 기술력을 직접적이고도 구체적인 기준을 가지고 평가하기보다는 간접적으로 분석 대상기업의 기술력을 평가할 수밖에 없다.

간접적인 방법으로 기업의 기술력을 평가하는 요령에는 우수한 기술력을 유지하거나 신기술을 개발할 수 있는 능력과 여건이 조성되어 있는지를 점검하는 것이다. 물론 여신의 비중이 매우 크고 중요한 여신을 취급하고자 할 때에는 전문 기술평가기관에 의뢰하여 기술력을 평가할 수도 있다.

한편 기술력을 평가할 때에는 분석 대상기업만의 기술개발능력과 기술개발환경을 단독으로만 평가하는 것을 지양하고 반드시 경쟁업체 또는 업계 선두기업의 그것과 비교를 통하여 평가를 하는 것이 중요하다. 그 이유는 동일한 산업내에서 서로 경쟁하는 관계에 있기 때문이다.

제3절 기술력 평가방법

1. 연구시설

기술연구소는 기술개발에 필요한 기업의 인프라이다. 기술연구소가 별도의 조직으로 구성되어 있는지를 확인하여야 하며, 기술연구소 총책임자의 사내 위상이 어느 수준인지를 살펴보아야 한다. 기술연구소 소장의 직위가 높을수록 분석 대상기업의 경영진이 기술개발에 얼마만큼의 관심과 열의를 가지고 있는지를 판단할 수가 있다.

기업의 규모가 작거나 기술력이 상대적으로 덜 중요한 기업의 경우에는 별도의 조직인 기술연구소를 두지 않고 기술개발전담팀과 같은 사내 위상이 낮은 하부조직에 두고 있는 경우도 있을 것이다.

한편 연구소내 연구시설은 어느 수준인지도 확인하여야 하며, 첨단의 기술개발장비가 갖추어져 있는지와 연구개발에 충분한 수준의 시설인프라가 마련되어 있는지를 확인하여 평가에 반영하여야 한다.

기술개발관련 연구시설을 평가할 때의 점검사항들을 다음과 같이 정리하여 볼 수 있다.

- 회사내 별도의 기술연구소(또는 연구부서)는 있는가?
- 기술연구소(또는 연구 조직)는 언제 설치되었는가?
- 내부의 시설상황은 연구활동에 적절한 수준인가?
- 기술연구 및 개발담당 책임자의 조직내 위상은 어느 정도인가?

2. 연구인력

기술개발 연구에 종사하는 기술인력을 평가할 때는 양적인 측면과 질적인 측면을 함께 평가하여야 한다. 연구인력의 수가 많더라도 질적인 수준이 떨어진다면 효과적인 기술개발을 기대하기가 어려울 것이다.

연구인력에 대한 평가방법은 다음의 표와 같이 사업보고서 또는 회사로부터 자료를 받아 평가할 수 있다. 연구인력의 질적인 평가를 위해서는 핵심 연구인력에 대하여 과거 근무처와 연구실적을 기재한 개인별 이력서를 받아 구체적으로 살펴보는 것도 바람직하다.

[표 8-1] 연구인력의 현황에 관한 사업보고서 예시

기술연구소 인원 현황				계
박 사	석 사	학 사	기 · 타	
2명	10명	70명	10명	92명

3. 연구개발비

기술연구를 전담하는 조직이 갖추어져 있더라도 연구개발비의 지원이 충분하지가 않다면 연구조직은 무용지물이 된다.

[표 8-2] 연구개발비 지출 현황에 관한 사업보고서 예시

(단위 : 천원)

과 목		제1기	제2기	제3기
원재료비		747,681	601,629	502,928
인건비		4,309,863	4,298,578	3,652,827
감가상각비		389,026	481,702	490,110
위탁용역비		–	–	–
기타		417,348	762,557	473,898
연구개발비용 계		5,863,918	6,144,466	5,119,763
회계처리	판매비와관리비	31,539	53,798	54,516
	제조경비	5,832,379	6,090,668	5,065,247
	개발비(무형자산)	–	–	–
연구개발비/매출액 (%)		2.3%	2.8%	2.3%

(자료 : B공업(주)의 20X6년도 사업보고서, 금융감독원 기업공시실)

연구개발비는 단순히 많이 투자한다고 하여 반드시 연구 성과로 이어지는 것은 아니지만 일반적으로 연구개발자금의 투입 규모가 크면 클수록 그 성과도 크다고 볼 수 있으므로 신용평가 시에는 연구개발비의 연도별 지출규모를 파악하여 경쟁업체와의 비교를 통하여 적절성을 평가하여야 한다.

4. 기술개발 실적

실제로 개발에 성공한 기술실적을 기준으로 평가를 하여야 한다. 개발에 성공한 기술은 대부분 기술특허를 등록하므로 기술특허권의 종류와 등록 수를 기준으로 평가를 한다.

평가에 필요한 자료는 분석 대상기업의 사업보고서 '사업의 내용' 중 '연구개발활동'에서 그 공시자료를 확인할 수 있다. 그리고 사업보고서를 작성하지 않는 기업의 경우는 회사로부터 직접 사업현황서나 기타 임의서식으로 작성한 기술개발실적을 받아서 평가를 하여야 한다.

[표 8-3] 기술개발 및 상품화 실적에 관한 공시사례

하이솔리드형 아크릴 우레탄 투명도료 개발

- 연구기관 : 당사 기술연구소
- 연구기간 : 20X4. 10~20X5. 6
- 연구결과 및 기대효과 : 수출용 자동차 보수용 투명도료로서 고형분 저점도의 투명도료. 고형분이 높아 살오름성이 특히 우수하며 경화건조가 빠르고 평탄성이 우수하며 고광택이 오랜 기간 동안 유지되는 고품질의 투명도료. 특히 경화건조가 매우 빨라 보수공정 및 후속공정 시간을 크게 단축시켜 작업성이 매우 우수함
- 제품명칭 및 반영내용 : STRYKE FORCE HS-3500, 제품판매 중

열경화성 고무블록용 칩바인더도료 개발

- 연구기관 : 당사 기술연구소
- 연구기간 : 20X4. 3~20X4. 12
- 연구결과 및 기대효과 : 우레탄수지를 주성분으로 하는 열경화성 고무블록용 칩바인더도료로서 고무 칩과 혼합한 후 열압축 프레스로 가공하여 경화시키는 바닥재이며 내구성 및 작업성, 내수성 등이 우수함
- 제품명칭 및 반영내용 : 우레코트 블록바인더 200, 제품판매 중

(자료 : A공업(주)의 20X6년도 사업보고서, 금융감독원 기업공시실)

그리고 분석대상 기업의 기술력을 평가할 때 국내외 각종 기술 및 제품의 품질인증의 종류와 내용을 참고하면 도움이 될 것이다.

5. 상품화 실적

아무리 우수한 기술을 개발하였다고 하더라도 그 기술을 상품화시켜 매출로 연결시키지 못한다면 무용지물에 불과하며, 그동안 투입한 연구개발비만 손해를 보게 된다. 따라서 상품개발실적과 상품화한 내용들을 분석대상 기업의 사업보고서 '사업의 내용' 중 '연구개발활동'에서 공시내용을 확인하여 실제로 상품화한 실적을 점검하여야 한다. 사업보고서가 없는 기업은 별도로 자료를 받아 평가를 하여야 한다.

기업들은 신제품을 개발하게 되면 회사의 주가나 기업 가치를 높이기 위하여 공개하는 것이 상례이므로 연혁이나 신문기사 내용 등에 의해서도 신제품 개발 내용의 확인이 가능하다.

상품개발과 출시실적은 간헐적이기보다는 주기적이고 지속적으로 이루어져 왔을 때 신용평가 시 높은 평가를 줄 수가 있다. 그리고 유의할 사항은 평가 시 기업의 상품화 실적을 출시 건수로만 평가하지 말고 구체적으로 출시한 상품별로 매출액에 기여한 정도를 가지고 평가를 하여야 한다.

기술개발실적과 상품화실적을 평가할 때의 점검사항들을 다음과 같이 정리하여 볼 수 있다.

- 산업표준이 된 원천기술을 가지고 있는가?
- 가지고 있다면 그 종류는 얼마나 되는가?
- 특허권은 얼마나 가지고 있는가?
- 특허기술의 내용은 우수한가?
- 정기적으로 특허를 취득하고 있는가?
- 개발된 기술의 상품화는 이루어지고 있는가?
- 있다면 그 숫자는 어느 정도인가?
- 출시된 상품의 매출액 기여도는 어느 정도인가?

참고로 기업의 기술력 평가와 관련하여 평가의 주요항목들을 소개하면 다음 표들의 내용과 같다.

[표 8-4] 기술력 평가 주요항목

대항목	중항목	평가 소항목	심사항목
경영주 기술능력	기술경영능력	기술경험(지식) 수준	• 경영자의 기술경험 수준 • 경영자의 기술지식수준 • 경영자의 기술이해도
		관리능력	• 기술인력관리 • 위기대처능력 • 경영의지 및 사업수완
		경영진 인적구성 및 팀워크	• 경영진의 학력 및 경력 • 자본참여도 • 대표자와의 관계 및 팀워크
기술성	연구개발 능력 (자원 및 재원)	기술개발추진능력	• 개발전담조직 • 우수개발인력비율
		기술연구개발 투자현황	• 기술개발 및 인증실적 • 핵심기술 보유현황 • 연구개발투자비율
	기술(제품)의 우수성 (순수기술관점)	기술혁신(선도)성	• 기술의 차별성 • 모방의 어려움 • 기술의 수명주기상 위치
		기술완성도	• 기술의 완성도 • 기술의 자립도 • 사업전략과의 부합성
		기술확장성	• 기업내외의 기술파급효과 • 기술의 응용 및 확장가능성
시장성	기술(제품)의 시장성	경쟁상황	• 시장구조 • 산업 내 경쟁상황(경쟁강도) • 시장의 진입성
		시장형성	• 시장의 규모 • 시장의 성장성 • 법 규제 등 제약 및 장려요인
		제품의 경쟁력	• 인지도 • 시장점유율 • 대체품과의 비교우위성

[표 8-4] 기술력 평가 주요항목 (계속)

대항목	중항목	평가 소항목	심사항목
사업성 및 수익성	기술(제품)의 생산성	기술의 제품화 능력 및 생산능력	• 생산시설확보 용이성 • 생산인력확보 용이성 • 재료 및 부품조달 용이성
	운용능력	운용능력	• 자본조달능력 • 부가가치 창출능력 • 투자규모의 적정성
	기술(제품)의 영업력	마케팅능력	• 판매계획의 타당성 • 판매처의 다양성 및 안정성 • 마케팅인력 확보
	수익성	수익창출능력	• 매출성장성 • 매출액경상이익률
		수익전망	• 투자대비 회수가능성 • 투자이익률

(자료 : 남주하, 세미나 자료, 2005. 12)

연 | 습 | 문 | 제

1. 평가 대상기업의 기술력을 간접적으로 평가할 때 점검할 항목으로서 거리가 먼 것은 ? ( )

① 연구시설 ② 연구인력 ③ 연구개발비
④ 기술개발실적 ⑤ 생산능력

2. 기업의 기술력을 간접적으로 평가하는 방법 중 내용이 부적절한 것은? ( )

① 연구개발에 충분한 수준의 시설인프라가 마련되어 있는지를 확인하여야 한다.
② 기술연구 및 개발담당 책임자의 조직내 위상은 어느 정도인지를 확인한다.
③ 일반적으로 연구개발자금의 투입 규모가 크면 클수록 그 성과도 크다고 볼 수 있다.
④ 기술개발 연구에 종사하는 기술인력을 평가할 때는 질적인 측면보다는 양적인 측면을 평가하여야 한다.
⑤ 연구개발비의 연도별 지출규모를 파악하여 경쟁업체와의 비교를 통하여 적절성을 평가하여야 한다.

3. 기술력의 중요성에 관한 설명 중 내용이 부적절한 것은? ( )

① 기업의 수익가치는 평가대상 기업만이 보유하고 있는 독점적인 영업권과 기술력 그리고 특허권과 브랜드가치 등에 의해 결정된다.
② 기술의 급격한 변동은 기회요인이 된다.
③ 기술의 발전 속도가 매우 빠른 첨단산업에 종사하는 기업의 경우에는 기술력과 기술개발능력에 대한 평가가 매우 중요하다.
④ 기술을 선도하는 소수의 기업은 핵심역량과 빠른 스피드 위주로 사업의 시너지를 공고히 하여 지속적인 성장을 구가하고 있다.
⑤ 대기업에 비해 상대적으로 중소기업이 지출하는 연구개발비 규모가 더 작다.

정 | 답 | 및 | 해 | 설

1. ⑤

생산능력은 영업위험 평가요소이며 기술력과는 거리가 멀다.

2. ④

기술개발 연구에 종사하는 기술인력을 평가할 때는 양적인 측면과 질적인 측면을 함께 평가하여야 한다.

3. ②

기술의 급격한 변동은 기회요인이기도 하지만 위협요인이 더 많다.

제9장

환경 및 사회위험 평가

학습목표

✤ 환경위험과 사회위험의 개념을 이해하도록 한다.

✤ 환경 및 사회위험과 기업신용위험과의 상관관계를 숙지하여야 한다.

✤ 환경 및 사회위험을 평가하는 방법을 숙지하여야 한다.

학습개요

✤ 우리나라는 물론 각 국가마다 환경보호를 위한 정책이나 규제가 점차 심화되고 있는 상황에서 기업들이 환경관련 비용을 절감하고 환경위험으로부터 손실을 최소화하기 위한 많은 노력을 기울이고 있다. 그리고 이러한 환경 및 사회위험은 곧 채권자인 금융회사의 직간접적인 신용위험으로 이어지고 있는 추세이다.

✤ 따라서 본 장에서는 주로 채권자인 금융회사나 신용평가자의 입장에서 환경위험 및 평판위험과 같은 사회위험을 평가하는 방법들에 관하여 구체적으로 정리하였으므로 신용평가 시 어떠한 내용들을 어떠한 방법으로 점검하여야 하는지를 학습하여야 한다.

제1절 환경 및 사회위험의 개념

환경위험(Environmental risk)이란 인체, 건강, 재산 및 자연환경을 훼손시킴으로 인하여 예상되는 현재 및 장래의 손실 가능성을 말한다. 그리고 이러한 환경훼손으로 인하여 기업의 평판이 나빠지거나 기업의 이미지 훼손으로 인해 매출과 수익이 감소할 수 있는 리스크를 사회위험(Social risk)이라고 한다.

종전의 기업신용위험은 크게 경영위험, 시장위험, 산업위험, 영업위험, 재무위험 정도로 이해되었으나, 지금의 기업신용위험은 환경과 사회적 리스크를 더하여 경영위험, 시장위험, 산업위험, 영업위험, 재무위험 및 환경위험 등으로 이해되어야 한다.

최근 세계 주요 금융회사들은 환경을 주요 경영문제로 인식하고 있으며 환경위험을 주요 신용위험 원천의 하나로 파악하고 환경위험관리를 금융기관의 전반적 위험관리에 통합시키는 노력을 지속하고 있는 추세이다. 예를 들어 유럽의 선진은행들이 적도원칙(Equator principles)[2)]을 도입하여 여신심사에 반영하고 있는 것 등이다.

---

2) 적도원칙(Equator Principles)이란 2003년 6월에 은행들이 사회 및 환경 기준들을 충족하는 조건에서 프로젝트 파이낸싱을 할 수 있도록 하기 위하여 세계은행 산하기구로 민간부문을 맡고 있는 국제금융공사(IFC)의 후원으로 은행들이 자발적으로 선언한 행동원칙을 말하며 일종의 은행들이 지켜야 할 윤리강령이라고 볼 수 있다. 동 원칙을 적용 받는 대상은 환경 및 사회적인 문제를 야기할 수 있는 프로젝트에 대한 금융지원이며, 대출금액은 2003년 출발당시는 5천만 달러 이상이었으나 2006년 3월 재개정시 1천만 달러 이상으로 변경되었다. 적도원칙에는 시티그룹, HSBC, ING그룹 등 지금까지 전 세계 민영은행의 약 80% 가량이 채택하고 있으며, 국내 은행들도 곧 가입할 것으로 예상된다. 국제적으로 프로젝트가 가장 많이 일어나고 있는 지역이 적도 상에 위치하고 있는 개발도상국이기 때문에 적도원칙이라고 명명되었다.

[표 9-1] 기업활동과 관련된 우리나라의 환경관계 법령

- 폐기물관리법
- 토양환경보전법
- 수질환경보전법
- 지하수법
- 수도법
- 환경범죄의 처벌에 관한 특별조치법 등

[표 9-2] 국내 환경위험관련 사례

2006년 오염물질 초과배출 등 5,327개 업체 적발

환경부는 지난해 환경오염물질 배출업체를 관리하는 전국 시도 및 시군구에서 대기 및 수질오염물질 배출업체 113,325개를 단속한 결과, 5,327개(위반율 4.7%) 업체를 적발했다고 밝혔다.

위반정도에 따라 폐쇄명령(721개소), 사용중지(690개소), 조업정지(507개소), 개선명령(1,631개소), 경고(1,524개소) 등의 행정처분을 하였고, 배출시설 설치허가를 받지 않거나 설치신고를 이행하지 않은 업체 또는 방지시설을 정상적으로 가동하지 않는 등 그 위반정도가 중한 2,106개 업체에 대하여는 자체 수사 및 사법기관에 고발 조치하였다.

주요 위반내용을 살펴보면, 대기배출업소는 오염물질을 배출하는 시설을 설치허가 또는 신고를 하지 않고 무단으로 설치 · 운영하다 적발된 업체가 30.7%(978개소)을 차지하며, 폐수배출업소의 경우 수질환경보전법 규정에 의한 오염물질의 배출허용기준을 초과하여 폐수를 배출한 업체가 44.5%(1,194개소)를 차지하는 것으로 나타났다.

(자료 : 환경부 보도자료 2006)

제2절 환경 및 사회위험 관리의 중요성

사회적으로 환경의 중요성과 심각성이 증대되고 있고, 환경위험관리의 소홀이나 실패 또는 환경관련 법규들을 위반할 경우 기소나 벌금, 심지어는 영업중단으로 이어질 수도 있으며, 기업의 영속성을 위협하거나 사업기회를 상실케 하는 중요한 리스크로 부각되고 있다.

기업이 환경관련 법규나 사회적 법규를 준수하기 위해서는 많은 비용이 요구된다. 다음의 사례와 같이 미국에서도 환경관련 법령에서 환경오염자의 배상책임이 매우 엄격하여 환경오염기업이 복구 및 처리비용을 감당하지 못하여 도산하는 경우가 허다한 것도 좋은 사례이다.

다국적기업들의 경우 자사의 환경 및 사회적 법규 준수사항과 원칙을 협력업체나 위탁생산업체에게 준수하도록 요구하는 경향이 늘어나고 있다. 따라서 은행이 직면한 리스크 역시 증가하고 있다. 이들 업체가 계약을 파기당하여 사업기회를 잃게 되면 이는 곧 은행 대출자산의 부실로 연결될 수도 있기 때문이다.

[표 9-3] 미국의 환경위험관련 사례

4조원 … 미국 전력회사, 8개 주에 사상 최대 환경피해 보상

미국 역사상 최대 규모의 환경 분쟁이 타결됐다.

뉴저지. 뉴욕. 매사추세츠 등 8개 주가 산성비와 스모그 피해를 이유로 1999년 거대 전력회사 '아메리칸 일렉트릭 파워(AEP)'를 대상으로 제기했던 소송이 9일(현지시간) 양측의 합의로 일단락 됐다고 AP, 로이터 등 외신이 보도했다.

미국 환경보호청(EPA)은 "향후 오염 통제 및 피해 복구를 위해 AEP가 46억 달러(약 4조 2150억원)를 내놓는 합의 안이 마련됐다"며 "이는 미 환경 분쟁 관련 지출액 중 사상 최대"라고 밝혔다.

11개 주에 걸쳐 500만 명의 고객에게 전력을 공급하고 있는 AEP는 이번 소송 결과에 따라 연간 오염 배출량을 81만3000t씩 줄어나가야 한다. 이 회사는 2004년 이후 켄터키, 오하이오, 버지니아. 웨스트버지니아 등 4개 주에 있는 석탄 화력발전소에 연방정부 기준에 맞춘 오염 통제 장치를 구축하느라 이미 26억 달러를 투자한 바 있다.

이와 별도로 개별 민사소송에 대한 보상금으로 1500만 달러를, 셰넌도어 국립공원과 체사피크만 등의 오염을 정화하는 데 소요되는 비용 6000만 달러도 지급해야 한다.

미국 법무부는 합의안대로 AEP가 운영 중인 화력발전소들에 오염 통제 장치가 완비되고 나면 천식. 심장마비 등 호흡기, 심폐질환이 감소해 미국의 공공 보건 관련 비용이 연간 320억 달러 가량 줄어들 것이라는 내용의 성명을 발표했다.

이번 소송 결과는 미국 정부가 '맑은 공기법(Clean Air Act)'을 위반했다는 혐의로 제소한 듀크 에너지 등 여타 세 개 전력회사와의 협상에도 영향을 미칠 전망이다.

환경단체인 '천연자원보호위원회'의 변호사 존 워크는 "오늘의 성공은 우리가 향후 지구 온난화 문제에 어떻게 대처해야 할지를 보여주는 청사진이 될 것"이라고 말했다.

한편 최악의 환경 사고 중 하나로 꼽히는 1989년에 대형 유조선 '엑손 발데스'의 원유 유출 때 미국 정유업체 엑손 모빌은 10억 달러의 복구비용을 지급했었다.

(출처 : 중앙일보 2007.10.11)

제3절 환경오염의 종류

1. 수질오염

수질오염은 산업시설의 독성물질이 강, 운하, 하수시설과 같은 물길을 통해서 토양에 침투하거나 지하수를 오염시키는 경우 발생한다. 수질오염 리스크가 특히 높은 산업은 다음과 같다.

- 농업 : 농약 및 비료 사용
- 광산 및 채석업
- 전자산업 : 화학물질을 이용한 인쇄회로기판 생산
- 펄프 및 제지업
- 도축장 및 피혁가공업
- 섬유 및 모직산업 : 염색 및 세탁
- 화학산업
- 석유, 천연가스 채굴 및 석유정제업, 발전업
- 하수처리 및 폐기물처리업

2. 대기오염

대기오염은 산업시설에서 발생되는 유해물질이 대기 중으로 직접 배출되는 경우 발생한다. 대기오염 리스크가 특히 높은 산업은 다음과 같다.

- 광물채굴업
- 에너지 생산업(지역난방 등)

- 전기발전업
- 제련업, 주조업
- 화학산업
- 폐기물처리업

3. 환경 및 사회 리스크 유발 사업

기업이 정부의 공사를 수주하거나 자체적인 사업으로 환경 및 사회리스크를 유발하는 대규모 사업의 추진은 환경리스크나 사회리스크를 유발할 가능성이 매우 높다. 환경파괴를 이유로 각종 사회단체로부터 항의, 집단행동, 손해배상, 소송과 같은 직간접적인 피해를 받을 수 있다. 따라서 신용평가 시 이러한 리스크가 발생할 소지가 있는 업종을 영위하는 기업에 대하여는 좀더 엄격한 기준으로 평가를 하여야 할 것이다.

환경영향평가가 요구되고 환경리스크와 사회리스크를 유발하는 대규모 사업의 종류는 다음과 같다.

- 광산개발 및 채석장 건설
- 도로 및 철도건설
- 댐과 저수지 공사
- 하천유역개발
- 관개공사
- 항구, 항만, 내륙수로 및 공항 건설
- 관광지 개발
- 신도시 개발과 대규모 인구이동
- 기업도시 등 대규모 공단지구 개발
- 원자력발전소 건설 등

제4절 산업별 환경위험

✤ 전력산업

연료의 저장, 기름 유출, 석탄 잔재물, 폐기물 처리시설, 석면, 변압기와 축전지의 PCB 등에 의한 토지 및 지하수 오염 위험이 존재하며, 전력소에서 발생하는 대기오염물질은 다이옥신과 산성비의 원인이 된다.

✤ 엔지니어링

페인트사용에 따른 오염물질이 배출되며 분쇄, 연마과정에서 발생되는 금속함유 먼지가 발생한다.

✤ 기초금속소재산업

원자재, 스크랩용해, 합금, 주조, 롤링, 튜브제조의 제련과 제조과정에서 오염물질이 배출된다. 금속품의 사전처리과정, 표면처리와 금속제품의 코팅, 파우더 야금과정에서도 오염물질이 배출된다.

기초금속소재산업은 토양과 수질을 심각하게 오염시키는 산업이다. 관련 법률 및 기준이 강화될 경우 당해 기업의 입장에서는 커다란 리스크가 될 수 있다. 또한 당해 기업에 종사는 근로자들의 안전보건문제가 발생할 가능성도 높다.

✤ 화학물질 제조업

화학, 고무, 플라스틱 산업은 제조공정에서 유해폐기물과 강력한 오염물질을 배출하기 때문에 환경리스크가 높다. 원자재저장, 처리공정, 폐기물저장 및 처리에 의한 오염물질이 발생할 가능성이 높으며, 노후화된 화학시설로 인한 오염발생도 가능하다. 이로 인해 유해화학물질의 생산을 법으로 금지할 가능성도 있으며, 환경관리비용의 증대로 수익성이 저하될 리스크가 존재한다.

동 산업은 관련 환경법규를 준수하지 않으면 공장과 주변지역이 심각하게 오염될 가능성이 높다. 또한 특정 제품이 그 유독성으로 인해 생산이 금지되거나 점진적으로 퇴출될 가능성도 있다. 날이 갈수록 화학공장들은 비용이 많이 들어 수익성에 영향을 미칠 수 있는 엄격한 배출가스 기준을 준수하라는 압박을 받고 있다. 그리고 근로자들이 유해물질이나 휘발성 화학물질에 노출될 수 있다는 사회적 리스크가 상존하고 있다.

✤ 전기 및 광학시설 제조업

환경관리 조건준수를 위하여 상당한 자본적지출이 예상된다. 특정 화학물질에 대한 사용중지나 제한 그리고 시설개선을 포함하여 공정변경에 따른 자본적지출 가능성이 높으며, 환경오염에 따른 법적 소송도 제기될 가능성이 높다.

✤ 식음료 및 담배 제조업

원자재 준비 및 가공공정, 원자재의 최종포장 과정에서 오염물질이 배출되고 있다. 이들 업종은 세척을 위한 다량의 물이 사용되며 이 과정에서 폐수, 고형, 액상유기폐기물이 생산되고 있다. 메탄, 탄화수소, CFCs, HCFCs, 냉각제용 암모니아 사용으로 인한 폐해와 방부제와 같은 인체에 유해한 물질을 사용함으로써 환경을 오염시키고 있다.

✤ 광물질 제조업

광물질 제조업에는 유리, 세라믹, 벽돌, 시멘트, 콘크리트 등이 있으며, 시멘트 작업장에서 발생되는 무기화합물과 용광로 용재, 연료재, 연관의 가스먼지 등에 의한 토양의 환경오염 가능성과 현장 폐기물저장과 석회, 플라스터, 시멘트제조시설에서 배출되는 폐수로 인한 토양 및 수질의 오염 가능성이 있다.

비금속 광물산업은 상당한 토양오염과 수질오염을 일으키는 것으로 악명이 높다. 또한 대기오염 및 먼지발생과도 연관성이 높다. 과거에는 이들 산업은 석면을 사용하기도 하였으며, 이로 인해 미국과 여러 나라에서 대규모 소송에 휘말리기도 하였다. 채석장 및 석재공장에서는 근로자들이 먼지에 노출되어 질병을 앓기도 한다.

✤ 고무 및 플라스틱 제조업

플라스틱 포장지에 포함된 독성첨가제는 남아출산율을 감소시키는 인체에 매우 유해한 물질이다. 그리고 유기솔벤트의 사용금지로 인한 대체재 사용에 따른 비용증가와 고무, 플라스틱 처리과정에서 발생되는 폐기물처리비용 증가가 기업의 리스크와 수익성을 저하시키는 요인으로 작용한다.

✤ 목재 및 종이 제조업

목재처리과정에서 세균감염과 해충피해 방지를 위해 사용되는 솔벤트는 공기와 토지를 오염시키는 작용을 하며 이에 따른 비용이 기업의 수익성을 저하시킨다. 그리고 관련 기업들은 허가조건을 충족시키기 위해 비용을 추가로 집행하여야 한다.

목재는 가공과정에서 화학물질, 페인트, 광택제 등을 사용하기 때문에 환경리스크로 이어질 수 있다. 그리고 제재소에서 근무하는 근로자들의 처우와 인근 주민들과의 관계도 사회문제로 이어질 수 있다.

종이류 및 펄프 제조업은 상당한 양의 공업용수와 에너지 및 화학물질을 필요로 하는 높은 수준의 환경오염산업이다. 특히, 재활용 종이류의 경우에는 더욱 심하다. 이로 인해 종이 제조공정에서 유해화학물질의 사용을 점진적으로 중단하기 위하여 무염소 표백 종이와 같은 대체상품의 도입으로 인해 비용이 증가될 수 있다.

주요 사회리스크는 종업원의 보건 문제, 폐수의 발생과 제조공정에서 배출되는 유해가스로 인해 인근 주민들에 피해를 입힐 가능성도 존재한다.

✤ 석유정제업

석유를 정제하는 과정에서 많은 양의 화학물질과 첨가물을 사용함으로써 잠재적 오염물질을 생성하고 있는 산업이다.

정제과정에서 사용되는 원자재, 생산품, 부산물, 화학첨가물의 대부분이 독성이 있으며 환경에 유해하기 때문에 환경리스크가 매우 높은 산업이다.

✤ 주유소와 연료저장 산업

유류저장 및 도소매업은 토양과 수질을 오염시키며 이에 따른 법적 소송이 제기될 가능성이 높은 산업이다. 그리고 오염 정화비용의 증가가 예상되므로 신용평가 시 고려하여야 한다.

✤ 방사능취급 산업

방사능 물질에 의한 건물오염으로 담보가치의 하락을 예상할 수 있으며, 일반인들의 방사능 인식에 대한 거부감으로 당해 기업의 영업에 상당한 차질이 발생할 가능성이 상존한다.

✤ 폐기물 관리사업

폐기물을 관리하는 과정에서 발생되는 오염물질은 환경오염의 원인이 되므로 이들 업체들에 관한 신용평가는 특히 유의하여야 할 필요가 있다. 대부분이 자금력이 약한 중소기업이 영위하는 업종이기 때문이다.

✤ 섬유 및 의류 제조업

PCP를 포함하는 독성 살균제가 면직물에 사용되고 있어 PCP사용이 강력히 규제되고 있으며 EU(유럽연합)에서도 PCP사용을 금지하고 있다. 유행의 변화로 인하여 의류패턴도 변화되고 있으며 이로 인해 새로운 오염눌질이 생성되고 있다. 그리고 섬유세척에 의해 증가되는 폐수처리비용은 기업의 수익성을 약화시키는 요인으로 작용하고 있다.

섬유, 의류, 신발류 제조업의 사회적 리스크는 매우 크다. 열악한 공장환경, 장시간 근로와 같은 열악한 근로환경, 미성년자 노동, 저임금 등이 사회적 리스크의 예로 들 수 있다. 특히, 섬유의 염색 및 표백, 피혁제조공정은 매우 심각한 환경 및 사회 리스크를 유발한다.

그리고 동물의 가죽을 사용하는 모피산업은 NGO로부터 상당한 압력을 받고 있기 때문에 은행에 평판리스크(Reputation risk)를 유발할 수도 있다. 다국적 기업들이나 세계적인 브랜드 업체들은 납품업체의 생산 및 노동관행에 갈수록 엄격한 기준을 적용하고 있다.

✤ 건설업

대형 토목공사는 생태계에 충격을 주며 환경을 파괴한다. 이로 인해 환경단체를 비롯한 시민단체들과 장기간 분쟁에 휘말릴 수도 있으며, 비록 은행이 직접적으로 개입하지 않았더라도 평판리스크가 발생할 수 있다. 공사로 인해 야생동식물의 서식지나 식물 그리고 뛰어난 자연경관을 파괴하거나 훼손하는 경우도 있다. 또한 인근주민의 이주 문제 등으로 사회문제가 발생할 수도 있다.

[표 9-4] 전자업체에 대한 환경위험 관련 SWOT분석 사례

강 점	약 점
• 환경친화적인 기업이미지 • 법규를 초월한 환경관리	• 환경관리부서와 제조 부서간의 커뮤니케이션 부족 • 유해화학물질 사용
기회요인	**위협요인**
• 지역사회와 NGO와의 우호관계	• 투입물에 대한 고객의 관심증대 • 국제 환경규제 강화 • 무역과 관련한 환경규제조치 증대

제5절 금융회사의 잠재적 환경 및 사회위험

환경 및 사회적인 법규와 관련한 리스크는 다음과 같이 2가지로 분류할 수 있다.

1. 법률적인 위험

1-1 직접적인 위험

은행으로부터 대출을 받은 기업이 환경을 오염시킨 경우 당해 기업에 대출을 해준 은행이 직접 책임을 져야하는 위험이다. 이를 대부자책임이라고 한다. 따라서 은행은 환경오염시설을 인수하여 소유자 혹은 운영자가 되었을 경우나 환경오염회사의 경영에 직간접적으로 간여하는 경우에는 이러한 책임에서 자유로울 수가 없다.

그리고 오염된 토지를 담보로 여신을 제공할 경우 은행이 정화비용을 부담해야 하는 경우가 많다. 이는 담보가치에 심각한 악영향을 미칠 수 있다. 이러한 여신제공 행위를 환경오염 조장으로 해석해 채권자가 정화비용을 지불하도록 하는 국가도 있다.[3] 그러므로 상업용 부동산을 담보로 취득할 경우와 주거용 부동산 매입을 위한 여신은 매입 이전에 이미 오염된 대지인 경우에는 환경리스크를 유발할 수 있으므로 유의하여야 한다.

1-2 간접적인 위험

은행이 환경을 오염시킬 가능성이 있는 기업에 대출을 한 경우에 당해 기업이 환경위

3) 이를 "deep-pocket"이라 부르는데, 은행이 정화비용의 부담자로서 재정적으로 가장 적합하다고 생각하기 때문이다.

험의 현실화로 인하여 기업경영이 어려워지거나 도산할 경우 대출이 부실화될 가능성이 높아진다. 이와 같이 차주기업의 경영악화로 인한 신용위험이 증가하는 위험을 간접적인 위험이라고 말할 수 있다.

예를 들면 차주기업이 정화비용을 부담함으로써 담보물건의 가치가 하락하거나 차주기업의 과다한 비용부담으로 인하여 상환능력이 약화되거나 상실되는 경우가 그 예이다. 이처럼 환경책임에 관한 법규가 어느 정도 정비된 국가나 사회에서 금융기관은 이러한 간접위험에 항상 노출되어 있다는 사실을 명심하여야 한다.

2. 평판위험

평판위험 또는 명성위험이라고도 하며 정치적 위험이라고도 한다. 환경오염물질을 배출한 기업이 기업의 이미지 실추에 따른 기업가치가 하락하는 경우이다. 과거 대구에서 발생한 모기업의 페놀오염사건이 하나의 사례이며, 동 사건이 만약에 오늘날에 발생하였다면 당해 기업에 치명적인 영향을 가져다주었을 것이다.

이와 같은 기업에 은행이 대출을 제공하였다면 그 은행은 여신 공여자로서의 공신력의 추락은 물론 사회적인 평판이 나빠져 고객이 이탈하거나 시민들로부터 지탄을 받아 은행경영에 커다란 영향을 미치게 될 것이다.

제6절 환경위험과 은행의 역할

기업의 환경관리를 전제조건으로 여신을 제공하는 등 여신심사 담당자들을 포함하여 은행의 경영진들이 환경위험에 대한 지식과 올바른 가치관을 정립하여 거래기업과 공동으로 환경위험을 제거하여야 할 필요가 있다고 본다.

미국과 유럽의 은행들은 이미 경영전략 수립에 있어서 환경위험요소를 중요하게 인식하고 있으며, 환경위험관리를 금융기관의 종합적인 위험관리 대상으로서 다루고 있다. 그러므로 국내에서도 그 대안으로 환경관리 우량기업에 대하여는 여신조건을 우대하는 등의 친환경적인 경영을 신용정책으로 가져가는 등의 노력이 필요한 시점이라고 생각한다.

REACH (화학물질관리제도)

EU(유럽연합)의 신 환경규제 제도이다. 화학물질 생산기업들이 사용량과 유해성을 등록, 평가 및 허가를 받도록 하는 제도이다. EU에서 연간 1톤 이상 사용되는 모든 화학물질에 대해 생산자가 유해성 정보를 등록해야 한다. 전체 화학물질 중 80%인 3만여 종의 화학물질이 이에 해당한다.

등록 대상 물질 중 연간 100t 이상 사용되는 물질은 추가로 평가 대상이다. 발암성, 돌연변이성으로 분류되는 물질은 유통량과 관계없이 모두 허가 대상이다.

동 제도는 내년 6~11월에 사전 등록하고, 2008년 12월부터 2018년까지 화학물질별로 본 등록을 해야 한다.

[표 9-4] 환경관련 규제 사례

유럽연합(EU)의 신 환경규제

6월 유럽연합(EU)이 새로 도입하는 화학물질관리제도(REACH) 시행을 앞두고 수출 기업들에 비상이 걸렸다. 제도가 시행되면 EU로 수출하는 화학물질에 관한 유해성 정보를 해당 관청에 등록하지 않으면 수출할 수 없게 되기 때문이다. 화학물질 자체뿐만 아니라 완제품 내에 포함된 화학물질의 유해성 정보도 모두 등록해야 한다. 따라서 화학산업뿐 아니라 제품 생산과정에서 화학물질을 사용하는 전자, 전기, 자동차, 기계, 섬유 등 모든 산업에 걸쳐 영향을 미치게 된다.

REACH가 지금까지 환경규제 중 가장 강력한 것으로 평가받고 있는 이유다. 업계 관계자는 "화학물질을 등록하지 않으면 EU로의 수출만 어려운 게 아니라 다른 국가 거래처도 끊길 수 있다"며 "소규모 업체는 수출을 포기하거나 폐업하는 곳도 나올 것으로 보인다."고 말했다.

LG화학은 지난해 REACH 전담반을 꾸렸다. 모두 5명으로 구성된 전담반은 EU의 관련 법령을 분석하고, 정보를 수집하고 있다. 1년여 준비한 결과 수출 제품 중 등록 대상 물질을 32개로 파악하고 등록 준비를 하고 있다. 이 회사가 추산하는 등록 등 제반 비용은 30억~40억원이다. 이 회사 진형철 차장은 "화학물질 건당 등록비는 1억 원부터 20억 원까지 다양하다"며 "등록에 필요한 실험을 할 수 있는 실험기관이 국내에 없어 값비싼 외국 시험기관을 이용해야 한다."고 설명했다. 현대자동차 등 수출 주력업체들이 대응 전략을 연구하고 있다. 전자, 정밀화학 업체 등도 대책을 마련 중이다.

발 빠른 대기업의 움직임에 비해 중소기업의 준비 정도는 열악하다. 정보와 인력이 부족하기 때문이다. 한국접착제 계면활성제 공업협동조합 이영시 전무는 "법령이 방대한 데다 복잡하기도 해 구체적 내용을 알기 힘들다"며 "등록비용도 영세한 중소기업들이 마련할 수 있을지 걱정"이라고 말했다. 실제로 지난해 중소기업중앙회가 수출 중소기업 131개 사를 대상으로 조사한 결과 응답자의 74%가 REACH 등 외국의 환경규제 내용을 모른다고 답했다.

중소기업계는 EU로의 수출뿐 아니라 다른 외국으로의 수출길이 막히고 내수까지 영향을 받을까 걱정하고 있다. 이 전무는 "EU에 직접 수출을 하지 않더라도 국내외 제조업체들이 EU 수출을 염두에 두고 등록하지 않은 제품의 반입을 꺼릴 수 있다"며 "내수에서도 영향을 받게 되는 게 가장 큰 문제"라고 말했다.

LG화학 관계자는 "등록하지 않은 중소기업 제품보다는 가격이 비싸더라도 등록을 한 글로벌 업체 제품으로 바꿀 수밖에 없을 것"이라고 말했다. REACH에 대해 무역 전문가들은 "유럽에서는 환경 보호를 목적으로 하고 있지만 한국 등 외국 기업에는 무역장벽으로 작용할 수 있다"고 지적했다.

(자료 : 중앙일보 2007. 4. 19)

연 | 습 | 문 | 제

1. 환경 및 사회위험에 관한 설명 중 내용이 부적절한 것은? (　　)

① 환경위험이란 인체, 건강, 재산 및 자연환경을 훼손시킴으로 인하여 예상되는 현재 및 장래의 손실 가능성을 말한다.

② 환경훼손으로 인하여 기업의 평판이 나빠지거나 기업의 이미지 훼손으로 인해 매출과 수익이 감소할 수 있는 리스크를 환경위험이라고 한다.

③ 금융회사들은 환경위험을 주요 신용위험 원천의 하나로서 파악하고 있다.

④ 기업신용위험은 환경과 사회적 리스크를 더하여 경영위험, 시장위험, 산업위험, 영업위험, 재무위험 및 환경위험 등으로 이해되어야 한다.

⑤ 세계 주요 금융회사들은 환경위험관리를 금융기관의 전반적 위험관리에 통합시키는 노력을 지속하고 있는 추세이다.

2. 환경 및 사회위험 관리의 중요성에 관한 설명 중 내용이 부적절한 것은? (　　)

① 사회적으로 환경의 중요성과 심각성이 증대되고 있다.

② 환경위험관리의 소홀이나 실패는 영업중단으로 이어질 수도 있다.

③ 환경위험관리의 실패는 기업의 영속성을 위협하거나 사업기회를 상실케 하는 중요한 리스크로 부각되고 있다.

④ 다국적기업들의 경우 자사의 환경 및 사회적 법규 준수사항과 원칙을 협력업체나 위탁생산업체에게 준수하도록 요구하는 경향이 늘어나고 있다.

⑤ 환경위험관리를 소홀하게 다룬 업체가 계약을 파기당하여 사업기회를 잃게 되더라도 은행 대출자산의 부실로까지는 연결되지 않는다.

3. 환경위험이 높은 산업이라고 볼 수 없는 것은? (　　)

① 광물질 제조업　　② 식음료 및 담배 제조업

③ 고무 및 플라스틱 제조업　　④ 목재 및 종이 제조업

⑤ 금융업

4. 금융회사의 잠재적인 환경위험 및 사회위험에 관한 설명 중 내용이 부적절한 것은? ( )

① 은행으로부터 대출을 받은 기업이 환경을 오염시킨 경우 당해 기업에 대출을 해준 은행이 직접 책임을 져야하는 위험을 대부자책임이라고 한다.

② 은행은 환경오염회사의 경영에 간접적으로 간여하는 경우에도 대부자책임에서 자유로울 수가 없다.

③ 오염된 토지를 담보로 여신을 제공할 경우 은행이 정화비용을 부담해야 하는 경우도 발생할 수 있다.

④ 상업용 부동산을 담보로 취득할 경우에는 환경리스크를 유발할 수 있으므로 유의하여야 하지만 주거용 부동산 매입을 위한 여신은 환경리스크에 유의할 필요는 없다.

⑤ 환경을 오염시킬 가능성이 있는 기업에 대출을 하여 차주기업의 경영악화로 인한 신용위험이 증가하는 위험을 간접적인 위험이라고 한다.

정 | 답 | 및 | 해 | 설

1. ②

환경훼손으로 인하여 기업의 평판이 나빠지거나 기업의 이미지 훼손으로 인해 매출과 수익이 감소할 수 있는 리스크를 사회위험이라고 한다.

2. ⑤

환경위험관리를 소홀하게 다룬 업체가 계약을 파기 당하여 사업기회를 잃게 되면 이는 곧 은행 대출자산의 부실로 연결될 수도 있다.

3. ⑤

금융업이 가장 환경위험이 낮은 산업이다.

4. ④

상업용 부동산을 담보로 취득할 경우와 주거용 부동산 매입을 위한 여신은 매입 이전에 이미 오염된 대지인 경우에는 환경리스크를 유발할 수 있으므로 유의하여야 한다.

제10장 재무위험 평가

제1절 재무상태표 분석

제2절 손익계산서 분석

제3절 현금흐름 분석

제4절 재무비율 분석

제5절 재무분식과 신용평가

제6절 우발채무

학습목표

- ✤ 재무상태표를 이용한 재무상태의 건전성을 평가하는 방법을 숙지하여야 한다.
- ✤ 손익계산서를 이용하여 매출의 변화와 비용구조 및 수익성을 이해하는 방법을 숙지하여야 한다.
- ✤ 현금흐름표를 이용하여 기업의 현금흐름 상태를 평가하는 방법을 숙지하여야 한다.
- ✤ 각종 재무비율의 산식과 비율값의 의미를 숙지하여야 한다.

학습개요

- ✤ 기업이 보유하고 있는 유동성이 부족하게 되면 상환하여야 할 채무를 제때에 상환할 수 없게 되고 때로는 영업에 필요한 운전자금 부족으로 영업활동이 위축될 수도 있다. 이처럼 유동성이 부족하여 경영이 위축되거나 지급능력 상실로 도산할 위험을 재무위험이라고 한다.
- ✤ 신용평가 시 분석대상 기업의 최근 수년간 재무상태 변화에 대한 원인분석은 물론, 당해 기업의 사업내용, 시장내 경쟁지위, 산업전망 등을 참고하여 미래의 채무불이행과도 연결될 수 있는 재무적인 측면에서의 리스크 발생 가능성 여부에 대한 분석을 하여야 한다.
- ✤ 그러나 신용분석에 있어서 재무제표가 매우 유용한 수단임에는 틀림이 없지만, 유의할 점은 재무제표는 항상 한발 늦은 정보라는 사실을 잊어서는 안 되겠다.

제1절 재무상태표 분석

재무상태표를 분석하는 목적은 경영활동에 필요한 자본의 조달내용과 조달한 자본을 얼마나 적절하게 잘 운용하고 있는가를 파악하기 위함에 있다. 따라서 타인자본과 자기자본의 비율 및 유동성의 크기와 자산구성의 적절성을 검토하여 분석대상 기업의 재무구조가 얼마나 건전한가를 평가하여야 한다. 여기서 재무구조라 함은 자본구조와 자산구성을 말한다.

1. 자본구조

자본은 타인자본과 자기자본으로 구성되어 있다. 타인자본보다는 자기자본에 대한 의존도가 높아야 바람직한 자본구조라고 평가할 수 있다.

1-1 자기자본

자기자본은 주주의 유상증자와 경영성과인 당기순이익의 발생을 통하여 내부에 유보된 금액을 자기자본이라고 한다. 기업의 자기자본 축적은 유상증자에 의한 방법보다는 당기순이익의 극대화를 통하여 이익잉여금이 증가하여 자기자본이 축적되는 것이 더 바람직하다고 볼 수 있다.

자기자본은 상환하여야 할 의무가 없다. 그리고 신용평가의 관점에서는 반드시 지급하여야 할 자본비용도 없다. 물론 대주주의 입장에서는 자본의 기회비용도 고려되어야 하며, 기업의 입장에서는 자본비용이 발생할 수도 있으나 타인자본에 비해 부담이 적다.

$$\text{자기자본비율(\%)} = \text{자기자본} \ / \ \text{총자산} \times 100$$

총자산에서 자기자본이 차지하는 비중을 자기자본비율이라고 하는데, 동 비율이 어느 정도가 되어야 신용평가의 관점에서 허용이 가능한 비율인가 하는 것은 매우 어려운 문제이다. 그러나 상장기업들의 평균 자기자본비율에 견주어 보면 대략 50%이상은 되어야 적절하지만, 도산한 기업들의 자기자본비율을 고려하면 최소한 30%이상은 되어야 한다고 볼 수 있다.

1-2 타인자본

타인자본이란 부채총계를 말한다. 매입채무와 같이 거래처로부터 제공받은 신용과 금융비용을 부담하여야 하는 차입금 및 회사채 등으로 구성되어 있다. 타인자본은 상환의무가 있으며 상환기일이 정해져 있다. 그리고 타인자본의 사용에 대한 대가인 자본비용이 직간접적으로 발생한다. 차입금과 같은 금융채무는 이자비용이 지급되어야 하며, 매입채무와 같은 거래처의 신용은 간접적인 대가를 치러야 한다.

신용평가의 입장에서 이러한 타인자본은 없는 것이 이상적이지만 현실적으로 불가능한 일이다. 따라서 타인자본에 대한 의존도는 낮을수록 바람직하며, 타인자본 중에서도 금융비용을 부담하여야 하는 차입금보다는 직접적인 금융비용이 없는 타인자본이 더 많은 것이 유리하다고 하겠다. 타인자본 비중의 적절성을 평가할 때 사용되는 지표는 부채비율과 차입금의존도 등이 있다.

$$\text{부채비율}(\%) = \text{부채총계} / \text{자기자본} \times 100$$
$$\text{타인자본의존도}(\%) = \text{부채총계} / \text{총자산} \times 100$$

평가의 기준은 상장기업의 평균을 고려할 때 대략 부채비율은 100% 이내, 차입금의존도는 20~25% 이하를 유지하여야 재무건전도가 양호하다고 평가를 내릴 수가 있다. 그리고 도산기업들의 부채비율을 고려할 때 대략 부채비율은 최소한 200% 이하는 되어야 한다고 볼 수 있다.

[표 10-1] 부도발생 업체들의 부채비율 분포 현황

업 종	구 간	도산 직전연도	
		업체수	점유비
제조업	1000% 초과	14	51.9%
	500~1000%	9	33.3%
	200~500%	3	11.1%
	100~200%	1	3.7%
	100% 미만	0	0.0%
건설업	1000% 초과	10	62.5%
	500~1000%	2	12.5%
	200~500%	1	6.3%
	100~200%	2	12.5%
	100% 미만	1	6.3%
도소매 서비스 기 타	1000% 초과	9	56.3%
	500~1000%	1	6.3%
	200~500%	3	18.8%
	100~200%	3	18.8%
	100% 미만	0	0.0%

주) 외감법 대상 업체들 중에서 부도 발생한 업체들임

2. 차입구조

차입금의존도는 낮을수록 바람직하며 차입구조도 건전하여야 한다. 건전한 차입구조라고 함은 단기성 차입금보다는 장기성 차입금 위주로, 외화차입금보다는 원화차입금 위주로, 비은행차입금보다는 은행 차입금 위주로 조달되는 것이 바람직하다.

2-1 총차입금 규모

총차입금의 규모가 과다한지를 평가할 때 자주 이용하는 지표가 차입금의존도와 차입금 대 매출액비율이다. 동 비율은 공히 낮을수록 좋으며, 최소한 20~25% 이하를 유지하여야 한다. 동 비율이 높아질수록 재무건전도가 불량하며 상환압박을 많이 받게 된다. 그리고 이자비용의 증가로 수익성도 악화된다.

총차입금의 규모를 파악할 때 재무상태표상의 총차입금과 은행연합회에서 제공하는 신용공여금액과의 비교를 통하여 실제 차입금을 파악하여야 할 필요가 있다. 그 이유는 재무상태표상 차입금이 실제 차입금보다 적은 경우가 많이 발생하고 있기 때문이다.

차입금의존도(%) = 총차입금 / 총자산 × 100

⇨ **총차입금 : 단기차입금, 유동성장기부채, 장기차입금, 회사채 등 금융비용을 부담하는 모든 금융채무**

차입금 대 매출액비율(%) = 총차입금 / 매출액 × 100

2-2 순차입금 규모

어떤 기업의 경우에는 총차입금의 규모는 과다한 반면에 현금성 자산이 많아 이들 현금성 자산을 차감한 후의 순차입금은 적은 경우가 있다. 이러한 경우에는 평가할 때 충분히 고려되어야 한다. 이는 기업의 재무전략상 의도적으로 유동성이 풍부함에도 불구하고 차입금을 상환하지 않고 보유하고 있는 경우이다.

현금성 자산이라 함은 즉시 현금화가 가능한 유동성 자산을 말한다. 예를 들면 현금등가물, 장단기금융상품, 시장성 유가증권 등이 있다. 그리고 현금성 자산을 산출할 때 인출이 제약되어 있거나 시장성이 없는 유가증권은 제외되어야 한다.

순차입금 = 총차입금 − 현금성자산(현금등가물, 장단기금융상품, 시장성 유가증권 등)

2-3 유지가능 차입금 규모

한편 차입금의 과다여부를 단순히 총자산에 대한 구성비나 매출액의 크기와 비교하여 평가하는 것보다 좀더 구체적으로 평가하는 방법도 있다. 다음의 표에서 예시한 바와 같이 이자비용에 대한 지급능력을 이용하여 유지가능 차입금(Sustainable Debt)을 산출하여 실제 차입금과 비교하는 방법이다. 유지가능 차입금이 실제 차입금보다 더 큰 경우는 차입금이 과다하다고 볼 수 없으며, 반대로 유지가능 차입금이 실제 차입금보다 더 적을 경우는 상환능력에 비해 과다한 차입금을 보유하고 있다고 판단하는 것이다.

유지가능 차입금을 산출할 때 투입되는 변수 중에서 상환재원인 영업현금흐름은 당해연도의 EBITDA를 이용하여도 되며, 1년 후의 추정치를 이용하여 산출할 수도 있다. 그리고 유지목표 이자보상배율도 2배 또는 그 이상이나 이하로 정하여 산출할 수도 있다. 그러나 동 배율을 1이하로 하여 산출하여서는 안 된다.

2-4 장기차입금과 단기차입금

차입금의 구조를 평가할 때 단기성 차입금이 장기성 차입금보다 더 큰 경우는 후한 평가를 줄 수가 없다. 상환기일이 짧은 단기차입금의 비중이 높을수록 상환압박을 많이 받기 때문이다. 또한 단기차입금의 비중이 많다는 것은 금융회사로부터 신용도를 높게 평가받지 못하고 있다는 증거이기도 하다.

2-5 원화차입금과 외화차입금

외화차입금은 차입당시와 상환시점과의 시차로 인하여 원화환율의 변동에 의한 환차손을 입게 될 가능성이 높다. 따라서 외화차입금보다는 원화차입금의 비중이 높거나 전액 원화차입금으로 구성되어 있는 것이 바람직하다.

[표 10-2] 이자보상배율에 의한 유지가능차입금 산출 방법

구 분		20×3년
영업현금흐름(EBITDA) (A)		100억원
자본적지출(Capital Expenditure) (B)		20억원
잉여현금흐름(Free Cash Flow) (C=A-B)		80억원
유지목표이자보상배율 (D)		2배
부담 가능한 연간 차입금이자 총액 (E=C/D)		40억원
실제 차입금 이자부담률(F)		10%
유지가능차입금(Sustainable Debt) (E/F)		400억원
실제 차입금	Case 1 (G)	300억원
	Case 2 (H)	500억원
Case 1	추가차입여력 (E-G)	100억원
Case 2	초과차입금 (H-E)	100억원

주) EBITDA = 영업이익 + 감가상각비 + 무형자산상각비
(EBITDA는 분석자에 따라 산출하는 방법이 다양함)

2-6 은행차입금과 비은행차입금

비은행 금융회사의 자금운용은 주로 단기위주로 운용하며 금리수준도 은행권보다는 보편적으로 높다. 또한 비은행 금융회사는 자사의 자금사정의 변화에 따라 차입금의 기일에 연장이나 갱신이 어려워지는 경우도 발생할 수가 있다. 그러나 은행의 경우는 차주사의 신용도가 불량한 수준이 아니라면 기일 연장이 용이하기 때문에 기업의 입장에서는 은행권 차입이 유리하다.

따라서 신용평가 시 비은행차입금이 과다할 경우 그 이유가 무엇인지를 파악하는 등 평가에 유의하여야 한다.

2-7 차입금의 기일분포

비록 차입금의 구조가 양호하더라도 차입금의 상환기일이 대부분 가까운 장래에 집중적으로 도래한다면 이 또한 상환압박을 받을 가능성이 높기 때문에 기일의 분포도는 분산되어 있는 것이 바람직하다고 하겠다.

특히 회사채를 많이 발행한 기업은 상환기일의 분산 여부를 더욱 철저히 점검할 필요가 있다. 통상 회사채 상환기일은 3년이기 때문에 발행 당시에는 투자적격 등급이었지만 3년이란 세월이 지난 다음에 상환하는 시점에 가서는 투기 등급으로 등급이 하락하는 경우가 발생할 수도 있기 때문이다. 신용등급이 투기 등급으로 하락하면 차환발행이 어려워진다.

2-8 금리수준

마지막으로 차입금의 평균적인 금리수준이 어느 정도인지를 살펴보아야 한다. 대부분의 금융회사는 신용정책상 전략적으로 특정기업의 차입금 수요를 독점하지는 않는다. 따라서 차입금 규모가 큰 기업의 경우는 여러 금융회사와 복수거래를 하고 있다고 보아야 한다. 그러므로 분석 대상기업에 신용을 공여하고 있는 다른 금융회사들의 금리 수준을 살펴보는 것은 매우 의미 있는 일이다. 다른 금융회사의 금리가 전반적으로 높다라면 분석 대상기업의 신용도가 객관적인 시각에서 높지 않다는 것을 의미하기 때문이다.

또 다른 방법은 분석 대상기업의 금융비용부담률과 차입금평균이자율을 동업계나 산업전체 평균과 비교를 하여 보는 방법도 있다.

3. 유동성

기업의 유동성은 유동성 자산의 크기로 평가한다. 좀 더 보수적인 방법으로는 현금성 자산의 크기로 평가하기도 한다. 유동성이란 즉시 현금화가 가능하여 지급에 응할 수 있는 자금을 말한다.

유동성을 평가할 때 사용되는 지표로는 유동비율, 당좌비율, 현금비율 등이 있다. 이들의 비율값은 높을수록 유동성이 높아진다고 볼 수 있다. 그렇지만 유동비율은 대략 100% 이상은 유지되어야 하며, 동 비율은 또한 너무 높아도 기업의 자금운용의 측면에서 불리하므로 적절한 수준의 유동성을 유지하는 것이 이상적이라고 할 수 있다.

유동비율(%) = 유동자산 / 유동부채 × 100

적절한 유동성이란 재고자산과 시장성이 없는 유가증권을 제외한 유동자산의 규모가 매입채무(지급어음) 등과 같이 기일에 반드시 상환하여야 할 유동부채에 상응하는 수준의 유동성이라고 볼 수 있다. 이는 매입채무와 매출채권의 평균적인 잔액을 비교하여 평가가 가능하며, 적어도 매입채무보다는 매출채권이 더 많아야 한다. 그러나 매출채권이 적더라도 현금성 자산이 여유가 있다면 문제삼을 필요는 없다고 하겠다.

매출채권 대 매입채무비율(%) = 매출채권 / 매입채무 × 100

4. 순운전자본

순운전자본이란 운전자본인 유동자산에서 유동부채를 차감한 잔액을 말한다. 순운전자본의 규모가 크면 클수록 그 기업의 유동성은 여유가 있다고 평가한다. 물론 비정상적으로 재고자산이 많은 경우는 예외이다. 이와 같이 유동성으로 보기 어려운 재고자산의 문제로 인하여 순운전자본을 실질적인 유동성으로 보기는 어렵다.

순운전자본을 산출하는 방법에는 광의의 개념에 의한 순운전자본과 협의의 개념에 의한 순운전자본이 있으며, 업무적으로는 협의의 순운전자본을 주로 이용하고 있다. 협의의 순운전자본은 재무상태표의 매출채권과 재고자산의 합에서 매입채무를 차감한 잔액이다.

순운전자본(광의의 개념) = 유동자산 − 유동부채
순운전자본(협의의 개념) = 매출채권 + 재고자산 − 매입채무

한편, 매출액이 증가하면 할수록 순운전자본이 증가하는 것이 일반적인 현상이다. 그러나 업종의 특성상 매출액이 증가하여도 순운전자본이 증가하지 않는 기업도 있다. 백화점이나 서비스업종과 같이 현금판매방식을 취하고 있는 기업이 그 예이다.

반대로 매출액이 증가하지 않음에도 불구하고 순운전자본이 급격히 증가하는 기업이 있으며, 매출액이 증가하는 속도보다 더욱 빠르게 순운전자본이 증가하는 기업도 있다. 이러한 두 가지 유형에 속하는 기업은 모두 비정상적으로 순운전자본이 증가하는 경우이며 신용평가 시 매우 유의를 하여야 한다.

순운전자본은 유동성이라고 하였지만 다른 측면에서 보면 순운전자본은 현금으로 회수될 때까지는 자금이 매출채권이나 재고자산에 잠겨 있기 때문에 소요운전자금이라고도 한다. 매출액 증가에 비해 순운전자본이 증가하는 속도가 더 빠르면 이와 같은 소요운전자금이 급격히 증가하게 되어 다음의 표와 같이 일시적인 유동성 부족으로 도산할 가능성이 높아지게 된다.

순운전자본 = 매출채권 + 재고자산 − 매입채무 = 소요운전자금

매출액 증가율과 순운전자본의 증가율을 비교하여 보는 지표에는 순운전자본부담률이 있다. 동 비율이 증가하면 매출액 증가에 비해 비정상적으로 순운전자본이 증가하고 있어 운전자금 소요액이 크게 증가하고 있다고 판단하여야 한다.

순운전자본부담률(%) = 순운전자본 / 매출액 × 100

또한 순운전자본부담률이 증가하고 있지는 않더라도 동 비율이 높은 수준을 유지하고 있는 기업은 기본적으로 영업에 필요한 자금을 많이 투입하고 있다고 보아야 한다. 대표적인 예가 제약업처럼 매출채권회전기간이 긴 업종이다.

[표 10-3] 부도업체들의 순운전자본증가율과 매출액증가율의 비교

구 분	도산 2년전		도산 1년전	
	업체수	점유비	업체수	점유비
순운전자본증가율 > 매출액증가율	35	83.4%	22	71.0%
순운전자본증가율 < 매출액증가율	7	16.6%	9	29.0%

주1) 순운전자본 = 매출채권 + 재고자산 - 매입채무
주2) 외감법 대상 업체들 중에서 부도 발생한 업체들임

5. 자산구성

자산이 효율적으로 구성된 기업은 그렇지 않은 기업에 비해 수익성이 더 높게 나타날 수 있는 기반이 조성되어 있다고 볼 수 있다.

적절한 자산구성이란 필요한 만큼의 유동성을 제외하고는 모두 핵심자산에 투입이 되어 있는 경우를 말한다. 핵심자산은 생산설비와 같은 유형자산을 말하며 실제로 생산과 영업에 직접 투입되는 자산을 의미한다. 예를 든다면 공장건물이나 기계장치 그리고 영업장과 같은 자산들이다. 비업무용 부동산이나 유가증권, 무형사산 등은 비핵심자산이다. 이들은 생산능력이나 생산성을 높여 매출액으로 연결되지 못하는 자산이기 때문에 이들 비핵심자산이 많을수록 기업의 수익성은 이론적으로 떨어진다고 보아야 한다.

6. 자산의 시장가치

기업을 평가할 때 재무상태표의 장부가액만을 기준으로 평가를 하게 되면 진정한 기업가치를 평가하기가 어렵기 때문에 시장가액도 동시에 고려하여야 한다. 기업의 자산은 부채와 자본과는 달라서 가치의 변동이 유동적이기 때문에 항상 변화한다.

자산의 시장가치를 평가하는 방법에는 두 가지로 구분할 수 있다. 그 중 하나는 자본의 시장가치를 구하여 부채를 더해 자산의 가치를 평가할 수 있다. 그러나 이러한 방법은 주권의 상장을 전제로 하고 있으며, 주가가 합리적으로 결정된다고 하는 가정이 전제되어야 한다.

자산의 시장가치 = 총부채의 장부가액 + 자본의 시장가치(주가의 시가총액)

한편, 상장기업이 아닌 기업들의 자산의 시장가치를 평가하는 방법은 금액이 중요한 계정과목을 다음과 같이 일일이 적절한 방법으로 평가를 하여 합산하는 방법이 있다. 이때 유의하여야 할 사항은 자산의 가치는 시장성과 시장가치에 의해 평가되어야 한다는 점이다.

6-1 유가증권

유가증권은 시장성이 있는 유가증권과 시장성이 없는 유가증권을 구분하여 평가한다. 시장성이 있는 유가증권은 시장에서 실제로 거래된 가격을 기준으로 보유 수량을 곱하여 산출한다.

시장성 있는 유가증권 = 전일의 종가 × 보유 수량

그러나 시장성이 없는 유가증권은 시장에서 거래가 이루어지지 않기 때문에 시장 거래가격으로 평가를 할 수 없으므로 다음과 같은 방법으로 평가를 할 수밖에 없다. 시장성이 없는 유가증권을 평가하는 방법은 이외에도 몇 가지가 더 있다. 유사한 기업의 주가를 이용하는 방법이 그 한 예이다.

시장성 없는 유가증권 = 유가증권 발행기업의 순자산가액 × 보유 지분율

6-2 매출채권

매출채권의 시장가치 평가는 유가증권과는 달리 회수가능성에 기초하여 평가를 하여야 한다. 거래처의 수가 소수인 기업의 매출채권을 평가할 때에는 거래처별로 신용도를 일일이 평가하여 회수가능성을 평가한다. 그리고 거래처의 수가 매우 많은 대기업인 경우에는 다음과 같이 잔존만기일별로 매출채권 잔액을 그룹핑하여 과거 동사나 동업계의 경험에 의한 회수율을 적용하여 회수가능성을 평가하는데 이를 연령별 분석이라고도 한다.

[표 10-4] 매출채권 회수가능성 평가 예시

구 분	잔존 만기일				합 계
	3개월 이내	6개월 이내	1년 이내	1년 초과	
장부가액(A)	100백만원	150백만원	50백만원	10백만원	310백만원
회수율(B)	100%	95%	60%	0%	-
회수가능액(A×B)	100백만원	143백만원	30백만원	0백만원	273백만원

6-3 재고자산

재고자산의 시장가치를 평가할 때는 시장가치는 물론 시장성이 있는지도 평가에 고려하여야 한다. 재고자산의 평가는 실사를 통하여 평가하는 방법이 가장 바람직하지만 시간적으로나 비용측면에서 경제적이지 못하며 금융회사의 신용평가 목적으로서는 적절하지가 않다.

따라서 가장 경제적이고 용이한 방법이 다음의 예시처럼 동업계 평균 재고자산회전율과의 비교를 통하여 재고자산의 가치를 유추하여 보는 방법이다. 즉, 분석 대상기업의 재고자산회전율이 동업계의 평균 재고자산회전율보다 낮을 경우 그 차이만큼은 불량재고 또는 분식재고라고 인식하는 것이다.

[표 10-5] H기업(주)의 재고자산 시장가치 평가 예시

H기업(주)의 재고자산 장부가액 (A)	30억원
H기업(주)의 총매출액 (B)	120억원
동업계 평균 재고자산회전율 (C)	6회
H기업(주)의 재고자산 시장가치 (D=B/C)	20억원
평가제외 재고자산 (A-D)	10억원

6-4 토지

토지의 시장가치는 정부가 매년 발표하는 공시지가를 이용하여 평가가 가능하다. 더 정확한 방법은 전문감정평가사에 평가를 의뢰하는 것이지만 이 또한 비용과 시간이 많이 소요되기 때문에 금융회사의 신용평가 목적으로서는 적절하지 않은 방법이다. 만약

[표 10-6] 토지의 시장가치 평가 예시

장부가액	공시지가	시장가치
125억원	150억원	150억원

에 공시지가가 없다면 토지의 이용이 가장 유사한 인근의 표준지 공시지가를 이용하여 평가를 하면 된다.

6-5 건물

건물의 시장가치 평가 역시 전문감정평가사에 의뢰하는 것이 가장 정확하지만 탁상조사에 의해서도 평가가 어느 정도 가능하다. 즉, 한국감정원의 건물신축단가표를 이용하여 다음과 같이 건물의 가치를 평가하는 방법이다.

건물의 시장가치 = 건물신축단가(m^2당) × (잔존 내용연수/내용연수) × 건물의 연면적(㎡)

6-6 기계장치

기계장치는 고가의 첨단기계가 아니면 대부분 시장가치가 없다고 보고 평가를 하지 않는 것이 일반적이다. 그 이유는 대부분의 기계장치는 시장성이 없기 때문이다.

6-7 무형자산

무형자산은 산업의 표준이 되는 기술특허권이나 현금창출이 가능한 영업권과 같은 특별한 경우가 아니라면 시장성과 시장가치가 거의 없기 때문에 평가에서 제외하여야 한다.

제2절 손익계산서 분석

손익계산서의 분석목적은 매출액의 증감상황과 비용구조 분석을 통하여 수익성을 분석하는데 있다. 그러므로 비용구조를 검토하기 위해서는 최근 3년간의 손익계산서는 물론 제조원가명세서와 사업부별 또는 제품별로 매출수량과 판매단가에 관한 추가정보를 받아 평가를 하여야 한다.

1. 매출분석

기업의 신용을 평가하는 과정에서 매출분석은 매우 중요한 부분을 차지하고 있다. 그 이유는 현금창출의 기본이 매출과 수익에서 비롯되기 때문이다. 매출분석은 손익계산서의 정보만으로는 부족하며 추가적인 정보를 받아 분석을 위하여 정보의 재작성이 반드시 필요하다.

추가적인 정보라고 함은 다음에 소개한 표의 내용과 같이 분석 대상기업의 지역별, 사업부별, 제품별 그리고 판매수량과 판매단가의 정보들을 말한다. 물론 기업의 규모가 작은 중소기업의 경우에는 제품별 판매수량과 판매단가 정도의 정보만 있어도 부족함이 없을 것이다.

매출분석을 이와 같은 방법으로 작업하는 목적은 내수부문과 수출지역의 경기동향, 사업부별 시장환경 변화, 제품별 시장경쟁력과 시장지배력 등에 관한 원인분석을 통하여 미래의 매출액을 전망하기 위함이다. 매출분석은 앞에서 설명한 기업의 외부환경과 내부수행능력에 대한 평가결과를 실적으로 재확인하는 절차이기도 하다.

매출분석의 절차를 소개하면 다음과 같다.

1-1 자료정리

- 수출과 내수별로 매출액을 구분하여 정리한다.
- 수출은 수출지역이나 국가별로 구분하여 정리한다.
- 사업부별로 매출액을 정리하되 주력사업부 순으로 정리한다.
- 제품별로 정리하되 판매수량과 판매단가를 파악한다.
- 제품의 규격이 다르거나 종류가 많을 때에는 평균판매단가를 파악한다.

1-2 매출증감 원인분석

- 수출지역별로 매출액의 증감원인을 파악한다.
- 내수부분의 매출액도 증감원인을 파악한다.
- 지역별로 매출액의 증감원인이 일시적인 현상인지 아니면 지속 가능한 현상인지를 평가한다.
- 사업부별로 매출액의 증감원인이 시장환경의 요인인지 내부수행능력에 기인하고 있는지를 분석한다.
- 구체적으로 제품별로 매출액의 증감원인을 분석하고 시장경쟁력이나 시장점유율 등을 파악한다.

1-3 매출분석 시 신용평가의 관점

매출분석의 궁극적인 목적은 매출전망을 통한 현금창출능력을 파악하는 것이다. 따라서 분석 대상기업의 매출액이 증가하는 추세라면 큰 문제가 없다. 그러나 매출액이 최근 약 3년간 정체상태를 보이고 있다던가 아니면 감소하고 있다면 심각한 문제가 있음을 먼저 인식하고 정체나 감소의 근본 원인이 무엇인지를 파악하여야 한다. 원인을 파악한 결과 대상기업의 내부수행능력으로 치유가 가능한 일시적인 문제인지 아니면 구조적인 문제인지를 파악하여야 한다.

만약 기업이 통제하기가 불가능한 시장의 문제라던가 아니면 구조적인 문제로 인하여 매출액이 감소하고 있다면 상환능력이 약화되거나 상실할 가능성이 높기 때문에 부실기업이 될 가능성이 높아진다.

[표 10-7] A기업(주)의 매출실적 분석 사례

(단위 : kl, 백만원)

<table>
<tr><th rowspan="2">매출유형</th><th rowspan="2">품 명</th><th rowspan="2">구 분</th><th colspan="2">20×1년</th><th colspan="2">20×2년</th><th colspan="2">20×3년</th></tr>
<tr><th>수 량</th><th>금 액</th><th>수 량</th><th>금 액</th><th>수 량</th><th>금 액</th></tr>
<tr><td rowspan="12">제 품</td><td rowspan="3">특수도료</td><td>수 출</td><td>624</td><td>1,232</td><td>723</td><td>1,708</td><td>1,034</td><td>2,620</td></tr>
<tr><td>내 수</td><td>10,692</td><td>31,299</td><td>11,280</td><td>31,089</td><td>11,988</td><td>32,928</td></tr>
<tr><td>소 계</td><td>11,316</td><td>32,531</td><td>12,003</td><td>32,797</td><td>13,022</td><td>35,548</td></tr>
<tr><td rowspan="3">락 카
(공업용)</td><td>수 출</td><td></td><td></td><td></td><td></td><td></td><td></td></tr>
<tr><td>내 수</td><td>6,023</td><td>11,934</td><td>6,461</td><td>12,246</td><td>6,740</td><td>13,047</td></tr>
<tr><td>소 계</td><td>6,023</td><td>11,934</td><td>6,461</td><td>12,246</td><td>6,740</td><td>13,047</td></tr>
<tr><td rowspan="3">우 레 탄
(목공용)</td><td>수 출</td><td></td><td></td><td></td><td></td><td></td><td></td></tr>
<tr><td>내 수</td><td>8,503</td><td>23,459</td><td>9,824</td><td>27,488</td><td>10,129</td><td>28,350</td></tr>
<tr><td>소 계</td><td>8,503</td><td>23,459</td><td>9,824</td><td>27,488</td><td>10,129</td><td>28,350</td></tr>
<tr><td rowspan="3">에 나 멜
(건축용)</td><td>수 출</td><td></td><td></td><td></td><td></td><td></td><td></td></tr>
<tr><td>내 수</td><td>2,446</td><td>5,278</td><td>2,226</td><td>4,937</td><td>2,233</td><td>4,986</td></tr>
<tr><td>소 계</td><td>2,446</td><td>5,278</td><td>2,226</td><td>4,937</td><td>2,233</td><td>4,986</td></tr>
<tr><td colspan="2" rowspan="3">(제품계)</td><td>수 출</td><td>624</td><td>1,232</td><td>723</td><td>1,708</td><td>1,034</td><td>2,620</td></tr>
<tr><td>내 수</td><td>27,664</td><td>71,970</td><td>29,791</td><td>75,760</td><td>31,090</td><td>79,311</td></tr>
<tr><td>소 계</td><td>28,288</td><td>73,202</td><td>30,514</td><td>77,468</td><td>32,124</td><td>81,931</td></tr>
<tr><td rowspan="3">상 품</td><td rowspan="3">도료원료</td><td>수 출</td><td></td><td></td><td></td><td></td><td></td><td></td></tr>
<tr><td>내 수</td><td></td><td>4,878</td><td></td><td>5,653</td><td></td><td>7,387</td></tr>
<tr><td>소 계</td><td></td><td>4,878</td><td></td><td>5,653</td><td></td><td>7,387</td></tr>
<tr><td colspan="2" rowspan="3">(총 계)</td><td>수 출</td><td></td><td>1,232</td><td></td><td>1,708</td><td></td><td>2,620</td></tr>
<tr><td>내 수</td><td></td><td>76,848</td><td></td><td>81,413</td><td></td><td>86,698</td></tr>
<tr><td>소 계</td><td></td><td>78,080</td><td></td><td>83,121</td><td></td><td>89,318</td></tr>
</table>

[분석사례]

A기업은 주력제품의 내수시장의 판매물량이 증가하고 있고, 특수도료의 경우는 수출물량까지 증가하여 최근 3년간 매출액이 증가세를 유지하였음. 그러나 건축용 에나멜의 경우는 수요시장인 건설경기의 침체로 판매수량이 비록 감소하였으나 전체 매출액에서 차지하는 비중이 약 5%내외 수준에 그치고 있어 심각한 문제는 아니라고 판단됨

매출액이 감소하는 유형들 중에서 가장 부정적인 유형은 주력사업부의 주력제품의 매출액이 감소하는 것이고, 특히 판매수량의 감소로 인하여 매출액이 감소하고 있다면 매우 심각하게 받아들여야 한다. 기업의 캐쉬카우(cash cow)와 수익의 원천은 주력제품에서 비롯되기 때문이다. 그리고 판매수량의 감소는 곧 시장점유율이 감소하고 있다는 의미이며, 이는 제품의 경쟁력이 하락하고 있거나 영업력과 같은 내부수행능력이 약해지고 있다는 증거이다.

반면에 가장 이상적인 매출액의 증가유형은 주력사업부의 주력제품에서 판매수량과 판매단가의 상승으로 인하여 총매출액이 증가하는 형태이다.

1-4 지속가능성장률

매출액은 증가하는 것이 계속기업으로서 지극히 정상적이다. 그러나 때로는 비정상적으로 매출액이 급증하게 되면 소요운전자금이 급증하게 되고 나아가서는 경영진의 판단오류로 인하여 급증하는 매출액이 향후에도 지속될 것으로 보고 대규모 설비증설을 결정하게 된다. 이 때 현금보유액이 풍부하지 않은 기업의 경우 설비증설과 운전자금의 증가는 차입금을 증가시키는 부작용을 낳게 되기도 한다. 이처럼 기업의 고도성장은 성장고통을 수반하며, 그 정도가 지나치면 재무상태 악화, 더 나아가 부도와 같이 더 이상 자금조달은 물론 정상적인 영업활동마저 저해 받는 상황에 처할 수도 있다.

그렇다면 재무위험을 일정수준 이상으로 부담하지 않으면서 가장 빠르게 성장할 수 있는 최적 성장속도인 지속가능성장률은 어떻게 산출할 수 있는가? 이 지속가능성장률은 기업의 현재 재무구조 혹은 목표 재무구조를 유지시키면서 성장을 극대화하는 성장의 상한선이라고 볼 수 있다. 이를 공식으로 나타내면 다음과 같다.[4]

지속가능성장률(sustainable growth rate)

= (1 − 배당률) × 당기순이익 / 전년도말 자기자본
= (1 − 배당률) × 당기순이익 / 당기매출액 × 당기매출액 / 기말자산
× (기말부채 / 기말자기자본 + 1) × 기말자기자본 / 전년도말 자기자본
= 유보율 × 매출액순이익률 × 총자산회전율 × (부채비율 + 1) × 자기자본증가율

4) 한국신용평가(주), *신용평가*, 2001. 2. 19

위 공식을 보면 재무구조를 악화시키지 않으면서 어떻게 성장률을 높일 수 있을 것인가에 대한 답을 얻을 수 있다. 즉, 배당을 줄여 내부유보율을 높이고, 단가인상 혹은 비용감소를 통해 매출액 수익률을 높이며, 자산의 효율적인 이용으로 자산회전율을 높이고, 내부 및 외부금융을 통한 자기자본 증식을 도모함으로써 부채비율의 변동 없이 성장률을 높일 수 있다.

다시 말해 급속한 성장을 이루고 있는 기업은 성장과 함께 자산의 효율적인 이용과 영업을 통한 수익률의 향상, 자기자본의 증식 등에 보다 많은 관심을 기울여야만 성장에 따른 재무상태 악화를 줄일 수 있다는 것이다.

2. 비용구조

기업마다 수익성이 다른 이유는 여러 가지가 있겠지만 그 중에서도 비용지출의 차이로 인하여 수익성이 차이를 보이는 경우가 많다. 따라서 신용평가를 할 때에는 대상기업의 매출원가율, 판매관리비, 이자비용 등을 검토하여 비용지출의 효율성 측면을 검토하여야 한다. 비용구조를 검토하는 목적은 당해 기업의 수익성이 고비용구조에서 비롯된 치유하기 어려운 저수익성 구조인지 아니면 저비용구조에서 비롯된 고수익성 구조인지를 판단하기 위함이다.

2-1 생산효율성

매출원가율을 낮추기 위해서는 판매단가를 높여 매출액을 늘리는 방법도 있지만 만성적인 과열경쟁구조 시장에서 판매단가를 인상하기란 매우 어려우며 사업위험이 높아질 수 있는 위험을 부담하게 된다. 그래서 기업은 판매단가의 인상이 아닌 매출원가를 낮추려는 노력을 하는 것이 피할 수 없는 선택이다.

매출원가를 낮추기 위해서는 여러 가지 요인들이 있는데 이를 크게 구분하면 원재료비와 제조경비 및 노무비의 절감에 있다.

첫째, 원재료비를 낮추기 위해서는 양질의 원재료를 경쟁기업보다 더 값싸게 구매할 수 있는 노하우를 알고 있어야 한다. 일반적으로 업력이 오래된 기업일수록 양질의 원재료를 좀 더 낮은 가격으로 구매할 수 있는 방법을 알고 있다고 보아야 한다. 이는 신규진입기업의 입장에서는 일종의 진입장벽의 역할을 하기도 한다.

그리고 원재료비를 낮추기 위한 다른 방법은 생산수율을 높이는 일이다. 생산수율은 최신의 첨단설비에 의해서도 영향을 받지만 노동인력의 숙련도에 의해서도 많은 영향을 받는다. 또한 생산공정의 자동화 수준과 기계화 수준에 의해서도 영향을 받는다.

둘째, 제조원가를 줄이기 위해서는 제조경비 항목인 감가상각비와 공장가동에 소요되는 에너지비용을 줄이는 것이 효과적이다. 감가상각비를 줄이는 방법은 가동률을 높여야 하며 유휴설비를 최소화하여야 한다. 그리고 에너지비용은 통제가 불가능한 비용요소이기는 하지만 노력에 의해 어느 정도는 절감이 가능하다.

마지막으로 노무비를 감축하여야 생산원가를 줄일 수가 있다. 숙련도가 높은 양질의 노동력을 확보하고 효율적인 노무관리를 통하여 비용을 줄일 수가 있다.

이상과 같이 양질의 원재료를 저렴하게 구매하여 최신의 첨단설비로 생산수율을 높이는 것은 물론 효율적인 노무관리 및 노사관리를 통하여 생산원가를 최소화하여 생산의 효율성을 높여야 한다. 이러한 형태를 저비용구조라고 하며 저비용구조를 가진 기업은 상대적으로 가격경쟁력이 높아지게 된다.

반대로 기계가 노후화되었거나 숙련공의 부족으로 생산수율이 낮아지고 가동률이 떨어지거나 노사분규를 해결하기 위하여 임금을 과다하게 인상한다면 고비용구조가 고착화될 수밖에 없다. 이러한 형태의 기업은 비록 매출액이 크게 증가하더라도 고비용구조로 인하여 수익성이 개선되기가 어렵다고 보아야 한다.

2-2 판매효율성

생산효율성의 극대화를 통하여 비록 매출원가를 낮추었다고는 하나 판매비와 같은 영업비용을 과다하게 지출한다면 영업이익은 부진할 수밖에 없다. 따라서 영업수익성을 향상시키기 위해서는 매출원가는 물론 판매비와 관리비를 줄여야 한다.

판매관리비를 줄일 수 있는 방법도 여러 가지가 있지만 가장 효과적인 것이 광고선전비, 인건비, 판매수수료 등 판매직접비용을 줄이는 방법이다. 물론 판매비의 감축은 매출액의 현상유지나 증가에 심대한 지장을 초래하지만, 여기서 말하는 판매비 감축이란 그러한 소극적인 방법이 아니라 좀더 적극적인 방법을 말한다. 즉, 판매비를 지출하되 매출증가로 이어지도록 효과적인 영업활동을 통하여 매출액 대비 상대적인 판매비 비중을 줄여야 한다는 의미이다.

3. 수익성

신용평가자의 입장에서 기업의 수익성을 평가할 때는 당해 기업의 수익성의 질적인 측면을 중시 여겨야 한다. 매출액영업이익률은 낮은데 반해 매출액순이익률이 높은 기업은 수익성의 품질면에서 바람직하지가 못하다. 그 이유는 기업의 본연의 경영활동인 영업을 통하여 발생되는 이익은 낮은 반면 영업외적인 요인에 의해 당기순이익률이 높은 경우는 영업외적인 수익의 원천이 일시적일 가능성이 매우 높기 때문에 오래 지속될 수가 없기 때문이다.

따라서 수익성을 평가할 때는 매출액총이익률과 매출액영업이익률이 우선적으로 양호하여야 하며, 그 결과로 당기순이익이 증가하여야 한다.

3-1 매출액총이익률

매출액총이익률은 생산활동이 얼마나 효율적인가를 판단하는 지표로서 영업비용을 고려하지 않은 판매마진이라고도 할 수 있다. 판매마진이 높은 기업은 가격정책의 융통성이 높아 시장을 선도할 수 있는 여건을 갖추고 있는 기업이다. 반대로 비효율적인 생산성의 문제로 인하여 매출원가율이 높아 판매마진이 상대적으로 낮은 기업은 시장에서 가격을 선도할 능력도 안 되며 수익성 악화의 근본적인 원인이 된다.

매출액총이익률이 높아지려면 매출원가율을 낮추어야 하지만 한편으로는 매출액이 크게 증가하여도 규모의 경제 효과로 매출액총이익률이 증가할 수 있다. 신용평가를 할 때는 분석 대상기업의 매출액총이익률이 어떤 이유로 변동하였는지를 앞에서 설명한 방법과 같이 그 원인을 찾아내어 평가에 반영하여야 한다.

유의하여야 할 점은 추가설비투자가 발생한 경우 감가상각비 증가로 인하여 매출원가율이 상승할 경우가 있을 수 있으며 경쟁사에 비해서도 상대적으로 높게 나타날 수 있으므로 평가에 유의하여야 한다. 이러한 경우에는 추가설비증설로 인한 매출증가의 효과가 발생하였다면 긍정적인 평가를 하여야 한다. 왜냐하면 추가설비증설에 따른 감가상각비의 증가로 매출원가율이 상승한 것은 대부분 일시적인 현상에 그치기 때문이다.

매출액총이익률의 양부에 관한 평가는 다음과 같이 접근하여야 한다.

- 매출액총이익률이 전기대비 증가하였는가?

- 매출액총이익률의 증감원인이 원가율의 변동에 있는가 아니면 판매단가의 변동에 있는가?
- 판매관리비와 이자비용을 감당하고도 충분한 여유가 있는가?
- 동업계 평균과 비교하여 높은가 아니면 낮은가?

[표 10-8] 매출액총이익률 평가 예시[5)]

구 분	20×1년	20×2년	20×3년	동업계 평균
매출액	100.00%	100.00%	100.00%	100.00%
매출원가율	80.07%	80.30%	80.09%	81.25%
매출총이익률	19.93%	19.70%	19.91%	18.75%

[평가]

동사는 최근 3년 간 매출원가율이 약 80% 수준을 유지하고 있어 매출액총이익률이 안정적인 모습을 보이고 있으며, 동업계 평균을 상회하는 비교적 양호한 판매마진을 확보하고 있다.

3-2 매출액영업이익률

매출액영업이익률은 영업활동이 얼마나 효율적인가를 판단하는 지표로서 신용평가자의 입장에서 가장 중요한 수익성 지표이다. 매출액영업이익률이 높아야 수익성의 질적인 측면에서 높게 평가를 할 수 있다. 양호한 매출액영업이익률은 높은 판매마진과 판매관리비의 효율적인 집행에 의해서만 달성이 가능하다. 그러므로 매출액영업이익률의 변동원인분석과 수익성의 양부 판단은 판매비 지출내역을 검토함으로써 가능하다.

한편, 당기순이익이나 경상이익의 규모가 영업이익보다 더 큰 기업이 있는데 이러한 기업은 영업활동을 통해서 수익을 창출할 수 있는 능력은 부실하지만 부동산처분이익, 환차익, 유가증권투자수익 등 영업외적인 수익을 통하여 이익을 시현한 경우이다. 이러한 기업의 수익성은 이익의 질이 나쁘기 때문에 긍정적으로 평가하기가 곤란하다.

5) 손익계산서를 분석할 때 금액만을 가지고 분석하면 변화내용을 판단하기가 어렵기 때문에 이와 같이 백분율 손익계산서를 작성하여 분석하면 매우 효과적이다.

그러나 때로는 안정적이고 일정한 영업외수익이 지속적으로 발생하는 경우도 있다. 만약 분석 대상기업에 이러한 수익이 있다면 이는 비록 영업활동을 통한 수익은 아니지만 경상적인 수익으로 간주하여 평가에 반영할 필요가 있다. 대중교통수단인 버스운송업을 영위하는 기업의 경우 지방자치단체로부터 보조금을 받고 있는데 그 보조금이 한 예이다.

매출액영업이익률의 양부에 관한 평가는 다음과 같이 접근하여야 한다.

- 매출액영업이익률이 전기대비 증가하였는가?
- 이자비용을 감당하고도 충분한 여유가 있는가?
- 동업계 평균과 비교하여 더 높은가 아니면 낮은가?

[표 10-9] 매출액영업이익률 평가 예시

구 분	20×1년	20×2년	20×3년	동업계 평균
매출액	100.00%	100.00%	100.00%	100.00%
매출원가율	80.07%	80.30%	80.09%	81.25%
매출총이익률	19.93%	19.70%	19.91%	18.75%
판매관리비율	13.75%	14.61%	13.40%	12.95%
매출액영업이익률	6.18%	5.09%	6.51%	5.80%

[평가]

매출액총이익률은 최근 3년 간 안정적인 모습을 보이고 있으나 20×2년에는 판매비의 과다지출로 인하여 영업수익성이 전기대비 약 1% 포인트 하락하였다. 그러나 다음해에는 판매비지출을 억제하여 바로 수익성이 회복되었으며 동업계의 평균적인 영업수익성을 상회하고 있어 비교적 양호한 수익성을 보이고 있다.

3-3 매출액순이익률

매출액영업이익률과 매출액순이익률은 같은 방향으로 흐르는 것이 정상적이지만 실제로는 그렇지 않은 경우가 많이 있다. 그 주된 이유는 투자유가증권을 많이 보유하고 있을 경우 유가증권평가손익과 외환차손익, 외화환산손익 등의 발생으로 인하여 영업외손익이 크게 움직이기 때문이다.

신용평가를 할 때 장부상 유가증권, 투자유가증권, 특수관계자 투자유가증권 등을 많이 보유하고 있는 기업의 경우와 수출입거래 규모가 큰 기업의 경우는 영업수익성과 영업외적인 수익성이 커다란 차이를 보일 수 있다는 점을 항상 염두에 두고 평가 및 재무추정을 하여야 한다. 그리고 이러한 기업을 평가할 때에는 당기순이익만을 가지고 수익성을 평가하기에는 부적절하므로 영업이익과 영업외적인 손익상황의 변동을 동시에 분석하여야 한다.

한편, 매출액순이익률은 기업의 생산활동과 영업활동은 물론 영업외적인 영향에 의한 손익까지도 모두 반영된 종합적이면서 최종적인 수익성 지표이다. 따라서 매출액순이익률은 경영성과를 의미하기도 한다. 경영자의 입장에서는 수익의 질도 중요하지만 최종적인 수익성인 매출액순이익률과 당기순이익의 규모가 더 중요할 수도 있다.

매출액순이익률의 확대는 이익잉여금의 증가를 통하여 기업의 재무구조를 개선시키는 역할을 한다. 반대로 당기순손실이 발생되면 재무구조가 악화되어 재무건전도를 해치는

[표 10-10] 매출액순이익률 평가 예시

구 분	20×1년	20×2년	20×3년	동업계 평균
매출액	100.00%	100.00%	100.00%	100.00%
매출원가율	80.07%	80.30%	80.09%	81.25%
매출총이익률	19.93%	19.70%	19.91%	18.75%
판매관리비율	13.75%	14.61%	13.40%	12.95%
매출액영업이익률	6.18%	5.09%	6.51%	5.80%
(금융비용부담률)	2.89%	2.75%	2.78%	2.55%
매출액순이익률	2.20%	2.11%	1.98%	4.01%

[평가]

동사는 최근 3년 간 양호한 영업수익성을 보이고는 있지만 영업외비용이 과다하여 순이익률이 지속적으로 하락하고 있으며 동업계 평균에 비해서도 약 절반에 이르는 정도의 저조한 수익성을 보였다. 특히 20×3년에는 영업외비용의 규모가 더욱 늘어나 영업이익률의 3분의 1의 수준으로까지 순이익률이 하락하였으며, 동업계가 평균적으로 거둔 수익성에도 크게 못 미치는 등 경영성과가 불량하였다.

결과를 초래한다. 그러므로 기업의 수익성은 생산활동과 영업활동에 의한 수익성, 영업외적인 수익성 등 모든 분야에서 고른 수익성을 창출하여야 진정한 의미로 수익성이 양호하다고 평가할 수 있다.

이익의 질이 나빠지고 있다

LG경제연구원은 15일 '이익의 질 개선되고 있나' 라는 보고서에서 외환위기 이후 구조조정 등을 통해 국내 기업의 수익성이 좋아지다가 최근 들어 하락세로 돌아섰다고 밝혔다.

특히 경상이익 규모가 영업이익보다 커지는 등 이익의 질이 나빠지고 있다고 강조했다. 금융사를 제외한 상장기업의 매출액 영업이익률은 2004년 9.8%에서 2006년 6.6%로 하락했다. 원자재 가격 상승과 원화 강세, 주력 제품의 가격 하락 등이 영향을 미쳤다.

반면 2006년 매출액 경상이익률은 7.7%로 영업이익률보다 1.1%포인트 높았다. 2006년 경상이익은 49조8000억 원으로 영업이익보다 7조1000억 원 많았다. 영업이익보다 경상이익 규모가 큰 기업 비중도 2000년 25.4%에서 2004년 48.0%, 2006년 51.1% 등 매년 꾸준히 증가하고 있다.

LG경제연구원 연구위원은 "2004년 이전에는 영업이익이 경상이익보다 적은 사례를 발견하기 어려웠다"며 "영업을 통해 창출되는 기업 이익이 줄어들고 있는 것은 문제"라고 말했다. LG경제연구원은 이자비용 감소와 지분법 평가이익 증가 등 영업외활동을 통해 발생되는 이익이 늘면서 이 같은 현상이 벌어지고 있다고 분석했다. 우선 금리 하락으로 기업의 금융비용 부담이 크게 감소했다. 기업의 매출액 대비 순금융비용(이자비용-이자수익)은 2000년 3.12%에서 2006년 0.75%로 하락했다. 6년 만에 금융비용 부담이 4분의 1 수준으로 감소했다.

연구원은 "영업외활동에서 발생한 수익이라도 장기간 지속되는 수익의 비중이 높다라면 실적의 질이 좋다고 할 수 있겠지만 현재 상장기업들의 영업외손익 중 미래에 지속되지 못하는 일시적 이익의 비중이 높아지고 있어 영업외활동에서 개선된 수익이 지속될 가능성은 높지 않다"고 말했다.

연구원은 "현재 상장기업들은 영업활동으로부터의 수익성이 낮아지고 있어 장기적인 수익창출력이 약화되고 있다"면서 "기업들은 본질적인 영업활동 이외의 활동을 통해 장기적으로 경쟁력을 강화할 수 없는 만큼 본질적인 영업활동에서 수익창출능력을 높이기 위해 노력해야 한다."고 강조했다.

(자료 : 매일경제신문 2007. 4. 16)

4. 비용지급능력

기업의 수익성은 비용지급능력의 정도에 의해서도 평가가 달라진다. 어떤 기업이 경쟁기업의 수익성보다도 높을 뿐만 아니라 전기에 비해서도 수익성이 크게 향상되었지만 이자비용을 겨우 충당할 수 있는 정도의 영업이익이라면 수익성이 양호하다고 평가하기가 곤란하다.

따라서 기업의 수익성은 영업이익으로 최소한 이자비용과 같은 필수적으로 지출하여야 할 비용을 충당할 수 있는 정도 이상의 수익성을 보여야 한다.

이자보상배율(배) = 영업이익 / 이자비용

한편, 영업이익에 의한 비용지급능력의 평가는 단지 수익성과 비용의 대비를 통하여 수익성의 양부를 판단하기 위한 것이며, 실질적인 지급능력을 평가하는 것이 아니다. 영업이익은 장부상의 이익이기 때문에 실질적인 지급능력을 평가하기 위해서는 현금영업이익을 산출하거나 현금흐름표를 통하여 평가를 하여야 한다.

[표 10-11] 비용지급능력 평가 예시

구 분	20×1년	20×2년	20×3년	동업계 평균
매출액	100.00%	100.00%	100.00%	100.00%
매출액	100.00%	100.00%	100.00%	100.00%
매출원가율	80.07%	80.30%	80.09%	81.25%
매출총이익률	19.93%	19.70%	19.91%	18.75%
판매관리비율	13.75%	14.61%	13.40%	12.95%
매출액영업이익률	6.18%	5.09%	6.51%	5.80%
(금융비용부담률)	2.89%	2.75%	2.78%	2.55%

[평가]

매출액총이익률은 최근 3년간 안정적인 모습을 보이고 있으나 20×2년에는 판매비의 과다지출로 인하여 영업수익성이 전기대비 약 1% 포인트 하락하였다. 그러나 다음해에는 판매비지출을 억제하여 바로 수익성이 회복되었으며 동업계의 평균적인 영업수익성을 상회할 뿐만 아니라 금융비용을 충당하고도 여유가 있는 정도의 비교적 양호한 수익성을 보이고 있다.

제3절 현금흐름 분석

현금흐름 분석의 목적은 자금의 조달과 운용에 관한 내용과 영업활동에서의 현금창출능력을 분석하여 상환능력을 평가하는데 있다. 현금흐름을 분석할 때에는 최근의 마지막 연도의 현금흐름만을 분석하여서는 곤란하며 적어도 최근 3년간의 현금흐름을 추세에 중점을 두고 평가를 하여야 한다. 그리고 매 연도별로는 매출을 통한 현금창출능력과 효율적인 운전자금관리 여부, 투자내용의 적절성 및 외부자금조달의 적절성에 대하여 평가를 하여야 한다.

현금흐름표를 분석할 때의 절차와 유의사항은 다음과 같이 정리할 수 있다.

- 최근 3년간 영업활동을 통한 현금창출능력은 어떠한 추세를 보이고 있는가?
- 현금창출의 원천이 당기순이익인가 아니면 비현금비용인가?
- 영업활동에 소요된 운전자본의 추이는 어떠한가?
- 투자내용이 적절한가?
- 외부자금의 조달내용은 건전한가? 등

1. 현금창출능력

기업이 현금을 조달하는 방법에는 영업활동을 통하여 현금을 창출할 수도 있으며 투자활동과 재무활동을 통하여서도 현금을 조달할 수도 있다. 그러나 가장 바람직한 현금창출의 원천은 영업활동에서 비롯되어야 한다. 현금창출능력이란 함은 일반적으로 영업활동인 매출의 발생을 통하여 현금을 조달할 수 있는 능력을 말한다.

안정된 현금창출능력을 유지하기 위해서는 매출액이 꾸준히 증가하여야 할 뿐만 아니라 수익성 또한 양호하여야 한다. 매출액은 증가하지만 수익성이 없어 적자를 보는 경우도 일정한 기간동안은 현금이 창출되기도 한다. 그러나 오래 가지 못하여 현금흐름이 불량해질 수밖에 없게 된다. 그러므로 현금창출의 기본은 마진 높은 매출이 지속적으로 증가하여야 함이 전제되고 있다.

현금흐름표상 현금창출능력을 판단하는 방법은 다음의 표와 같이 현금당기순이익을 계산하여 보면 알 수 있다. 여기서 현금당기순이익은 영업활동에 투입되는 운전자금을 고려하지 않은 상태에서의 현금창출액을 말한다.

현금당기순이익이 확대되려면 산식을 통하여 알 수 있듯이 당기순이익이 증가하여야 한다. 물론 장치산업이나 자본집약적인 산업의 경우에는 감가상각비나 무형자산상각비의 규모가 크기 때문에 비현금비용[6]으로 인하여 현금당기순이익이 증가하기도 한다. 그러나 가장 바람직한 현금창출은 비현금비용을 최소화하여 당기순이익을 극대화시키는 것이다. 즉, 최소한의 설비를 가지고 가동률을 극대화시켜 높은 생산성과 자산운용의 효율성을 바탕으로 매출액을 최대한 증대시키는 것이다.

현금당기순이익 = 당기순이익 + 비현금비용 − 비현금수익

[표 10-12] C기업의 현금흐름평가 사례(1)

(단위 : 백만원)

구 분	20×1년	20×2년	20×3년
현금 당기순이익	16,255	11,564	19,199
(1) 당기순이익	8,000	7,102	6,737
(2) 비현금비용(+)	8,861	11,181	13,521
(3) 비현금수익(−)	−606	−6,719	−1,059

[평가]

C기업은 최근 3년 간 당기순이익이 감소하고 있는 추세이지만 비현금비용의 효과로 인하여 현금당기순이익이 비교적 안정적인 모습을 보이고 있으며, 특히 20×3년에는 비현금비용의 증가와 비현금수익의 큰 폭 감소로 인하여 현금당기순이익이 크게 증가하였다.

6) 현금의 유출이 없는 비용을 비현금비용이라고 하고, 현금의 유입이 없는 수익을 비현금수익이라고 한다.

2. 운전자본관리의 효율성

영업활동후의 현금흐름은 근본적으로 앞서 설명한 현금창출능력인 현금당기순이익에 의해 결정되지만 운전자본과 같이 영업활동으로 인한 자산 및 부채의 변동에 의해서도 크게 영향을 받는다. 그리고 영업활동으로 인한 자산 및 부채 중에서도 매출과의 관련이 매우 깊은 운전자본의 변동에 의해 영향을 특히 많이 받는다. 그러므로 기업이 운전자본의 관리를 위하여 어떠한 노력이나 신용판매정책을 펼치느냐에 따라 영업활동후의 현금흐름은 달라진다.

일반적으로 매출액이 증가하면 운전자본도 증가하게 된다. 매출액 증가에 따른 자연스러운 현상인 운전자본 증가를 효율적으로 관리한다는 것은 매출액이 증가하더라도 전기대비 운전자본의 규모를 확대시키지 않는다는 것을 의미한다. 운전자본 증가를 확대시키지 않으려면 매출채권과 재고자산을 증가시키지 않아야 하며 매입채무를 감소시켜서는 안 된다.

문제는 이와 같이 매출액에 영향을 줄 수 있는 매출채권을 증가시키지 않거나 매입채무를 의도적으로 증가시킬 수 있는 기업이 있는가 하는 점이다. 대기업과 같이 시장지배력이 높은 기업이나 거래처에 대한 교섭력이 강한 기업은 이와 같이 신용판매기간을 단축하여도 매출액 증가에 지장을 크게 받지는 않으며, 원재료의 신용구매기간을 확대하여도 생산활동에 지장을 거의 받지 않는다. 그러나 중소기업을 포함한 대부분의 기업들은 매출채권 잔액을 줄이기 위하여 매출을 포기하지는 않는다. 그리고 중소기업처럼 영세한 기업은 원재료를 구매할 때도 교섭력이 약하기 때문에 매출채권의 증가에 상응하는 만큼의 매입채무 잔액을 늘릴 수가 없게 된다.

결론적으로 시장지배력과 거래조건에 대한 교섭력이 강한 대기업의 경우는 재무관리의 목적으로 운전자본을 의도적으로 통제를 할 수가 있지만 그렇지 못한 대부분의 기업들은 사실상 운전자본을 통제하기가 어려운 것이 현실이다.

한편 제품의 경쟁력이 약하거나 시장의 경쟁과열로 판매가 부진하고 불량 거래처의 유입이 많은 기업은 매출채권과 재고자산의 증가가 더욱 두드러지기 때문에 운전자본의 급증으로 인하여 영업활동후의 현금흐름이 급격히 악화되는 경우가 많다.

특히 매출액을 늘리고 이익을 확대하기 위하여 재무분식을 한 경우 매출채권이나 재고자산의 금액을 가공으로 계상하기 때문에 현금당기순이익과 운전자본의 변동이 더 심하게 나타나기도 하므로 평가 시 유념하여야 한다.

[표 10-13] C기업의 현금흐름평가 사례(2)

(단위 : 백만원)

구 분	20×1년	20×2년	20×3년
1. 영업활동으로 인한 현금흐름	977	17,274	3,229
1) 현금 당기순이익	16,255	11,564	19,199
(1) 당기순이익	8,000	7,102	6,737
(2) 비현금비용(+)	8,861	11,181	13,521
(3) 비현금수익(-)	-606	-6,719	-1,059
2) 영업활동으로 인한 자산 및 부채의 변동	-15,278	5,710	-15,970
(순운전자본의 변동)	(-13,875)	(5,483)	(-7,344)

[평가]

C기업은 최근 3년 간 비현금비용의 효과로 인하여 현금당기순이익이 비교적 안정적인 모습을 보이고 있지만 20×1년과 20×3년에는 운전자본의 변동으로 인하여 영업활동현금흐름이 매우 불안정한 모습을 보여주고 있다.

3. 투자내용의 적절성

기업이 영업활동을 통하여 창출한 현금을 유동성으로 보유할 수도 있지만 기업의 영속성 유지와 성장을 위해서 재투자가 이루어지는 것이 일반적이다. 재투자는 자본적지출을 의미하며 생산설비의 증설이나 신설, 생산설비의 고도화, 설비의 유지보수 등에 투입되는 자금을 말한다. 생산설비는 제품이 생산되어 매출로 이어지는 기업의 핵심자산이다. 이러한 핵심자산의 지속적인 재투자가 일어나지 않으면 경쟁력을 잃게 될 가능성이 높아진다. 따라서 신용평가 시 분석 대상기업의 업종이나 규모의 특성에 맞게 투자활동이 적절히 이루어지고 있는지 현금흐름표상 투자내용을 살펴보고 평가하여야 한다.

그리고 기업의 투자는 핵심자산에만 이루어지는 것이 아니고 계열사를 지배할 목적으로 관계회사유가증권을 매입하거나 단순히 투자목적으로 유가증권을 취득하기도 한다. 그 외에도 장단기 금융상품의 가입이나 생산성과는 무관한 무형자산을 취득하는 경우도 많다. 투자내용의 적절성을 평가할 때는 이처럼 두 가지 형태의 투자패턴을 염두에 두고 분석대상 기업이 어떠한 형태를 취하고 있는지를 분석하여야 한다. 핵심자산 투자를 등

한시 하면서 비핵심자산에 투자를 확대하는 기업은 자산의 운용이 적절하지 않은 경우가 있으므로 유의하여야 한다. 특히 영업활동후 현금흐름이 부족함에도 불구하고 차입금을 조달하여 비핵심자산에 투자를 하는 기업은 향후 수익성이나 수익의 질적인 측면에서 긍정적인 결과를 기대하기가 어렵다.

한편, 투자의 내용과 투자자금의 원천이 적절하였다고 하더라도 설비증설과 같은 거액의 투자가 발생한 경우 당해연도 혹은 최소한 그 익년도에는 매출증가로 이어져야 한다.

[표 10-14] C기업의 현금흐름평가 사례(3)[7)]

(단위 : 백만원)

구 분	20×1년	20×2년	20×3년
1. 영업활동으로 인한 현금흐름	977	17,274	3,229
1) 현금 당기순이익	16,255	11,564	19,199
(1) 당기순이익	8,000	7,102	6,737
(2) 비현금비용(+)	8,861	11,181	13,521
(3) 비현금수익(-)	-606	-6,719	-1,059
2) 영업활동으로 인한 자산 및 부채의 변동	-15,278	5,710	-15,970
(순운전자본의 변동)	(-13,875)	(5,483)	(-7,344)
2. 투자활동으로 인한 현금흐름	-9,797	-513	-2,790
(유형자산의 변동)	(-5,552)	(7,982)	(-6,116)

[평가]

C기업은 최근 3년 간 비현금비용의 효과로 인하여 현금당기순이익이 비교적 안정적인 모습을 보이고 있지만 20×1년과 20×3년에는 운전자본의 변동으로 인하여 영업활동현금흐름이 매우 불안정한 모습을 보여주고 있다.

한편, 투자내용을 보면 20×1년에는 영업활동후 현금흐름이 977백만원인데도 불구하고 약 42억 원의 자금을 비핵심자산에 투입하였는바, 자금의 조달과 운용이 적절하지는 못하였다. 그러나 유형자산의 매각이 일어났던 20×2년과 20×3년에는 정상적인 현금흐름을 보여 주고 있다.

7) (유형자산의 변동)란에 (-5,552)이란 의미는 유형자산이 순증가하여 현금유출이 5,552백만원이 발생하였다는 의미이며, (7,982)라고 표시한 것은 유형자산의 순감소(처분)로 인하여 현금유입이 7,982백만원이 발생하였다는 의미이다. 이는 (순운전자본의 변동)과 다음에 설명되는 (차입금의 변동)도 마찬가지이다.

간혹 투자판단의 실패로 매출과 연결되지 못하는 대폭적인 설비증설은 감가상각비, 이자비용, 인건비 등 고정비 부담으로 인하여 기업이 도산하는 경우도 발생하므로 현금흐름을 분석할 때 이점도 분명히 짚고 넘어가야 한다.

투자활동현금흐름을 평가할 때의 접근방법은 다음과 같이 정리할 수 있다.

- 최근 수년간 지속적으로 자본적지출이 이루어지고 있는가?
- 자본적지출의 규모는 기업의 규모로 보아 적절한 수준인가?
- 비핵심자산에 대한 투자가 많이 발생되고 있지는 않는가?
- 최근에 대규모 설비증설은 발생되지 않았는가?
- 투자재원이 영업활동후 현금흐름(잉여현금흐름)인가 아니면 차입금인가?
- 설비증설 이후 그에 상응하는 수준의 매출액의 증가는 있었는가?

4. 외부자금 조달내용의 적절성

기업이 영업활동에서 창출된 현금으로 투자활동에 필요한 자금을 투입하고 나면 우량한 일부기업을 제외하고 대부분의 기업들은 자금이 부족하게 된다. 투자후 부족한 자금을 어떻게 조달하느냐에 따라 평가의 결과가 크게 달라진다.

기업이 필요자금을 조달하는 방법에는 전기에서 이월된 현금성 자산을 포함하여 기중에 영업활동 등에서 유입된 현금성 자산과 같이 내부 유보자금을 사용하는 것이 있고, 또 다른 방법은 외부에서 조달하는 것이다. 외부에서 조달하는 방법은 다시 크게 두 가지로 구분이 가능하다. 하나는 주주의 유상증자를 통하여 자금을 조달하는 것이며, 또 다른 하나는 금융회사로부터의 차입이나 회사채를 발행하여 자금을 조달하는 방법이다.

신용평가자의 입장에서 가장 바람직한 자금조달의 형태는 주주의 유상증자이다. 그 다음이 조건이 양호한 장기차입금이며, 가장 부정적인 조달형태가 조건이 불리한 단기성 차입금에 의존하는 형태이다.

부족자금의 대부분을 차입금에 의존하는 경우, 특히 단기성 차입금에 의존하는 경우는 차입금 상환에 대한 압박으로 자금관리가 어려워질 뿐만 아니라 금융비용 부담도 높아져 수익성은 물론 현금흐름이 점점 악화될 가능성이 높아지므로 신용평가 시 이러한 기업은 유의하여야 한다.

특히 부정적인 시각으로 보아야 할 자금의 조달과 운용의 패턴은 단기성 차입금으로 자금을 조달하여 장기간 현금화가 어려운 비핵심자산에 투입하는 경우이다. 이러한 형태로 자금을 조달하고 운용하는 기업은 매우 위험하므로 주의를 하여야 한다.

재무활동현금흐름을 평가할 때의 접근방법은 다음과 같이 정리할 수 있다.

- 최근 3년간 투자활동후 현금흐름이 부족한가 아니면 여유가 있는가?
- 부족한 경우 부(-)의 금액이 점점 확대되고 있지는 않는가?
- 부족한 자금을 어떠한 방법으로 조달하고 있는가?
- 유상증자로 조달하는 비중이 높은가 아니면 낮은가?
- 장기차입금이나 회사채 발행을 통하여 조달하는가?
- 단기차입금을 통하여 조달하는가? 등

[표 10-15] C기업의 현금흐름평가 사례(4)

(단위 : 백만원)

구 분	20×1년	20×2년	20×3년
1. 영업활동으로 인한 현금흐름	977	17,274	3,229
1) 현금 당기순이익	16,255	11,564	19,199
(1) 당기순이익	8,000	7,102	6,737
(2) 비현금비용(+)	8,861	11,181	13,521
(3) 비현금수익(-)	-606	-6,719	-1,059
2) 영업활동으로 인한 자산 및 부채의 변동	-15,278	5,710	-15,970
(순운전자본의 변동)	(-13,875)	(5,483)	(-7,344)
2. 투자활동으로 인한 현금흐름	-9,797	-513	-2,790
(유형자산의 변동)	(-5,552)	(7,982)	(-6,116)
3. 재무활동으로 인한 현금흐름	6,968	-11,672	1,365
(차입금의 변동)	(9,563)	(-8,409)	(5,018)
(배당금의 지급)	(-3,051)	(-3,603)	(-3,651)

[평가]

C기업은 최근 3년 간 비현금비용의 효과로 인하여 현금당기순이익이 비교적 안정적인 모습을 보이고 있지만 20×1년과 20×3년에는 운전자본의 변동으로 인하여 영업활동현금흐름이 매우 불안정한 모습을 보여주고 있다.

20×1년에는 영업활동후 현금흐름이 977백만원인데도 불구하고 95억 원의 차입금을 증가시켜 그 중 약 42억 원을 비핵심자산에 투입하였고 30억 원은 배당을 하였는바, 자금의 조달과 운용이 적절하지 못하였다.

20×2년에는 영업활동에서의 잉여자금으로 84억 원의 차입금을 상환하였으나 20×3년에는 다시 영업에서 현금창출규모가 감소하자 투자에 소요된 자금의 일부와 배당금지급을 차입금으로 해결하였다.

제4절 재무비율 분석

신용평가를 할 때 분석 대상기업의 재무상태와 경영성과를 파악하는데 가장 효과적인 방법 중의 하나가 주요 재무비율들을 산출하여 최종연도를 포함하여 최근 수년간의 추이를 검토하는 것이다.

재무비율을 검토할 때 유의하여야 할 사항은 너무 적은 재무비율을 이용하여 재무상태와 경영성과를 파악하는 것도 문제가 있지만, 반대로 너무 많은 비율들을 사용하는 것도 문제가 있다. 그러므로 재무상태와 경영성과를 파악하는데 지장이 없는 수준의 적절한 수의 재무비율들만을 검토하면 충분하다고 하겠다. 그리고 재무비율을 분석할 때에는 재무비율 값의 해석에만 그쳐서는 안 되며, 반드시 재무제표상의 해당 계정과목의 금액 확인을 병행하여야 한다.

재무비율을 점검하는 방법에 있어서는 시계열적인 추세분석과 최종연도의 정태적인 분석이 필요하다. 추세분석은 최근 수년간 주요 재무비율이 어떻게 변화하고 있는지를 살펴보아야 한다. 즉, 긍정적인 방향으로 변화하고 있는지 아니면 부정적인 방향으로 변화하고 있는지를 살펴보아야 한다. 그리고 정태적인 분석에는 동업계 평균비율과 표준비율이 주로 사용되는데, 이러한 비율들의 상호비교를 통하여 평가 대상기업의 재무비율의 양부를 평가하는 것이 매우 효과적이다.

1. 재무구조관련 비율

1-1 자기자본비율

자기자본비율은 총자본 중에서 자기자본이 차지하는 비중을 보기 위한 비율로서 기업의 재무구조를 나타내는 대표적인 지표 중의 하나이다. 동 비율은 높을수록 재무건전도가 높다는 것을 의미하며, 낮아질수록 재무구조가 불량하다고 평가를 하여야 한다. 양부 판단의 적절한 기준을 제시하기는 곤란하지만 대략 상장기업의 평균이나 동업계의 평균 비율을 평가의 기준으로 삼는 경우가 많다.

자기자본비율이 감소하는 이유에는 여러 가지가 있을 수 있지만 당기순손실의 발생으로 인하여 자기자본의 감소로 동 비율이 감소하는 경우가 가장 부정적이다.

자기자본비율(%) = 자기자본 / 총자본 × 100

1-2 유동비율

유동비율은 단기성 부채인 유동부채와 유동자산을 대비한 비율로서 기업의 유동성을 판단하는 데 주로 사용되는 지표이다. 동 비율은 높을수록 유동성이 풍부한 기업으로 평가를 할 수 있으며 반대로 낮을수록 부정적이다.

동 비율의 판단 기준은 유동자산의 성격을 검토한 후에 평가를 하여야 하며 비율 그 자체만을 가지고 유동성을 판단하게 될 경우 평가의 오류를 범할 수가 있으므로 유의하여야 한다. 그 이유는 유동자산 속에는 유동화가 어려운 악성 재고자산이나 시장성이 없는 유가증권, 인출에 제약이 따르는 단기금융상품 등이 있을 가능성이 높기 때문이다.

유동비율(%) = 유동자산 / 유동부채 × 100

1-3 당좌비율

당좌비율은 재고자산을 제외한 유동자산인 당좌자산과 유동부채를 대비시킨 비율로서 기업의 실질적인 유동성을 판단하는데 주로 사용되는 지표이다. 동 비율은 유동비율과 마찬가지로 높을수록 유동성이 풍부한 기업으로 평가를 할 수 있으며 반대로 낮을수록 부정적이다. 주로 유동비율을 판단할 때 보완지표로서 많이 사용되고 있다.

당좌비율(%) = 당좌자산 / 유동부채 × 100

1-4 현금비율

현금비율은 유동비율이나 당좌비율에 비해 유동성의 범위를 더욱 좁힌 개념으로서 유동부채를 현금성자산과 대비시킨 비율이다. 동 비율 역시 높을수록 유동성이 풍부한 기업으로 평가를 할 수 있으며, 유동비율과 당좌비율을 판단할 때 보완지표로서 많이 사용되고 있다.

현금비율(%) = (현금 및 현금성자산 + 단기금융상품) / 유동부채 × 100

1-5 비유동비율

비유동비율은 비유동자산과 자기자본의 크기를 비교한 비율로서 재무안정성을 평가하는 지표이다. 비유동자산은 현금화가 되기 어려운 장기자산이기 때문에 투자의 재원도 상환부담이 없는 자기자본으로 충당이 되어야 한다는 의미를 가지고 있다.

동 비율은 낮을수록 재무적 안정성이 높은 것으로 평가하며, 동 비율이 100%를 넘어서면 타인자본을 조달하여 비유동자산의 일부에 투자되었다는 의미이다.

비유동비율(%) = 비유동자산 / 자기자본 × 100

1-6 비유동장기적합률

비유동장기적합률은 비유동자산을 자기자본과 비유동부채의 합과 비교한 비율로서 역시 재무안정성을 평가하는 지표이다. 비유동자산은 장기자산이기 때문에 투자의 재원도 자기자본이나 비유동부채와 같이 장기자금으로 조달이 되어야 한다는 의미를 가지고 있다.

동 비율은 낮을수록 재무적 안정성이 높은 것으로 평가되며, 동 비율이 100%를 넘어서면 유동부채의 일부가 장기자산인 비유동자산에 투자되었다는 의미이며 불안정한 재무구조이다.

비유동장기적합률(%) = 비유동자산 / (자기자본 + 비유동부채) × 100

1-7 부채비율

부채비율은 자기자본과 타인자본을 비교한 비율로서 자본구조를 나타내는 대표적인 지표로서 신용평가 시 필수적으로 점검하는 비율이다. 동 비율은 높을수록 자본구조가 불안하기 때문에 낮아야 한다. 동 비율을 판단하는 기준은 상장기업이나 동업계의 평균비율이 될 수도 있지만, 실제 도산한 기업의 부채비율을 살펴보면 부채비율이 200%를 넘어서면 부도기업이 현격히 증가하는 모습을 보였기 때문에 대략적으로 200%이하는 유지되어야 한다고 볼 수 있다.

부채비율(%) = 총부채 / 자기자본 × 100

[표 10-16] 부도발생 업체들의 부채비율 분포 현황

업 종	구 간	도산 직전연도	
		업체수	점유비
제조업	1000% 초과	14	51.9%
	500 - 1000%	9	33.3%
	200 - 500%	3	11.1%
	100 - 200%	1	3.7%
	100% 미만	0	0.0%

주) 외감법 대상 업체들 중에서 부도 발생한 업체들임

1-8 유동부채비율

유동부채비율은 유동부채를 자기자본과 대비한 비율로서 자본구조를 나타내는 지표이다. 동 비율은 낮을수록 자본구조가 건전하다는 것을 의미한다.

유동부채비율(%) = 유동부채 / 자기자본 × 100

1-9 차입금의존도

차입금의존도는 총자본 중 회사채를 포함하여 차입금의 비중이 어느 정도인지를 보여주는 지표이다. 차입금의존도는 높을수록 자본구조가 불량해질 뿐만 아니라 금융비용으로 인해 수익성도 악화된다. 동 지표의 판단 기준은 대략적으로 30~40%를 넘어서면 위험 수위로 보아야 한다.

차입금의존도(%) = 총차입금(회사채 포함) / 총자본 × 100

1-10 차입금 대 매출액비율

차입금의 과다여부는 총자본과도 비교하여 평가하지만 총매출액과도 비교하여 평가하기도 한다. 차입금 대 매출액비율이 30~40%를 넘어서면 차입금이 매출액 규모에 비해 과다한 수준이며 금융비용으로 인하여 수익성이 악화된다. 동 비율은 신용평가 시 자주 이용되는 비율이며, 특히 동 비율이 100%에 근접하는 기업일수록 도산할 확률이 무척 높아 평가 시 유의할 필요가 있다.

차입금 대 매출액비율(%) = 총차입금(회사채 포함) / 연간 매출액 × 100

1-11 매출채권 대 매입채무비율

기업의 유동성을 평가할 때 유동비율이나 당좌비율을 이용하여 평가하기도 하지만 매입채무와 매출채권의 잔액을 비교하여 유동성 악화 가능성을 평가하기도 한다. 그리고 동 비율은 구매거래처로부터 얻는 신용도와 분석 대상기업이 판매거래처에 대한 교섭력의 비교를 통하여 운전자금관리 측면의 문제점도 평가가 가능하다.

매입채무는 반드시 기업에 결제를 하여야 하지만 매출채권은 거래처의 부도 등으로 인하여 기업에 전액을 회수하기가 어려운 경우도 있으므로 동 비율은 최소한 100%를 상회하는 수준을 유지하여야만 한다.

매출채권 대 매입채무비율(%) = 매출채권 / 매입채무 × 100

2. 성장성관련 비율

2-1 총자산증가율

기업의 규모는 매출액의 크기나 총자산의 크기로 평가를 하는데 총자산은 증가할수록 긍정적인 평가를 할 수가 있다. 총자산은 매출액의 증가를 통한 당기순이익의 시현으로 인하여 증가하거나 주주의 유상증자 등으로 증가하는 것이 바람직하지만, 차입금이나 기타 부채 등의 증가로 인하여 총자산이 증가하는 경우는 부정적인 성장일 뿐만 아니라 재무구조를 악화시키는 원인이 되기도 한다.

한편, 동 비율은 매출액의 성장성과 상호 비교를 통하여 증가속도에 대한 적부를 평가하기도 한다. 설비자산의 증설이나 신규 사업의 추진 등으로 자산의 규모는 확대되었지만 매출액이 뒷받침되지 못하는 경우도 있을 수 있기 때문이다.

총자산증가율(%) = 당기말 총자산 / 전기말 총자산 × 100 - 100

2-2 유형자산증가율

유형자산 증가율 역시 매출액의 성장률과 비교하여 평가를 하여야 한다. 생산설비의 유지보수를 위한 자본적지출은 기존 설비에 대한 감가상각비로 인하여 유형자산의 증가율이 대부분 상쇄되므로 증가폭이 크지가 않다. 유형자산이 크게 증가하는 것은 대규모 설비증설에 따른 현상이기 때문에 매출액 성장률과 비교를 할 필요가 있다.

유형자산증가율(%) = 당기말 유형자산 / 전기말 유형자산 × 100 - 100

2-3 유동자산증가율

유동자산은 기업의 유동성을 의미하기 때문에 유동자산이 증가하는 것은 긍정적인 평가를 할 수가 있다. 그러나 불용재고의 증가나 대손가능성이 높은 매출채권의 증가로 인하여 유동자산이 증가하거나 매출의 부진을 타개하기 위하여 신용판매기간을 연장하는 등의 부정적인 원인들로 인하여 유동자산이 증가하였다면 주의를 하여야 한다.

한편, 동 비율은 유동부채의 증가율과도 비교하여 유동자산과 유동부채의 증가가 적절한 균형을 유지하고 있는지를 평가할 필요가 있다.

유동자산증가율(%) = 당기말 유동자산 / 전기말 유동자산 × 100 - 100

2-4 재고자산증가율

재고자산의 증가 역시 매출액의 증가와 비교를 통하여 평가를 내려야 한다. 일반적으로 시장생산을 하는 경우 매출액이 증가하면 적정재고 유지를 위하여 재고자산이 증가하게 된다. 그러나 매출액은 정체되어 있는데 반해 재고자산만이 증가하거나 매출액의 증가속도보다 더 빠르게 재고자산이 증가하는 경우는 매우 부정적으로 평가를 하여야 한다.

재고자산증가율(%) = 당기말 재고자산 / 전기말 재고자산 × 100 - 100

2-5 자기자본증가율

자기자본은 이유를 막론하고 증가하는 것이 좋으며, 그것도 큰 폭으로 증가하는 것이 바람직한 현상이다. 자기자본의 증가는 유상증자나 당기순이익의 내부유보로 인하여 증가하기 때문이다.

자기자본증가율(%) = 당기말 자기자본 / 전기말 자기자본 × 100 - 100

2-6 매출액증가율

매출액의 증가 역시 이유를 막론하고 증가하는 것이 좋다. 그러나 수익성이 없는 매출액의 증가나 비주력제품의 매출액 증가보다는 수익성이 양호한 주력제품의 판매수량과 판매단가의 증가로 인하여 매출액이 증가하는 것이 매우 바람직하다.

한편, 매출액이 짧은 기간 동안에 갑자기 큰 폭으로 증가하게 될 경우 생산능력 확대를 위한 설비증설이 이루어지는 경우가 있는데 시장규모의 확대와 경쟁력의 향상으로 인한 설비증설은 문제가 되지 않겠으나 일시적인 매출증가를 지속적인 매출증가로 경영진이 잘못 판단하여 대폭적인 설비의 증설이 이루어진 경우는 매출이 큰 폭으로 증가하기 이전의 수준으로 회귀하게 되면 고정비 부담으로 인하여 수익성이 악화되거나 심할 경우 도산 가능성도 배제할 수가 없다.

그리고 비록 정상적인 매출액 증가라고 할지라도 매출액 증가에 따른 소요운전자본의 증가는 때로는 차입금의 증가로 이어져 재무구조 악화의 원인이 되기도 하므로 유의할 필요가 있다.

매출액증가율(%) = 당기 매출액 / 전기 매출액 × 100 - 100

3. 활동성관련 비율

3-1 총자산회전율

총자산회전율은 기업의 규모와 업종을 막론하고 높은 것이 바람직하다. 특히 막대한 자본이 투입된 자본집약적인 장치산업의 경우는 총자산의 회전율이 매우 의미 있는 중요한 지표이다. 그 이유는 자산운용의 효율성은 회전율에 의해 측정되며 회전율이 높아질수록 수익성이 향상되기 때문이다.

총자산회전율은 동일한 업종을 영위하는 기업간의 상호비교를 통하여 평가를 할 필요가 있는데, 이는 동업계 평균보다 더 높은 총자산회전율을 보이는 기업은 경쟁력이나 수익성 측면에서 경쟁업체들에 비해 우위를 점하고 있다는 증거이기 때문이다.

총자산회전율(회) = 매출액 / 총자산(기초잔액과 기말잔액의 평균)

3-2 비유동자산회전율

비유동자산회전율 역시 기업의 규모와 업종을 막론하고 높은 것이 바람직하며, 자본집약적인 산업이나 장치산업의 경우 비유동자산회전율은 중요한 지표이다. 비유동자산의 회전율이 높아질수록 수익성이 향상되는데, 그 이유는 비유동자산회전율이 높다는 것은 비유동자산의 효율성이 높다는 것을 의미하기 때문이다.

비유동자산회전율(회) = 매출액 / 비유동자산(기초잔액과 기말잔액의 평균)

3-3 유형자산회전율

유형자산회전율 역시 기업의 규모와 업종을 막론하고 높은 것이 바람직하며, 특히 자본집약적인 장치산업의 경우 유형자산회전율은 중요한 지표이다. 유형자산의 회전율이 높아질수록 수익성도 좋아진다. 유형자산회전율이 높다는 것은 최소의 생산설비로 최대의 가동률을 유지하였다는 것을 의미하기 때문이다.

유형자산회전율(회) = 매출액 / 유형자산(기초잔액과 기말잔액의 평균)

3-4 재고자산회전율

재고자산회전율을 검토할 때 동 회전율이 전기대비 비정상적으로 하락한 경우에는 그 원인을 확인하여 보아야 한다. 특히 동업계 평균 재고자산회전율에 비해 현격히 낮은 회전율은 문제가 있을 가능성이 높기 때문에 유의하여야 한다. 재고자산회전율의 둔화는 매출액의 증가율에 비해 재고자산의 증가속도나 재고자산의 규모가 과다하다는 것을 의미하며, 분식의 가능성이 높다고 보아야 한다.

또한 재고자산회전율의 둔화는 소요운전자본 증가의 원인이 되며, 재무구조를 악화시키거나 영업활동 현금흐름을 악화시킨다. 따라서 재고자산회전율은 높아지는 것이 바람직하다.

재고자산회전율(회) = 매출액 / 재고자산(기초잔액과 기말잔액의 평균)

3-5 매출채권회전율

매출채권의 회전율도 재고자산회전율과 마찬가지로 높아야 한다. 동 회전율이 전기대비 큰 폭으로 하락한 경우에는 그 원인을 확인하여야 한다. 동업계 평균 회전율에 비해 현격히 낮은 회전율은 여러 가지 문제가 있을 가능성이 높다. 매출채권회전율의 둔화는 매출액의 증가율에 비해 매출채권의 증가속도나 매출채권의 잔액이 과다하다는 것을 의미하며, 매출채권의 과다 분식의 가능성이 높다고 보아야 한다.

그리고 매출채권회전율의 둔화는 재고자산회전율의 둔화와 마찬가지로 소요운전자본 증가의 원인이 되며, 재무구조를 악화시키거나 영업활동 현금흐름을 악화시키는 요인으로 작용한다.

매출채권회전율(회) = 매출액 / 매출채권(기초잔액과 기말잔액의 평균)

3-6 매입채무회전율

매입채무회전율은 낮아지는 것이 좋다. 그 이유는 구매거래처로부터 신용을 많이 얻어 매입채무에 대한 결제기간이 길어지면 길어질수록 영업활동 현금흐름에 긍정적으로 작용하기 때문이다.

반대로 매입채무회전율이 상승하면 매입채무 잔액이 줄고 결제기간이 단축되고 있음을 의미하므로 현금흐름에 부정적인 영향을 미치게 된다.

매입채무회전율(회) = 매출액 / 매입채무(기초잔액과 기말잔액의 평균)

4. 수익성관련 비율

4-1 총자산순이익률

총자산순이익률을 포함하여 모든 수익성지표는 높을수록 후한 평가를 주어야 한다. 동 비율을 평가할 때 접근방법은 전기대비 수익성이 향상되어야 하며 절대적인 수준도 높아야 한다. 그리고 동업계 평균 총자산순이익률과 비교하여 더 높아야 수익성이 양호하다고 평가할 수가 있다.

총자산순이익률이 높아지려면 매출액순이익률이 양호하여야 하며 총자산회전율도 높아야 한다. 즉, 자산을 효율적으로 운용하여야 하며, 제품의 경쟁력이 높아 판매마진이 높고 영업이 효율적으로 이루어져 판매관리비 지출을 최소화하여야 만이 동 비율이 상승하게 된다.

총자산순이익률(%) = 당기순이익 / 총자산 × 100
총자산순이익률 = 매출액순이익률 × 총자산회전율

4-2 매출액영업이익률

매출액영업이익률은 기업의 영업수익성을 판단하는 중요한 지표이다. 동 비율이 높아야 수익의 질이 양호하다고 평가할 수가 있다. 동 비율이 상승하려면 매출액을 극대화시켜야 하고 원가율은 최소화하여 판매마진을 높여야 한다. 그리고 판매관리비의 지출은 최대한 억제하여야 한다.

매출액영업이익률을 평가하는 방법은 동 비율이 전기에 비해 향상되어야 하며, 동업계 평균비율보다 상회하여야 바람직하며, 적어도 금융비용부담률보다는 높아야 한다.

매출액영업이익률(%) = 영업이익 / 매출액 × 100

4-3 EBITDA 대 매출액비율

EBITDA는 안정적인 수익성을 읽을 수 있는 지표이며, 동 비율은 높아질수록 매출액 대비 수익성이 향상된다고 보아야 한다.

동 지표의 장점은 영업이익이라는 장부상의 수익성은 물론 비현금비용인 감가상각비와 무형자산상각비를 고려하므로 인하여 현금흐름의 개념도 포함되어 있을 뿐만 아니라, 감가상각방법의 변경으로 인한 영업이익의 변동성을 차단하는 효과를 가져다준다.

EBITDA 대 매출액비율(%) = (영업이익 + 감가상각비 + 무형자산상각) / 매출액 × 100

EBITDA(Earning Before Interest, Taxes, Depreciation and Amortization)

[EBITDA=영업이익+감가상각비+무형자산상각비]로 산출되며 사용자의 선택에 따라 산출식이 다양하다. 한편 금융기관이나 신용평가회사들이 동 지표를 사용하는 이유는 기업의 회계상의 이익은 회계처리방식(감가상각방법 등)과 영업외적인 요인들로 인해 크게 영향을 받을 수 있기 때문에 이들로부터 영향을 크게 받지 않는 수익성 지표가 EBITDA이기 때문이다.

4-4 금융비용 대 매출액비율

금융비용 대 매출액비율은 총매출액에서 이자비용이 차지하는 비중을 의미하며, 동 비율은 낮을수록 수익성에 긍정적으로 작용한다. 기업의 재무관리 측면이나 신용평가의 관점에서 동 비율은 최소한 매출액영업이익률보다는 낮아야 한다. 그래야 만이 영업이익으로 이자비용을 충당할 수가 있기 때문이다. 또한 동 비율이 높아질수록 영업이익률과 당기순이익률이 궤를 달리할 가능성이 높아진다.

금융비용 대 매출액비율(%) = 이자비용 / 매출액 × 100

4-5 이자보상비율

이자보상비율을 산출하는 식은 다양하지만 여기서의 이자보상비율은 장부상의 영업이익으로 이자비용을 어느 정도 충당이 가능한지를 보여주는 지표이다. 동 비율은 높을수록 비용대비 수익성이 양호하며 최소한 100%이상은 되어야 한다.

이자보상비율(%) = 영업이익 / 이자비용 × 100

4-6 손익분기점률

업종과 기업의 규모를 막론하고 매출액은 기본적으로 손익분기점을 초과하여야 한다. 손익분기점률은 손익분기점 매출액 대비 총매출액이 어느 정도인지를 파악할 수 있는 지표이다. 특히 장치산업일수록 동 비율은 중요하게 다루어야 한다. 자본집약도가 높을수록 반드시 손익분기점을 넘어서는 매출액을 달성하여야 영업이익을 시현할 수가 있기 때문이다.

손익분기섬률 = BEP매출액 / 매출액 × 100

제5절 재무분식과 신용평가

기업의 재무제표 분식은 기업의 규모와 업종의 구분 없이 그리고 공개여부에 관계 없이 항상 가능성이 있다고 보아야 한다. 특히 외부감사인의 회계감사를 받지 않는 비외감업체나 영세기업의 경우 분식은 물론 회계의 오류도 많이 발생하고 있는 것이 현실이다.

신용평가를 할 때 분석대상 기업의 장부와 거래내용을 일일이 대조 확인하여 회계처리의 정확성과 분식을 발견한다는 것은 비현실적이다. 그러므로 외감업체인 경우에는 적정의견을 받은 재무제표는 그대로 사용하고, 한정의견 등과 같이 부적절한 재무제표는 외부감사인이 제시한 수정재무제표를 이용하여 평가를 하는 것이 경제적이라고 할 수 있겠다.

그리고 비외감업체인 경우에는 재무제표의 신뢰성 측면보다는 분석대상 기업의 개략적인 재무상태, 즉 자산의 규모와 차입금을 포함한 부채의 크기 정도만을 참고하고 신용도 평가는 주로 비재무적인 사항에 관한 분석에 좀더 집중할 필요가 있다.

1. 재무분식의 유형

1-1 금액의 과대 계상

재무분식은 대부분 과대 포장하는 분식이 주류를 이루고 있고 반대로 과소 계상하는 경우도 있을 수가 있다. 실제보다 과소하게 분식하는 것도 재무정보의 이용자를 기만하려는 경영진의 도덕성이 문제가 되기는 하지만 여신심사를 목적으로 하는 신용평가의 경우에는 보수적인 관점에서 볼 때 적어도 재무제표에 관한 사항만큼은 크게 문제삼을 필요가 없을 것이다.

그러나 과대 포장하는 분식은 경영성과와 재무상태에 대한 판단을 왜곡시킬 가능성이 높기 때문에 주의를 하여야 한다. 그리고 이러한 기업과는 신용평가는 물론 근본적으로 거래 자체를 하여서는 안 된다고 본다. 금융감독원에서도 거래기업의 재무분식을 발견하였을 경우 분식의 정도에 따라 차등하여 금융제재를 가하도록 각 금융기관에 시달하여 현재는 각 금융기관이 규정에 반영하고 있는 상황이다.

1-2 계정과목 분류기준 위반

재무분식은 계정과목 분류를 이용하는 방법도 있다. 단기성 부채를 장기성 부채로 분류하거나 비유동자산을 유동자산으로 분류하는 경우가 대표적이다. 이러한 분식을 통하여 기업이 노리는 효과는 유동자산을 늘이고 유동부채를 감소시켜 유동비율의 상승 등 유동성을 양호하게 보이려고 하는 것이다. 그 외에도 영업비용이나 영업외비용을 제조원가에 포함시키는 경우도 있다.

1-3 재무분식에 많이 이용되는 계정과목

기업이 재무분식에 많이 이용하는 계정과목은 주로 매출액과 매출채권, 재고자산, 감가상각비 등이다. 재무분식은 회계의 원리에 의해 매출액만 증가시키면 안 되기 때문에 항상 복수의 계정과목이 동원되고 있다. 예를 들면 매출액을 늘리면 그에 상응하는 매출채권 잔액도 늘리는 형태이다.

[표 10-17] 계정과목별 분식의 효과

계정과목	분식유형	효 과
매출액	과대계상	• 매출액 증가 및 이익금 증가 • 매출액 증가율 상승 • 수익성 상승 • 각종 자산운용 회전율 증가
매출채권	과대계상	• 유동비율과 당좌비율 등이 상승
재고자산	과대계상	• 수익성 상승 • 유동비율 상승
감가상각비	과소계상	• 매출원가율 하락 • 수익성 상승

다음에 제시한 표의 내용과 같이 매출액과 재고자산을 이용한 분식의 결과를 보면 매출액을 포함하여 매출채권 및 재고자산의 잔액과 수익성 지표인 EBITDA가 증가하는 모습을 보이고 있으며 순운전자본도 증가하고 있다.

[표 10-18] 실제 재무분식 사례(금융감독원 감리결과)

재무분식 사례 : 20×3년에 매출액 30억원을 가공계상(세금계산서만 수수)한 경우

(단위 : 백만원)

구 분	20×1년	20×2년	20×3년
EBITDA	31,169	35,074	49,607
매출채권	19,823	22,338	38,137
재고자산	49,739	66,007	101,754
매입채무	17,637	16,776	20,758
순운전자본	51,925	71,569	119,133
매출액	161,827	180,106	218,437
순운전자본부담률	32.1%	39.7%	54.5%

[표 10-19] 실제 재무분식 사례(금융감독원 감리결과)

재무분식 사례 : 20×2년과 20×3년에 재고자산 34억원을 가공 계상한 경우

(단위 : 백만원)

구 분	20×1년	20×2년	20×3년
EBITDA	13,485	18,482	15,650
매출채권	16,269	11,765	12,771
재고자산	19,575	32,766	36,805
매입채무	7,072	4,406	6,289
순운전자본	28,772	40,125	43,287
매출액	61,359	74,437	66,865
순운전자본부담률	46.9%	53.9%	64.7%

2. 재무분식의 발견방법

2-1 동업계 평균 재무지표 활용

재무분식의 가능성을 의심할 수 있는 수단은 동업계 평균 성장률, 평균 자산회전율 그리고 평균 수익률을 예로 들 수가 있다. 분식을 하는 기업은 대부분 시장지위가 낮거나 경영성과가 좋지 못한 기업이기 때문에 이러한 기업들은 시장의 평균적인 성장이나 수익성을 달성하지 못하는 경우가 많다. 그러므로 분석 대상기업의 매출액 증가율이나 영업이익률 등을 동업계의 평균과 비교하여 과다한 경우 분식을 의심하여야 한다.

그리고 업종마다 오랜 기간동안 굳어져 온 당해 업계의 관행이 갑자기 크게 바뀌는 경우는 드물며 업종별로 외부경영환경은 동일하기 마련이다. 이점에 착안하여 매출채권회전율이나 재고자산회전율 등을 동업계의 평균과 비교하여 분식의 가능성을 확인할 수가 있다.

2-2 재무지표의 급격한 변동

또 다른 재무분식의 가능성을 의심할 수 있는 수단은 재무지표의 급격한 변동이다. 분석 대상기업의 재무지표나 재무제표상 계정과목의 잔액이 전기에 비해 크게 변동한 경우도 시장의 여건을 감안하여 볼 때 변동이 지나칠 경우 분식의 가능성을 의심하여야 한다.

3. 재무분식과 현금흐름

계정과목 분류기준을 위반하는 분식이 아닌 금액을 이용한 분식은 대부분 현금흐름표에 의해 분식의 효과가 제거된다.

다음에 제시한 표의 내용과 같이 매출액 100백만원을 과대 계상하고 상대 계정과목으로 매출채권 잔액을 100백만 원 늘린 경우 장부상 이익이 그만큼 증가하여 현금당기순이익이 100백만 원 증가하게 된다. 그러나 매출채권 잔액이 전기대비 100백만원이 과다하게 가공 계상되었기 때문에 현금흐름표 작성원리에 의해 순운전자본 증가로 인한 현금유출이 발생하도록 표시되어 결과적으로는 영업활동으로 인한 현금흐름은 분식을 하지 않은 상태와 차이가 없게 된다.

[표 10-20] 재무분식과 현금흐름

재무분식 사례 : 매출액을 100백만원 늘리고 매출채권을 100백만원 늘린 경우

(단위 : 백만원)

구 분	재무분식 전	분식금액	재무분식 후
영업활동으로 인한 현금흐름	3,229	0	3,229
1) 현금 당기순이익	19,199	100	19,299
(1) 당기순이익	6,737	100	6,837
(2) 비현금비용(+)	13,521	0	13,521
(3) 비현금수익(-)	-1,059	0	-1,059
2) 영업활동으로 인한 자산 및 부채의 변동	-15,970	-100	-16,070
(순운전자본)	(-7,344)	(-100)	(-7,444)

제6절 우발채무

관련 법령에 의해 상호지급보증이 금지되어 있는 재벌계열사를 제외하고는 대부분의 기업들이 금액의 차이는 있지만 우발채무를 보유하고 있다. 우발채무는 분석대상 기업의 경영결과와는 무관하게 기업을 곤경에 처하게 하는 요인으로 작용할 가능성이 상존하기 때문에 신용평가를 할 때 반드시 점검하여 이상 유무를 평가에 반영하여야 한다.

우발채무의 종류에는 지급보증, 제3자를 위한 담보제공, 소송에 관련된 사건 등이 주류를 이루고 있다. 우발채무는 없어야 하지만 만약에 우발채무가 있다면 우발채무의 과다여부, 피보증처나 담보제공을 수혜 받은 기업의 신용도를 점검하여야 한다. 그리고 소송이 진행 중에 있는 사건에 대하여는 보수적인 관점에서 분석 대상기업에 부정적인 평가를 할 필요가 있다. 우발채무를 평가할 때의 접근방법은 다음과 같다.

- 우발채무가 있는가?
- 있다면 규모는 어느 정도인가?
- 우발채무가 현실화될 가능성이 있는가?
- 피보증처 또는 담보제공 수혜자의 신용상태는 어떠한가?
- 우발채무가 현실화될 경우 대상기업에 미치게 될 충격은 어느 정도인가?

연 | 습 | 문 | 제

1. 재무구조를 나타내는 비율이 아닌 것은? (　　)

① 총자산증가율　② 부채비율　③ 자기자본비율　④ 차입금의존도　⑤ 유동비율

2. 기업의 재무상태를 평가하는 요소가 아닌 것은? (　　)

① 자본구조　② 차입구조　③ 자산구성　④ 자산의 시장가치　⑤ 총자산회전율

3. 손익계산서를 분석할 때 점검하여야 할 사항이 아닌 것은? (　　)

① 매출액　② 비용구조　③ 수익성　④ 차입금상환능력　⑤ 비용지급능력

4. 현금흐름표를 분석할 때 점검하여야 할 사항이 아닌 것은? (　　)

① 현금창출능력　② 운전자본관리의 효율성
③ 자산의 시장성과 시장가치　④ 투자내용의 적절성
⑤ 외부자금 조달내용의 적절성

5. 재무비율 분석과 관련한 설명 중 내용이 부적절한 것은? (　　)

① 차입금 대 매출액비율이 60~80%를 넘어서면 차입금이 매출액 규모에 비해 과다한 수준이며 100%에 근접하는 기업일수록 도산할 확률이 높아진다.
② 차입금이나 기타 부채 등의 증가로 인하여 총자산이 증가하는 경우는 부정적인 성장일 뿐만 아니라 재무구조를 악화시키는 원인이 되기도 한다.
③ 매출액은 정체되어 있는데 반해 재고자산만이 증가하거나 매출액의 증가속도보다 더 빠르게 재고자산이 증가하는 경우는 매우 부정적으로 평가를 하여야 한다.
④ 매출액 증가에 따른 소요운전자본의 증가는 때로는 차입금의 증가로 이어져 재무구조 악화의 원인이 되기도 하므로 유의할 필요가 있다.
⑤ 불용 재고의 증가나 대손가능성이 높은 매출채권의 증가로 인하여 유동자산이 증가하거나 매출의 부진을 타개하기 위하여 신용판매기간을 연장하는 등의 부정적인 원인들로 인하여 유동자산이 증가하였다면 주의를 하여야 한다.

정 | 답 | 및 | 해 | 설

1. ①

총자산증가율은 자산의 성장성을 평가하는 지표이다.

2. ⑤

총자산회전율은 기업의 자산운용의 효율성을 평가하는 지표이다.

3. ④

차입금상환능력은 현금흐름에 의하여 평가하여야 한다.

4. ③

자산의 시장성과 시장가치 평가는 재무상태표를 통하여 분석 및 평가하여야 한다.

5. ①

차입금 대 매출액비율이 30~40%를 넘어서면 차입금이 매출액 규모에 비해 과다한 수준이며 100%에 근접하는 기업일수록 도산할 확률이 무척 높아 평가 시 유의할 필요가 있다.

제11장 신규추진사업에 대한 사업성 평가

학습목표

✤ 신규추진 사업의 사업위험에 내하여 이해하여어야 한다.

✤ 기존사업의 강화전략과 신규추진 사업과의 차이점을 이해하여야 한다.

✤ 신규추진 사업의 사업성을 평가하는 방법을 숙지하여야 한다.

학습개요

✤ 신규추진 사업의 문제점과 이에 따른 기업신용위험과의 관계에 대하여 학습하여야 한다. 기존 사업과는 달리 신규추진 사업은 기업이나 경영자의 입장에서 신규추진 사업에 대한 경험과 지식이 부족하기 때문에 사업위험이 높다. 신규추진 사업의 실패는 기존 사업의 존립마저도 위태롭게 하기 때문에 사업성평가는 매우 중요하므로 구체적인 평가방법을 학습하도록 하여야 한다. 이러한 사업성평가는 분석대상 기업의 신규사업 수행능력, 신규 추진사업의 시장성 및 자금조달능력 측면을 중점적으로 검토하여야 한다.

✤ 기존 사업과 평가하는 방법이 대동소이하지만 신규추진 사업에 관한 평가는 특히 사업성과 사업추진에 필요한 자금을 성공적으로 조달할 수 있는지에 대하여 중점적으로 점검하여야 하는데 본 장에서는 이러한 점검방법들을 구체적으로 소개하였으며 이에 관한 충분한 학습이 필요하다.

제1절 사업성평가의 의의와 목적

사업성 평가란 신규계획 사업의 장래 성공 가능성 여부를 평가하는 일이다. 사업성평가에는 목적에 따라 평가의 관점이 상이할 수도 있지만 근본적인 차이는 없다고 봐야 할 것이다. 즉 사업주체인 기업이 신규사업의 성공가능성 여부를 평가해 보는 일이나 금융기관이 여신을 지원하기 위하여 사업의 성공가능성과 미래 채권 회수가능성을 평가하는 일은 목적이 틀릴 뿐이지 평가내용과 방법은 같다고 볼 수 있다.

그리고 신규사업에 대한 사업성 평가는 기존의 영위사업에 바탕을 둔 신용분석과 큰 차이가 없다. 그러나 신규사업의 경우는 기존 사업처럼 축적된 경영노하우가 없기 때문에 생산설비 구축, 기술력과 제품생산, 영업전략, 유통망 확보, 소비자의 제품에 대한 신뢰도, 자금조달문제 등 다양한 문제점을 가지고 있을 뿐만 아니라 기존사업에 비해 경영성과에 대한 전망을 하기가 매우 힘들다는 점에서 일반 신용평가와는 차이가 있다.

제2절 신규추진사업의 위험

분석 대상기업이 기존사업 외에 별도로 대상기업의 영업규모나 자금력에 비추어 볼 때 규모가 큰 신규사업을 추진하고 있다면 신규사업의 사업성을 평가하여야 한다. 그 이유는 신규사업은 여러 가지 측면에서 위험이 높기 때문이다. 신규사업이 실패로 끝난다거나 사업성과가 지지부진하게 될 경우 기존 사업마저 위태롭게 할 가능성이 높다.

제3절 사업성 평가방법

사업성평가는 크게 구분하여 기업의 사업수행능력, 계획사업의 시장성, 그리고 소요자금을 조달할 수 있는 능력에 관한 평가로 정리할 수가 있다.

1. 사업수행능력

사업수행능력이란 신규 사업을 추진함에 있어 계획 제품을 예정대로 차질 없이 생산하여 시장진입에 성공하기까지 필요한 절차는 물론 예기치 못한 제반 문제점들을 해결할 수 있는 능력을 말한다.

신규사업을 성공적으로 수행하기 위해서는 계획제품을 생산할 수 있는 기술적인 능력이 있는지를 검토하여야 하며, 생산과정에서 기술적인 문제점의 유무를 알기 위해서는 계획제품의 특성을 충분히 파악하여야 가능한 일이다. 그리고 생산에 필요한 유틸리티 확보 문제 등 공장의 입지여건을 고려하여 최적의 입지여건을 갖춘 공장 부지를 확보할 수 있는 능력의 유무도 중요한 사업수행능력 평가의 한 항목이다. 또한 생산시설의 적정성, 생산능력의 적정성, 생산공정상의 문제점과 공장가동 후 원재료 확보 측면의 문제점 유무 및 초기 투입 노동력의 숙련도도 신규사업을 성공적으로 수행하기 위한 필수 요건들이다.

1-1 기술능력

경쟁력이 있는 제품을 생산할 수 있는 기술력을 보유하고 있는지를 평가하여야 한다. 제품의 품질이 불량하여 소비자로부터 외면을 당한다면 신규사업은 실패할 가능성이 매우 높기 때문이다. 기술력에 대한 평가방법은 「제8장 기술위험평가」에서 자세히 설명하고 있다.

1-2 계획제품의 특성

계획제품의 특성을 충분히 파악하여야 한다. 그 이유는 경쟁력이 있는 제품을 생산하는데 필요한 기술력을 보유하고 있는지 여부를 분석하기 위해서는 제품의 특성파악이 우선되어야 하기 때문이다. 계획제품의 화학적, 물리적 특성과 제품의 용도는 물론 기존 유사제품과 비교하여 차별성은 무엇이며, 장단점이 무엇인지를 파악하여야 한다.

1-3 공장의 입지여건

신규 공장의 입지여건은 제품의 품질과 원가를 결정짓는 중요한 요소가 된다. 입지여건을 분석할 때 검토하여야 할 사항들은 다음과 같다.

- 주변 환경이 공장의 입지로서 적합한가?
- 공업용수, 상하수도 시설, 전기시설 등 유틸리티 여건은 양호한가?
- 양질의 노동력 확보가 가능한가?
- 도로 사정이 생산과 유통에 적합한가?
- 온도, 습도 등 기후문제는 없는가?
- 수해나 침수 가능성은 없는가? 등

1-4 생산시설

생산시설의 주요내용은 토지, 건물, 기계 등이며, 이들 생산시설이 계획제품의 생산에 적합한 규모인지를 검토하여야 하며 주요 검토대상은 다음과 같다.

- 공간, 구조, 토지이용도 측면에서 공장부지는 적절한가?
- 공장건물 및 설비는 생산에 적합한 규모인가?
- 기계장치는 첨단인가? 아니면 중고 기계장치는 아닌가?
- 리스 설비는 아닌가? 등

1-5 생산능력

생산능력이란 기술적 제약이 없는 정상가동상태를 가정하고 생산설비의 물리적 능력을 초과하지 않는 범위 내에서 생산 가능한 최대 생산능력을 말하며, 일일 가동시간과 연간 가동 일수에 따라 달라진다. 통상적으로 가동률을 산정 할 때 특수한 경우를 제외하고는 1일 8시간, 연간 300일을 기준으로 삼고 있다. 다음은 생산능력을 산정할 때 사용하는 공식이다.

$$\text{생산능력} = \text{최대생산능력} \times \text{가동률}$$

생산능력의 적정성 판단은 현실적으로 어려운 일이기 때문에 생산능력의 적정성 판단은 이론적인 접근보다는 동업계 또는 경쟁업체들과 비교하여 본다거나 손익분기점 생산, 시장수요량 등을 고려하여 적정성 여부를 검토하여야 한다.

1-6 생산공정

생산공정과 생산공법을 검토하는 것은 어려운 일이지만 채택하고 있는 공정과 공법으로 계획한 제품을 제대로 생산할 수 있는지를 확인하는 절차이다. 생산공정과 공법은 관련이 높아 동시에 기존의 유사한 제품공장의 공법과 공정을 비교하여 제품의 차질 없는 생산이 가능한지를 보아야 한다. 생산공정의 차이에 따라 제품의 원가와 품질이 달라질 수도 있기 때문이다.

1-7 원재료 조달

공장을 완공한 후에 실제로 가동에 들어가 영업을 시작할 경우 원재료 조달이 차지하는 비중이 매우 크기 때문에 원재료 조달에 대한 검토는 사업성검토의 중요한 부분이기도 하다. 원재료 조달측면을 검토할 때에는 다음과 같은 사항들을 고려하여야 한다.

- 원재료 수급상황은 원활한가?
- 원재료 조달은 용이한가?
- 원재료 가격 동향은 어떠한가?

- 원재료 공급처는 공장 인근에 위치하고 있는가?
- 원재료 조달에 필요한 교통여건에는 문제가 없는가? 등

1-8 노동력

제품생산에 있어서 중요한 요소는 생산시설과 기술력, 원재료 조달과 노동력이다. 양질의 저가 원재료가 확보되어 있고 첨단설비를 갖추고 있어도 이를 가동할 양질의 노동력이 없다면 모든 것이 무용지물이다. 그러므로 사업추진에 있어서 양질의 노동력을 풍부하게 확보할 수 있다면 매우 유리한 상황이라고 보아야 한다. 노동력을 검토할 때 고려하여야 할 사항은 다음과 같다.

- 핵심 기술인력은 확보하고 있는가?
- 숙련된 노동력은 얼마나 확보하고 있는가?
- 노무비의 수준은 경쟁업체 또는 공장인근에 소재한 다른 업종들과 비교하여 높은가? 낮은가? 등

2. 시장성 검토

시장성 검토란 생산된 제품이 시장에 출시되어 어느 정도 호응을 얻을 수 있는지를 검토하는 작업이다. 이는 제품매출의 수량을 예측하는 작업이며, 합리적인 시장수요 예측기법을 통하여 분석이 이루어져야 한다. 시장수요를 예측하는 것은 매우 어려운 일이기는 하지만 사업성검토에 있어서 빼놓을 수 없는 중요한 과정이다.

일반적으로 수요예측은 경제상황, 제품의 수명주기, 국내외 시장규모, 시장의 성장성, 경쟁업체 현황, 고객의 니즈 등과 같은 매출에 영향을 미치는 주요 변수들을 검토하여야 한다.

2-1 경쟁상황

신규로 진입하고자 하는 산업내의 경쟁강도가 높을수록 신규 진입자로서의 분석대상

기업의 수익성은 부정적이다. 산업내 경쟁의 강도는 기존업체들의 수가 많을수록 경쟁강도가 높으며, 공급과잉인 경우에도 경쟁강도가 높아진다. 경쟁상황을 검토할 때 고려하여야 할 사항은 다음과 같다.

- 경쟁업체 수
- 제품의 수급상황
- 대체재의 출현 가능성
- 경쟁업체별 강약점

2-2 진입장벽

진입장벽이 높을수록 진입하는데 투입되는 비용과 시간이 더 많이 소요된다. 그러나 분석 대상기업의 제품경쟁력이 높을 경우 투입비용과 시간은 그 만큼 줄어들게 된다. 따라서 진입장벽의 높고 낮음뿐만 아니라 분석 대상기업의 제품경쟁력을 포함한 내부수행능력도 성공적인 시장진입 여부를 결정짓는 중요한 요소가 된다.

2-3 유통구조와 유통망

시장의 유통구조와 제품의 유통경로를 분석함으로써 분석 대상기업이 계획한 바와 같이 제품의 판매가 이루어질 수 있을지를 평가하여야 한다. 검토대상 항목은 다음과 같다.

- 동업계의 기존 유통경로의 형태와 문제점
- 분석 대상기업이 계획한 유통망과 문제점
- 물류창고의 적합성 등

2-4 제품수급상황의 분석과 전망

최근 수년간 제품의 수급상황에 관한 분석과 수요시장의 업황전망을 바탕으로 제품의 수급상황을 전망하여야 한다. 그리고 제품의 수급상황과 시장업황의 전망은 합리적인 가정에 기초하여 전망이 이루어져야 한다. 제품의 과거 수급상황에 관한 분석은 다음과 같은 각종 통계자료들을 활용한다.

- 통계청의 통계자료
- 동업계 단체나 조합이 발행하는 협회지
- 한국은행, 산업자원부 등 공공기관이나 단체에서 발간하는 통계자료
- 경제연구소 등에서 발간하는 분석자료
- 업계 대표기업이나 분석 대상기업이 조사한 시장자료 등

2-5 제품가격 동향

유사제품이나 동일한 제품의 가격동향과 가격결정요인들을 분석하여 생산 및 판매할 제품의 가격의 적정성 검토와 매출액을 추정하여야 한다.

3. 자금조달능력 검토

3-1 소요자금의 규모

소요자금에는 공장부지 구입자금, 공장 건축자금, 기계장치 구입자금, 생산을 시작하기 전의 필요운영비 등 매우 다양하다. 이러한 총소요자금을 산정하여 사업추진을 위한 소요자금 규모를 파악하여야 한다. 소요자금의 규모를 정확하게 파악하여야만 추진사업의 경제성을 분석할 수 있다.

소요자금 산정은 보수적인 입장에서 실제보다 약간 상향조정하는 것이 바람직하다. 그 이유는 사업추진이 예상치 못한 일로 지연되거나 사업추진 기간이 장기일 경우에는 사업추진 기간 중 물가상승 등으로 사업계획에 차질을 빚을 수도 있기 때문이다.

3-2 소요자금 조달계획의 적절성

소요자금 규모가 확정되면 동 소요자금의 조달계획이 적정한지를 검토하여야 한다. 기존업체의 경우에는 사내 유보금이나 증자 등을 통하여 소요자금을 충당할 수 있지만, 신

설업체의 경우에는 기존업체와는 상황여건이 완전히 다르다. 주주 모집도 용이하지 않지만 금융회사로부터 융자를 받기란 현실적으로 매우 힘들기 때문이다.

대부분의 기업들의 소요자금 조달은 자기자금으로 일부를 충당하고 나머지는 대부분 외부에서 조달하는 것이 일반적이다. 총소요자금 예상액과 소요자금 조달계획의 타당성을 검토할 때는 다음의 표와 같은 양식을 사용하면 효과적이다.

[표 11-1] 자금조달계획 및 가능성 검토 예시 표

(단위 : 백만원)

총소요자금		조달계획		자금조달 가능성
내 역	금 액	내 역	금 액	
합 계		합 계		

연 | 습 | 문 | 제

1. 신규사업의 추진에 필요한 기업의 사업수행능력을 평가할 때 주요 점검 사항이 아닌 것은? (　　)

① 계획제품의 특성 파악

② 신규 공장의 입지조건

③ 시장의 경쟁상황

④ 생산능력의 적정성

⑤ 생산공정과 생산공법

2. 수요예측을 할 때 고려할 대상이 아닌 것은? (　　)

① 원재료 수급상황　② 경제상황　③ 제품의 수명주기

④ 시장규모　⑤ 경쟁업체 현황

3. 신규사업에 필요한 자금조달능력에 관한 평가내용 중 부적절한 것은? (　　)

① 사업추진에 필요한 소요자금 규모를 먼저 파악하여야 한다.

② 소요자금 산정은 보수적인 입장에서 실제보다 약간 상향조정하는 것이 바람직하다.

③ 소요자금 규모가 확정되면 동 소요자금의 조달계획이 적정한지를 검토하여야 한다.

④ 일반적으로 신설업체의 경우에는 기존 업체에 비해 자금조달이 제한적이다.

⑤ 대부분의 기업들의 소요자금 조달은 자기자금으로 충당하는 것이 일반적이다.

정 | 답 | 및 | 해 | 설

1. ③

시장의 경쟁상황은 시장성을 검토할 때 점검하는 사항이다.

2. ①

일반적으로 수요예측은 경제상황, 제품의 수명주기, 국내외 시장규모, 시장의 성장성, 경쟁업체 현황, 고객의 니즈 등과 같은 매출에 영향을 미치는 주요 변수들을 검토하여야 하며, 원재료 수급상황은 고려 대상이 아니다.

3. ⑤

대부분의 기업들의 소요자금 조달은 자기자금으로 일부를 충당하고 나머지는 대부분 외부에서 조달하는 것이 일반적이다.

제3편 상환능력평가

제12장 현금흐름추정

학습목표

현금흐름추정의 목적과 절차를 이해하여야 한다.

현금흐름 추정방법들을 이해하여야 한다.

시나리오분석, 감응도분석, 현금흐름 여유분석 등의 개념과 분석방법들을 이해하여야 한다.

학습개요

현금흐름을 추정하기 위한 구체적인 절차들을 학습하여야 한다. 그리고 추정에 필요한 전제들을 어떻게 처리할 것인지에 대해서도 숙지하도록 하여야 한다.

매출액을 추정하는 여러 가지 기법들을 학습하여야 하며, 주요 손익항목 및 재무상태표 항목들의 추정 방법에 관해서도 학습하여야 한다. 그 이유는 현금흐름 추정은 상환능력을 평가하고 신용등급을 결정하는 중요한 사전 작업이기 때문이다.

제1절 현금흐름추정의 목적과 절차

미래 현금흐름은 상환능력인 신용등급을 결정하는 중요한 기준이 된다. 그러므로 신용등급을 결정하기 위해서는 분석대상 기업의 현금흐름을 추정하여야 한다. 통상적으로 현금흐름 추정은 장기적인 관점에서 변수들의 예상 움직임을 고려하되 1회계연도만을 추정한다. 그러나 여신의 비중이 크거나 중요한 경우에는 3~5회계연도 정도를 추정하기도 한다.

현금흐름을 추정할 때 유의하여야 할 사항은 추정의 전제와 가정 그리고 근거가 합리적이고 타당성이 있어야 한다는 것이다. 추정의 전제와 가정이라 함은 기업이 통제하기가 불가능한 변수인 경제성장률, 소속산업의 성장률 등 외부 변수와 설비증설 또는 사업부 매수 및 매각 등 추정 시점에서 예상하기 어려운 요인들에 대하여 추정 시점에서 볼 때 가장 타당성 있는 조건을 전제한다는 것을 의미한다.

추정의 전제(예시)

- 경제성장률 5%
- 소속산업의 성장률 7%
- 사전에 계획되지 않은 유상증자와 설비증설 또는 사업부 인수 및 매각 등은 발생하지 않는 것으로 가정
- 물가상승률은 고려 대상 외
- 경영전략의 중대한 변경 등 기타 조건은 불변 등

현금흐름 추정의 결과는 추정 시 고려된 변수들의 변화로 인하여 항상 틀리기 마련이다. 그러나 추정의 과정이 합리적이고 타당성이 있는 근거하에 진행되었다면 전망과 실제 사이에 비록 큰 오차가 발생하더라도 용인되고 있다. 반면에 결과론적이기는 하지만 추정의 근거가 타당하지 않다거나 추정작업이 비합리적이었음에도 불구하고 요행히 추

정의 결과가 정확하다고 하더라도 이는 바람직하지 못한 접근방법이다.

한편, 현금흐름 추정은 모든 사소한 것들까지도 고려의 대상에 포함한다면 비효율적인 작업이 된다. 그러므로 미래 현금흐름에 영향을 미치는 중요 변수들만을 고려하여 현금흐름을 추정하여야 한다. 현금흐름을 추정하는 절차는 대략 다음과 같다.

[제1단계] 매출액 추정

↓

[제2단계] 손익항목 추정

↓

[제3단계] 재무상태표 항목 추정

↓

[제4단계] 현금흐름 추정

제2절 매출액 추정

1. 매출액 추정변수

매출액을 결정짓는 기본적인 변수는 판매수량과 판매단가이다. 따라서 매출액 추정은 판매수량과 판매단가에 영향을 주는 변수들을 점검하고 이들 변수들이 어떻게 변할 것인지를 예측하는 일이다.

추정매출액 = 추정 판매수량 × 추정 판매단가

판매수량과 판매단가에 영향을 주는 변수들은 다음과 같다.

1-1 판매수량 영향 변수

- 분석대상 기업의 과거 평균 총매출액 성장률
- 제품별 매출액 추이
- 지역별(내수 및 수출) 매출액 추이
- 제품별 생산능력
- 제품경쟁력
- 영업력
- 브랜드파워
- 제품별 수명주기
- 시장지위
- 제품별 시장점유율
- 자산운용의 효율성
- 수요시장의 전망

- 산업내 제품수급상황과 전망
- 경기동향과 전망 등

1-2 판매단가 영향 변수

- 원재료 수급상황과 전망
- 원재료가격 동향과 전망
- 원화환율의 동향과 전망
- 유가의 동향과 전망
- 산업내 제품의 수급상황과 전망
- 경기동향과 전망
- 시장지배력(시장지위)
- 생산효율성(생산성과 생산수율)
- 제품 및 기술의 차별화 수준 등

매출액을 추정할 때 대상기업의 사업부 또는 취급제품이 다양한 경우에는 다음의 표와 같이 사업부 또는 제품별로 구분하여 작업을 하여야 한다. 이때 추정의 근거는 객관적이고 타당성이 있는 내용이 되어야 한다.

[표 12-1] 매출액 추정 예시

(단위 : 백만원)

사업부	제품명	판매수량	판매단가	매출액	추정의 근거
합 계					

2. 매출액 추정방법

매출액을 추정하는 방법에는 시장점유율에 의한 방법, 단순평균증가율에 의한 방법, 가중평균증가율에 의한 방법, 회귀방정식을 이용한 방법, 시뮬레이션 방법 등이 있다.

2-1 시장점유율에 의한 매출액 추정

분석대상 기업의 시장점유율을 예상하여 매출액을 추정하는 방법이다. 이 방법은 시장규모와 시장점유율의 파악이 가능한 경우에만 추정이 가능하다. 시장점유율에 의한 추정은 시장점유율이 높아 시장을 선도하는 업계 대표기업이나 주문생산이 아닌 시장생산을 하는 기업의 매출액을 추정할 때 이용이 가능하다. 그러나 시장점유율에 의한 방법은 추정 매출액과 실제 결과와의 차이가 크게 나타나는 경우가 많다. 그 이유는 추정변수인 시장규모, 시장점유율 및 판매단가의 변동성이 매우 크기 때문이다.

추정 매출액 = 추정 시장규모 × 추정 시장점유율 × 추정 판매단가

2-2 단순평균증가율에 의한 매출액 추정

분석대상 기업의 최근 수년간의 평균증가율을 이용하여 매출액을 추정하는 방법으로서 분석대상 기업의 잠재적 성장능력에 기반을 둔 분석방법이다. 이 방법은 영업이 안정적이고 사업의 변동성이 크지 않아야 하기 때문에 신설기업이나 업력이 짧은 기업의 매출액을 추정하고자 할 경우에는 부적합하다.

추정 매출액 = 직전년도 매출액 × (1 + 최근연도 매출액 평균 증가율)

2-3 가중평균증가율에 의한 매출액 추정

분석대상 기업의 최근 수년간의 매출액증가율을 가중 평균하여 매출액을 추정하는 방법으로서 이 역시 분석대상 기업의 잠재적 성장능력에 기반을 둔 분석방법이다. 그러나 이 방법은 분석대상 기업의 최근의 경영환경과 기업경쟁력에 좀더 가중치를 부여하고 있기 때문에 과거 단순평균증가율보다 진일보한 추정방법이라고 볼 수 있다.

추정 매출액 = 직전년도 매출액 × (1 + 최근연도 매출액 가중평균증가율)

[표 12-2] 가중평균증가율에 의한 매출액 추정 예시

실적연도	매출액증가율	가중치	가중증가율
20×1년도	10%	0.1	1.0%
20×2년도	8%	0.2	1.6%
20×3년도	11%	0.3	3.3%
20×4년도	9%	0.4	3.6%
가중평균증가율	-	1.0	9.5%

2-4 회귀방정식을 이용한 매출액 추정

회귀분석에 의한 매출액 추정은 통계적 방법에 의해 매출액 증가와 경제지표 등과 같이 매출액에 지대하게 영향을 미치는 독립변수와의 상관관계를 규명하여 동 상관관계가 장래까지 지속된다는 가정하에 매출액을 추정하는 방법이다. 자동차의 등록대수와 타이어 판매량 증가와의 상관관계, 건축면적 증감과 시멘트생산량 증가와의 상관관계 등을 회귀방정식에 의해 타이어와 시멘트 매출액을 추정하는 방법을 그 예로 들 수가 있다. 또한 이 방법은 매출과 가장 상관관계가 높은 몇 개의 독립변수를 사용하여 다중회귀분석을 할 수도 있다.

회귀분석은 독립변수가 매출액의 변화와 관련이 매우 깊은 변수일 경우에 유용성이 더욱 높아지기 때문에 유용한 독립변수를 선택하는 것이 무엇보다 중요하다. 이러한 독립변수는 주로 과거 자료를 바탕으로 시계열적으로 상관관계를 분석하여 유용한 변수를 선택할 수 있다.

$$y = a + bx$$

(단, y : 추정매출액 a : 회귀선의 절편 b : 회귀선의 기울기 x : 독립변수)

2-5 시뮬레이션 방법을 이용한 매출액 추정

시뮬레이션(Simulation)기법이란 복잡한 문제나 사회적 현상 등을 해석하고 해결하기

위하여 어떠한 현상이나 사건을 컴퓨터로 모형화하여 가상으로 수행시켜 봄으로써 실제 상황하에서의 결과를 예측하는 기법이다. 동 기법은 비용과 시간을 절감시켜 주며 실제 상황에서는 할 수 없는 가상적인 실험도 가능하다. 이러한 시뮬레이션 기법을 이용하여 매출액 변동에 영향을 미치는 투입이 가능한 모든 변수들을 컴퓨터 프로그램을 이용하여 다양한 각도로 분석하여 가장 현실적인 결과를 추정 매출액으로 간주하는 방법이다.

제3절 손익항목 추정

1. 매출원가

1-1 원재료비

제조업체에 있어서 원재료비는 매출원가를 결정하는 가장 중요한 변수 중의 하나이다. 원재료비를 추정하기 위해서는 매출액 추정이 먼저 이루어져야 한다. 앞에서 설명한 매출액을 추정하는 과정에서 추정 판매수량이 정해지면 판매수량 만큼의 제품을 생산하기 위해 필요한 원재료 투입량을 구한 다음에 원재료 가격을 추정하여 원재료비를 추정한다.

[제1단계] 판매수량 추정

↓

[제2단계] 원재료 소요량 추정

↓

[제3단계] 원재료 가격 추정

↓

[제4단계] 원재료비 추정(원재료 소요량 × 원재료 단위당 추정가격)

1-2 노무비

노무비는 통상적으로 전년도의 노무비에서 추정연도의 회사가 예상하고 있는 임금인상 금액을 더하여 산출한다. 때로는 노무비가 준변동비의 성격임을 고려하여 직전연도의 매출액 대비 노무비의 구성비를 추정매출액에 곱하여 산출하기도 한다.

(방법1) 추정 노무비 = 직전연도 노무비 × {1 + 추정연도 예상 임금인상률(회사계획)}
(방법2) 추정 노무비 = 추정매출액 × 직전연도 매출액 대비 노무비의 구성비

1-3 제조경비

제조경비의 추정은 감가상각비를 별도로 추정한 다음 기타 제조경비를 추정하여 합산한다. 감가상각비는 유형자산 예상 잔액에 대하여 직전연도의 감가상각률을 곱하여 산출한다.

추정 감가상각비 = 유형자산 예상 잔액(토지 제외) × 직전연도의 감가상각률

기타 제조경비는 고정비 성격보다는 변동비 성격이 더 강하다. 그러므로 직전연도의 매출액 대비 기타 제조경비의 구성비를 추정매출액에 곱하여 산출한다.

추정 기타 제조경비 = 추정 매출액 × 직전연도 매출액 대비 기타 제조경비의 구성비

2. 판매비 및 관리비

판매비 및 관리비는 고정비와 변동비가 혼재되어 있다. 그러므로 고정비 성격에 속하는 인건비와 감가상각비 등은 별도의 방법으로 추정하고 나머지의 판매비 및 관리비는 전년도 매출액 대비 구성비를 추정 매출액에 곱하여 산출한다.

1-1 인건비

인건비는 노무비와 마찬가지로 회사로부터 추정연도의 예상 임금인상률에 관한 정보

를 받아 이를 전년도 인건비에 더하여 추정한다.

추정 인건비 = 직전연도 인건비 × {1 + 추정연도 예상 임금인상률(회사계획)}

1-2 감가상각비

감가상각비는 제조경비의 감가상각비 추정과 같이 토지를 제외한 유형자산의 예상 잔액에 전년도의 감가상각률을 곱하여 산출한다.

추정 감가상각비 = 유형자산 예상 잔액(토지 제외) × 직전연도 감가상각률

3. 영업외수익

이자수익 등과 같이 재무상태표 자산의 변동에 연계되어 있는 계정들은 별도의 방법으로 추정하고 나머지의 영업외수익은 전년도 매출액 대비 구성비를 추정 매출액에 곱하여 산출한다.

3-1 이자수익

이자수익은 장단기 금융상품 잔액을 추정하여 각 상품의 금리를 적용하여 추정하는 것이 이상적이기는 하지만 금융상품의 종류가 많을 경우에는 비현실적이므로 금융상품의 예상 잔액에 대하여 전년도의 평균 이자수익률을 곱하여 산출하는 것이 일반적인 방법이다.

추정 이자수익 = 금융상품 예상 잔액 × 직전연도 이자수익률

4. 영업외비용

영업외비용 중에서 금액 비중이 큰 계정과목은 이자비용이다. 기타 영업외비용은 일반적으로 금액 비중이 작기 때문에 전년도 매출액 대비 구성비를 추정 매출액에 곱하여 산

출한다.

4-1 이자비용

이자비용을 정확하게 추정하려면 각 차입금별로 실제 적용이율을 곱하여 산출하는 것이 바람직하지만 차입금의 종류가 많거나 할인어음과 같이 평균잔액을 산출하기가 어려운 경우에는 오류 추정의 가능성이 크므로 회사채를 포함한 총차입금의 예상 잔액에 전년도의 이자비용부담율을 곱하여 이자비용을 추정한다.

추정 이자비용 = 예상 차입금(회사채 포함)잔액 × 직전연도 이자비용부담율

5. 법인세비용

법인세비용은 예상순이익에 법인세율을 직접 곱하여 산출할 수도 있으나 대부분의 기업들은 법인세 조정 대상항목을 많이 가지고 있기 때문에 정확한 방법이 되지 못한다. 그러므로 전년도의 법인세부담율을 추정매출액에 곱하여 법인세비용을 추정한다.

추정 법인세비용 = 추정 매출액 × 전년도 법인세부담율

6. 당기순이익

당기순이익의 추정은 추정매출액에서 추정 수익과 추정 비용 항목들을 가감하여 산출한다.

추정 당기순이익 = 매출액 – 매출원가 – 판매관리비 + 영업외수익 – 영업외비용 – 법인세비용

제4절 재무상태표항목 추정

재무상태표의 항목에 대한 추정은 변동성이 큰 계정과목과 변동성이 적은 계정과목으로 구분하여 추정한다.

1. 변동성이 큰 계정과목

금액의 변동성이 큰 계정과목에는 유형자산, 무형자산, 차입금, 자본금 및 자본잉여금 등이 있다. 이러한 계정과목들은 회사가 제시한 정보에 대하여 타당성 검토를 한 다음 타당성이 인정되면 추정에 반영한다. 예를 든다면 유상증자나 설비증설 또는 유형자산 매각계획이 있다면 이를 전년도 자본금이나 유형자산에 가감하여 추정한다.

(방법1) 추정 유형자산
= 전년도말 유형자산 잔액 + 유형자산 증가 예상액 − 추정 감가상각비

(방법2) 추정 유형자산
= 전년도말 유형자산 잔액 − 유형자산 매각 예상액 − 추정 감가상각비

추정 차입금 = 전년도말 차입금 잔액 − 유동성장기차입금 + 차입금 증가 예상액

2. 변동성이 적은 계정과목

금액의 변동성이 크지 않거나 매출액 성장률과 궤를 같이 하는 계정과목들은 다음과 같은 방법으로 추정한다.

2-1 구성비율을 이용한 추정방법

이 방법은 먼저 전년도 총자산회전율을 이용하여 총자산을 추정한 다음에 재무상태표 각 항목들에 대하여 총자산 대비 구성비율을 추정매출액에 곱하여 추정하는 방법이다.

[제1단계] 추정 총자산 = 추정매출액/전년도의 총자산회전율

↓

[제2단계] 총자산 이외의 기타 계정과목 = 추정 총자산×전년도 구성비율

2-2 회전율을 이용한 추정방법

이 방법은 전년도의 재무상태표 각 항목들의 실제 회전율을 산출하여 추정 매출액에 나누어 추정하는 방법이다. 이 방법은 특히 매출액의 증감변동에 연동되어 있는 매출채권, 매입채무 및 재고자산 등을 추정할 때 유용한 방법이다.

[표 12-3] 회전율을 이용한 추정방법 예시

(단위 : 백만원)

계정과목	추정매출액	전년도 회전율	추정액	산 식
추정 매출채권	10,000	5회	2,000	10,000/5 = 2,000
추정 재고자산	10,000	5회	2,000	10,000/5 = 2,000
추정 매입채무	10,000	4회	2,500	10,000/4 = 2,500

2-3 매출액증가율을 이용한 추정방법

이 방법은 매출액의 증가율에 따라 재무상태표의 각 계정과목들도 일정한 비율로 증가한다는 것을 전제로 하고 있다. 최근 몇 년간의 매출액 평균증가율과 재무상태표 각 항목들의 평균증가율을 산출하여 추정 매출액증가율과 대비시켜 재무상태표 항목들을 추정하는 방법이다.

[표 12-4] 매출액증가율을 이용한 추정방법

계정과목	20×1년	20×2년	20×3년	(과거평균)	20×4년(추정)
매출액증가율	5%	7%	6%	(6%)	10%
매출채권증가율	4%	4%	4%	(4%)	X

[매출채권 추정방법]

① 6%(과거 매출액 평균증가율) : 4%(과거 평균 매출채권증가율) = 10%(추정 매출액 증가율) : X

② 6X = 40%

③ X = 6.7%(추정 매출채권증가율)

④ 추정 매출채권 잔액 = 전년도 매출채권 잔액 × (1 + 6.7%)

제5절 현금흐름추정

매출액과 손익 및 재무상태표 항목의 추정이 완료되면 현금의 유출입이 수반되는 항목만을 골라내어 추정 현금흐름표를 작성하면 된다.

현금 당기순이익 = 당기순이익 + 비현금비용 − 비현금수익

영업활동현금흐름 = 현금 당기순이익 ± 영업활동관련 자산 및 부채의 증감액

투자활동현금흐름 = 투자활동현금유입 − 투자활동현금유출

재무활동현금흐름 = 재무활동현금유입 − 재무활동현금유출

[표 12-5] 추정현금흐름표 예시

구 분	금 액	산출방법
당기순이익		추정당기순이익
감가상각비		추정감가상각비
기타		기타비현금비용(무형자산상각비 등)
현금당기순이익		당기순이익+감가상각비+기타
매출채권증가		추정매출채권 증가
재고자산증가		추정재고자산 증가
매입채무증가		추정매입채무 증가
영업활동현금흐름		현금당기순이익−순운전자본 증가분
비유동자산투자		비유동자산투자 계획
기타		기타 지출예상
자금과부족		영업활동현금흐름 − 비유동자산투자 − 기타
차입금증가		

주) NICE의 양식임

[표 12-6] 자금수지예상표 예시

구 분	금 액	산출방법
〈자금의 원천〉		
F/S상 가용자금		이월운전자금+이월여유자금
이월운전자금		매출채권+재고자산-매입채무
이월여유자금		현금예금+유가증권
영업상 자금유입		당기순이익+감가상각비
당기순이익		추정당기순이익
감가상각비		추정감가상각비
회사채발행		회사채발행계획
장단기차입금조달		차입금조달계획
비유동자산처분		비유동자산처분계획
(원천합계)		
〈자금의 운용〉		
일회전 운전자금		추정매출액/운전자금회전율
추가 운전자금		
회사채 상환		상환기일 도래액
차입금 상환		유동성장기차입금
비유동자산 투자		비유동자산투자계획
(운용합계)		
자금과부족(당년)		
자금과부족(누계)		

주) NICE 양식임

제6절 시나리오 분석[8)]

현금흐름을 추정한 후 추정에 사용된 기본가정이 평가자의 예상과는 다르게 변동되었을 때 현금흐름의 크기가 감소함으로써 상환능력에 문제가 생길 수도 있다. 따라서 현금흐름 추정에 사용된 가정과 변수들의 변동 방향을 몇 가지의 시나리오별로 그 결과를 미리 예측하여 사전에 신용위험을 줄일 수 있는 방안을 찾아야 한다. 이와 같은 방법을 시나리오분석(Scenario analysis)이라고 한다.

시나리오분석은 'What if .... ?' 와 같이 몇 가지 가정의 변화가 추정현금흐름에 미치는 영향을 분석하는 기법이다. 여기서 몇 가지의 가정이란 기본가정(Most likely case or base case)과 비관적인 가정(Worst case), 낙관적인 가정(Best case)을 말한다.

차주의 상환능력평가는 기본가정과 비관적인 가정을 중심으로 시나리오의 결과를 점검하여야 한다. 예를 든다면 다음의 표와 같이 매출이 10% 감소했을 경우를 가정하고 이때의 추정현금흐름을 분석하여 상환능력에 미치는 영향을 분석하여야 한다.

시나리오분석에 사용되는 변수는 판매단가, 판매수량, 원가율 등 다양하게 분석자의 필요에 따라 선택할 수 있다. 변수가 많으면 산출과정이 매우 복잡해지므로 컴퓨터(엑셀과 같은 스프레드시트 프로그램)를 이용하면 편리하다.

8) 금융감독원, 검사업무편람(Ⅱ-1), pp204-205

[표 12-7] 시나리오분석 사례

구분(추정)	낙관적 가정 (Best case)	기본적 가정 (Base case)	비관적 가정 (Worst case)
추정 매출액증가율	15% 증가	10% 증가	5% 증가
추정 매출액	115억원	110억원	105억원
추정 매출원가율	80%	80%	80%
추정 매출액영업이익율	10%	10%	10%
추정 매출액영업이익	11.5	11	10.5
(추정 이자비용)	11	11	11
추정 이자보상비율	1.05배	1.00배	0.95배

제7절 현금흐름 여유분석[9)]

현금흐름을 추정함에 있어 민감도분석(Sensitivity analysis)이나 현금흐름 여유분석(Cash flow cushion analysis)을 활용하면 신용등급결정의 정확도를 제고할 수 있다.

여기서 민감도 분석은 시나리오분석의 일종으로 시나리오분석의 축소판라고 보면 될 것이다. 여러 가지 투입되는 변수들 중 한 변수의 변화가 추정현금흐름에 미치는 영향을 분석하는 기법이다.

현금흐름 여유분석은 상환자원으로 사용할 수 있는 현금흐름이 어느 정도 여유를 가지고 있는지를 분석하는 기법이다.

기본가정에 의한 추정현금흐름과 이자비용 및 유동성장기차입금 또는 전체 차입금과 비교하여 추정현금흐름이 얼마나 여유가 있는지 분석함으로써 정확한 상환능력의 크기를 파악할 수 있을 뿐만 아니라 신용위험관리의 효율성을 높일 수 있다.

9) 금융감독원, 검사업무편람(Ⅱ-1), pp205

연 | 습 | 문 | 제

1. 일반적인 현금흐름 추정의 순서로 가장 바람직한 것은? (　　)

① 매출액 추정 → 손익항목 추정 → 재무상태표 항목 추정 → 현금흐름 추정
② 매출액 추정 → 재무상태표 항목 추정 → 손익항목 추정 → 현금흐름 추정
③ 손익항목 추정 → 매출액 추정 → 재무상태표 항목 추정 → 현금흐름 추정
④ 손익항목 추정 → 재무상태표 항목 추정 → 매출액 추정 → 현금흐름 추정
⑤ 재무상태표 항목 추정 → 매출액 추정 → 손익항목 추정 → 현금흐름 추정

2. 판매수량 증감에 영향을 미치는 변수가 아닌 것은? (　　)

① 제품별 생산능력　② 브랜드파워　③ 시장지위
④ 원재료 수급전망　⑤ 수요시장의 전망

3. 원재료비 추정의 순서로 가장 바람직한 것은? (　　)

① 원재료 소요량 추정 → 판매수량 추정 → 원재료 가격 추정 → 원재료비 추정
② 원재료 소요량 추정 → 원재료 가격 추정 → 판매수량 추정 → 원재료비 추정
③ 원재료 소요량 추정 → 원재료 가격 추정 → 원재료비 추정 → 판매수량 추정
④ 판매수량 추정 → 원재료 가격 추정 → 원재료 소요량 추정 → 원재료비 추정
⑤ 판매수량 추정 → 원재료 소요량 추정 → 원재료 가격 추정 → 원재료비 추정

4. 다음 자료를 이용하여 가중평균성장률에 의해 추정한 20×4년도의 매출액으로 가장 가까운 것은? (　　)

구　분	20×1년	20×2년	20×3년	20×4년
매출액	100억원	110억원	121억원	(　　)
매출액증가율	8%	10%	10%	-
가중평균비중	0.2	0.3	0.5	-

① 126억원　② 133억원　③ 143억원　④ 136억원　⑤ 146억원

5. 시나리오분석과 현금흐름 여유분석에 관한 설명 중 내용이 부적절한 것은? (　　)

① 현금흐름 추정에 사용된 가정과 변수들의 변동 방향을 몇 가지의 시나리오별로 그 결과를 미리 예측하여 봄으로써 사전에 신용위험을 줄일 수 있는 방안을 찾아야 한다. 이와 같은 방법을 시나리오분석이라고 한다.

② 시나리오분석은 'What if.......?'와 같이 몇 가지 가정의 변화가 추정현금흐름에 미치는 영향을 분석하는 기법이다.

③ 시나리오분석은 기본가정만을 고려하여야 한다.

④ 민감도 분석은 시나리오분석의 일종으로 시나리오분석의 축소판이다.

⑤ 현금흐름 여유분석은 상환자원으로 사용할 수 있는 현금흐름이 어느 정도 여유를 가지고 있는지를 분석하는 기법이다.

정 | 답 | 및 | 해 | 설

1. ①

〈현금흐름 추정 순서〉

[제1단계] 매출액 추정

[제2단계] 손익항목 추정

[제3단계] 재무상태표 항목 추정

[제4단계] 현금흐름 추정

2. ④

원재료 수급전망은 판매단가의 영향 변수이다.

3. ⑤

〈원재료비 추정 순서〉

[제1단계] 판매수량 추정

[제2단계] 원재료 소요량 추정

[제3단계] 원재료 가격 추정

[제4단계] 원재료비 추정(원재료 소요량 × 원재료 단위당 추정가격)

4. ②

〈추정근거〉

1) 2004년(8%×0.2 = 1.6%)+2005년(10%×0.3=3%)+2006년(10%×0.5=5%) = 9.6%

2) 2007년도 추정매출액 : 2006년도 매출액 121 × (1 + 9.6%) = 132,616억원

5. ③

시나리오분석은 기본가정, 비관적인 가정 그리고 낙관적인 가정 등 3가지의 방향으로 고려하여야 한다.

제13장

상환능력평가

학습목표

✤ 상환능력을 평가할 때 유의하여야 할 사항들을 숙지하도록 한다.

✤ 상환재원의 개념과 종류들을 파악하여야 한다.

✤ 상환능력을 판단하는 지표들의 산출식과 의미를 숙지하여야 한다.

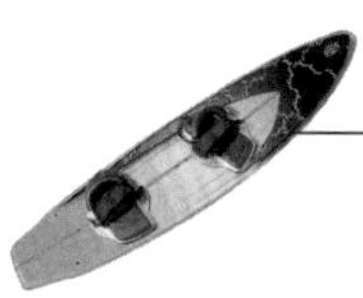

학습개요

✤ 기업의 상환능력은 미래 영업현금흐름에 의해 결정된다. 영업현금흐름과 차입금의 비교를 통하여 상환능력 수준을 평가하는 방법을 학습하도록 하여야 하며, 영업현금흐름을 대신하여 사용하는 지표인 EBITDA의 개념에 대하여도 학습하도록 한다.

✤ 상환능력평가는 기업의 자본구조, 차입구조, 유동성과 자산구성 등과 같은 재무적인 척도에 의한 평가에만 국한되어서는 안 되며 영업과 경영환경 그리고 산업과 시장환경까지지도 종합적으로 고려하여 평가하여야 한다는 사실을 숙지하도록 하여야 한다.

제1절 상환능력평가 유의사항

기업의 상환능력은 영업활동에서 창출되는 미래 현금흐름에 의해 평가된다. 물론 기업의 현금창출은 영업활동 외에도 보유 자산의 처분을 통하여 현금을 조달할 수도 있고 유상증자나 재차입(Refinance)을 통하여 현금을 조달하기도 한다. 그러나 보유 자산의 처분이나 유상증자 등과 같은 자금조달에는 한계가 있다. 그러므로 가장 바람직한 기업의 현금창출은 매출과 이익의 확대를 통하여 창출된 영업활동 현금흐름이어야 한다.

따라서 분석대상 기업의 현재와 미래의 상환능력을 평가하기 위해서는 영업활동을 통하여 창출 가능한 미래의 현금흐름을 전망하지 않으면 안 된다. 미래의 현금흐름을 전망하는 방법에 대해서는 이미 앞장에서 소개를 하였다. 그리고 미래의 현금흐름에 기초한 상환능력평가에 관한 접근방법은 장기적인 시각에 바탕을 둔 단기전망을 하는 방식이 좀더 현실적이다. 기업의 미래는 매우 복잡하고 예측하기 어려운 다양한 변수들의 변화에 의해 결정되기 때문에 현실적으로 장기전망에는 한계가 있기 때문이다.

장기적인 관점에서 바라볼 때 기업의 현금흐름은 기업의 자본구조와 자산의 시장가치 등에 의해 영향을 받지만, 단기적인 관점에서는 유동성에 의해 영향을 받는다. 따라서 기업의 상환능력을 평가할 때는 영업활동에서의 현금창출능력은 물론 차입금과 부채를 포함한 자본구조의 변화방향과 유동성 관리 측면을 심도 있게 분석한 다음 상환능력에 어울리는 적합한 신용등급을 결정하여야 한다.

그리고 상환능력평가의 과정은 다양한 재무적인 척도에 대한 분석에 국한되지 않는다는 사실을 이해하는 것은 매우 중요하다. 채무상환능력을 적절하게 평가하기 위해서는 사업의 본질에 대한 철저한 검토와 기업의 경쟁력 위상에 대한 판단 및 경영진과 경영진의 전략에 대한 평가 등과 같은 구조적인 문제에 대한 폭넓은 분석이 이루어져야 한다.

비록 계량화를 하기에는 어렵지만 경영의 질적인 속성은 평가대상기업의 신용도를 뒷받침하는 가장 중요한 요소 중 하나이다. 경영전략은 그 기업의 경쟁력, 채무부담능력, 자회사에 대한 정책, 정부와의 관계, 그리고 장기채무부담능력에 영향을 미치는 모든 주변여건에 대한 업체의 대응방식 등에 관하여 중요한 시사점을 제공하기도 한다. 또 경영진이 세웠던 계획과 그 결과치를 면밀히 대조하고 분석하여 일관성을 도출함으로써 향후 상황이 악화되더라도 경영진이 계획에 따라 기업을 경영할 것이라는 판단에 대해 보다 확신을 가질 수 있게 된다.

사실 이러한 판단은 매우 주관적일 수밖에 없으나 이러한 주관성이야말로 모든 평가의 핵심이라고 할 수 있다.

물론 어떤 경우에는 평가등급 결정이 주로 재무적인 척도에 영향을 받아 이루어지기도 하며, 또 어떤 경우에는 영업위험 요인들에 의해 평가등급이 결정되기도 한다. 어떤 기업이 한 부문에서는 강점을 가지고 있으나 다른 부문에서는 약점을 가지고 있을 경우, 평가 시 이들 요인들은 서로 상쇄된다. 기업의 영업위험 정도에 따라 각각의 등급이 부여될 수 있는 재무위험의 수준은 다르기 때문에 계량적인 분석에 이용되어지는 재무적인 척도의 벤치마크를 수립하기 위해서는 해당 산업의 특성뿐만 아니라 특정 환경 하에서 기업이 성공할 수 있는 여건에 대한 분석도 동시에 이루어져야 한다.

거시적인 측면에서 원가와 판매가격, 국내외 경쟁상황, 미래 수익성에 중대한 영향을 미치는 기술변화의 속도와 이러한 기술변화로 인해 야기될 수 있는 위험 등과 같은 산업동향은 물론 개별기업 차원에서 자산의 가치, 향후 자금소요액 및 향후 외부자금의존도 등과 같은 요소들을 분석하여야 한다. 또한 정치 및 규제 환경을 분석함으로써 원리금상환능력에 영향을 미치는 정부의 정책, 현행 규제 또는 규제완화의 가능성, 그리고 금융 및 환율정책 등도 살펴보아야 한다.

제2절 상환재원

기업의 상환재원은 현금흐름이다. 현금흐름은 기업이 보유하고 있는 유동성은 물론 장기적으로는 건실한 자본구조를 바탕으로 영업을 통하여 창출되는 현금흐름을 포괄하는 개념이다.

한편, 현금흐름표상 영업활동현금흐름은 영업외적인 현금흐름까지 포함되어 있기 때문에 상환재원으로서 바람직하지가 못하므로 영업현금흐름의 대용으로 EBITDA를 사용하고 있다.

또한 영업현금흐름인 EBITDA를 모두 상환재원으로 사용하게 되면 기업이 생존에 필요한 최소한의 자본적지출을 고려하지 않게 되는 문제가 있으므로 EBITDA에서 자본적지출을 차감한 잉여현금흐름(Free cash flow)을 상환재원으로 보는 것이 타당하다.

1. 현금창출능력

기업의 현금창출능력은 예측가능성이 전제되어야 한다. 예측가능성이란 미래와 연관되어 확률의 개념도 포함하고 있다. 궁극적으로는 평가대상업체의 향후 현금창출규모, 현금창출시기, 그리고 특정시기에 특정규모의 현금이 창출될 확률, 즉 가능성 등을 포괄하여 미래 현금창출의 예측가능성을 말한다.

이러한 예측가능성은 다음과 같은 미래 현금흐름의 시나리오 분석을 가능하게 한다. 따라서 객관적이고 타당성 있는 변수들의 예상되는 변화방향을 논리적이고 종합적으로 판단하여 가장 가능성 있는 방향으로 현금흐름을 추정하여야 한다.

[표 13-1] 시나리오분석

시나리오	분 석
기본가정(Base Case)	• 가장 현실적인 상황하에서 원리금 상환에 유용한 현금은 어느 정도가 될 것인가? • 매 추정년도에 있어서 원리금 대비 현금의 비율은 어느 정도인가?
비관적 가정(Worst Case)	• 만약 미래가 비관적으로 변한다면 기업은 원리금 지급과 최소한의 필요한 자본적지출을 유지하는데 충분한 현금을 보유할 수 있는가?

2. 유동성

단기적인 관점에서 기업의 현금흐름은 유동성에 의해 결정된다. 그러므로 기업의 유동성의 조달원천이 무엇인지를 파악하여야 한다. 일반적으로 유동성이란 현금화가 용이한 자산을 의미하는데 회계적인 용어로는 현금과 현금등가물, 시장성 유가증권, 인출에 제약이 없는 금융상품, 어음할인 또는 유동화가 가능하거나 잔존 만기일이 짧아서 현금화가 용이한 매출채권 등을 유동성이라고 말한다.

따라서 기업의 유동성은 운전자금관리의 효율성에 의해 결정된다고 볼 수 있다. 이는 영업전략과 재무전략의 조화로운 운영에 의해서 달성이 가능해 진다.

3. 재무구조

장기적인 관점에서 볼 때 기업의 미래 현금창출의 원동력은 위에서 언급한 기업의 총체적인 능력에 의해 결정되지만 특히 재무상태의 건전도에 의해 많은 영향을 받게 된다. 건전한 재무상태는 건전한 자본구조와 최적의 자산구성 및 자산의 질적 가치에 의해 완성되며, 이러한 재무적인 자원을 바탕으로 현금을 창출할 수 있는 가능성과 현금창출규모를 예측할 수가 있다.

4. EBITDA

기업의 필요자금의 조달원천은 영업활동에서 창출되는 현금이익이다. 현금이익은 매출의 발생을 통한 수익성에 의해 결정된다. 따라서 바람직한 상환재원으로서의 현금이익은 현금당기순이익이 아닌 기업경영의 본질인 영업활동에서 창출된 현금영업이익이 되어야 한다.

현금영업이익은 영업이익에서 이미 차감되어진 감가상각비와 무형자산상각비 등을 다시 더하여 산출하며 이를 EBITDA라고 한다. EBITDA가 가진 장점은 감가상각방법의 변경으로 인한 영업수익성의 왜곡가능성을 배제시킬 수 있으며 현금흐름의 개념을 담고 있기도 하다.

자금의 원천 = 영업현금흐름 = EBITDA = 영업이익 + 감가상각비 + 무형자산상각비

5. 잉여현금흐름

기업의 채무상환능력을 평가할 때 상환재원이 되는 EBITDA를 모두 채무의 원리금을 상환하는데 사용할 수만은 없다. 기업의 영속성을 전제한다면 현재상태의 생산설비를 유지하기 위해서는 최소한의 자본적지출은 반드시 필요하기 때문이다. 따라서 상환재원으로서의 현금흐름은 EBITDA에서 적정한 규모의 자본적지출을 차감한 잉여현금흐름이 되는 것이 타당하다고 하겠다.

잉여현금흐름 = 영업현금흐름(EBITDA) − 자본적지출

제3절 이자비용에 대한 지급능력

이자비용에 대한 지급능력을 판단할 때 주로 사용하는 지표는 이자보상배율(Interest Coverage Ratio)이다. 동 배율은 이자보상비율이라고도 하며 아래와 같이 다양한 방법으로 산출하여 사용하고 있다.

이자보상배율은 높을수록 이자비용에 대한 지급능력이 양호하다는 것을 의미한다. 그리고 낮을수록 지급능력이 불량하며 최소한의 허용 가능한 수치는 2배 이싱은 되어야 한다. 물론 허용 가능한 수치를 1배 이상으로도 할 수는 있지만 이는 현금여유가 전혀 없기 때문에 통상적으로 2배 이상을 유지하여야 함을 원칙으로 하고 있다.

이자보상배율(ICR) = EBITDA / 이자비용

이자보상배율(ICR) = EBITDA / 순이자비용

이자보상배율(ICR) = 잉여현금흐름 / 이자비용

이자보상배율(ICR) = 잉여현금흐름 / 순이자비용

순이자비용 = 이자비용 − 이자수익

제4절 차입금에 대한 상환능력

차입금에 대한 상환능력을 판단할 때 주로 사용하는 지표는 차입금상환계수(Debt Service Coverage Ratio)이며, 부채상환계수라고도 부른다. 영업활동에서 창출된 현금흐름으로 차입금을 어느 정도 충당할 수 있는지를 비교하여 평가하는 방법으로서 상환재원과 상환대상 차입금의 종류를 무엇으로 할 것이냐에 따라 아래와 같이 다양한 상환능력비율들을 만들어 평가해 볼 수 있다.

차입금상환계수는 낮을수록 차입금에 대한 상환능력이 양호하다는 것을 의미하며 높을수록 상환능력이 불량하다. 판단의 기준은 일정하지가 않지만 당해 기업의 주요 생산설비의 내용연수를 고려하여 판단하는 방법도 있다. 예를 든다면 주요 생산설비의 내용연수가 5년이라고 한다면 차입금상환계수는 적어도 5이하는 되어야 상환능력이 있다고 보는 것이다.

따라서 차입금상환계수의 판단기준은 업종마다 다르다고 보아야 한다. 해운업의 경우는 영업자산인 선박의 내용연수가 약 20년이므로 그 이하는 되어야 하지만 첨단산업인 경우에는 내용연수가 무척 짧기 때문에 판단의 기준이 더욱 낮아질 수밖에 없다.

차입금상환계수(DSCR) = 총차입금 / EBITDA
차입금상환계수(DSCR) = 순차입금 / EBITDA
차입금상환계수(DSCR) = 총차입금 / 잉여현금흐름
차입금상환계수(DSCR) = 순차입금 / 잉여현금흐름
순차입금 = 총차입금 − 현금성자산

제5절 재무융통성 평가

원칙적으로 기업의 상환재원은 당해 기업의 영업에서 창출되는 현금흐름이 되어야 하며 상환능력이나 신용등급도 여기에 기초하여 평가되고 결정되어야 하지만 때로는 모기업의 지원가능성이나 자산의 시장가치, 그리고 높은 신용등급을 유지하고 있으므로 인하여 당해 기업의 상환능력이 보강되기도 할 뿐만 아니라 신용등급이 상향조정되기도 한다. 그 이유는 위와 같은 사항들이 평가대상기업의 현금창출능력을 보완하거나 현금창출능력의 예측가능성에 확신을 가져다주는 중요한 수단이기 때문이다. 뿐만 아니라 자금조달의 창구가 다양한 것도 기업의 자금조달 측면에서 운신의 폭을 넓히는 중요한 수단이 되기도 한다. 이처럼 기업의 자체 현금창출능력과 현금조달능력을 더욱 보강하는 수단을 일컬어 재무융통성 또는 재무적인 탄력성이라고 부른다.

1. 모기업의 지원

평가대상 기업의 입장에서 볼 때 우량한 모기업이 있다는 사실은 여러 가지 측면에서 도움이 될 것이다. 마찬가지로 신용평가자의 입장에서도 평가대상 기업이 우량한 모기업을 가지고 있을 경우 직간접적인 경영지원 가능성을 염두에 두게 될 것이다. 이처럼 모기업의 지급보증이 있다거나 지원에 관한 협약이나 약속이 있다면 상환능력의 판단이 한결 쉬워지며 신뢰감이 높아질 것이다.

2. 자산의 시장가치

한편 평가 대상기업이 보유하고 있는 자산의 시장성과 시장가치가 높을 경우 이 또한 상환능력 판단에 매우 긍정적인 역할을 하게 된다. 자산의 높은 시장가치는 외부로부터의 차입이나 회사채의 발행 또는 유상증자에 의한 자금조달 등 다양한 측면에서 신용창출이 가능하다. 최악의 경우에는 자산의 매각을 통하여 부채의 상환에 사용될 수도 있기 때문이다.

3. 신용도

현재의 신용등급이 높은 기업의 경우 기존 차입금의 대환이나 회사채의 차환발행이 용이하기 때문에 이러한 기업을 평가할 때에는 신용도가 낮은 기업에 비해 상대적으로 후한 평가가 가능하다.

4. 자금조달창구의 다양성

상장기업은 비상장기업에 비해 필요한 자금을 조달할 수 있는 창구가 더욱 다양하다. 유상증자를 통한 자금조달이 가능할 뿐만 아니라 기업공개에 따른 기업경영의 투명성 확보와 정보접근의 용이성 등으로 인하여 투자자나 채권자로부터 신뢰감을 얻을 수가 있기 때문이다. 이와 같이 자금조달창구가 다양할수록 필요자금을 좀더 좋은 조건으로 조달이 가능하기 때문에 기업의 상환능력을 평가할 때 더 좋은 평가를 하게 된다.

연 | 습 | 문 | 제

1. 상환능력을 평가할 때 고려할 대상이 아닌 것은? (　　)

① 현금창출능력　② 유동성　③ 감가상각비
④ EBITDA　⑤ 잉여현금흐름

2. 이자보상배율에 관한 설명 중 내용이 부적절한 것은? (　　)

① 이자비용에 대한 지급능력을 판단할 때 주로 사용하는 지표이다.
② 이자보상비율이라고도 하며 동 지표는 다양한 방법으로 산출하여 사용하고 있다.
③ 이자보상배율은 낮을수록 이자비용에 대한 지급능력이 양호하다는 것을 의미한다.
④ 현금흐름여유(Cash flow cushion)를 고려할 때 최소한의 허용 가능한 수치는 2배 이상은 되어야 한다.
⑤ 이자보상배율을 구하는 산출식 중의 하나가 "EBITDA÷이자비용"이다.

3. 재무융통성을 평가할 때 고려할 사항으로서 거리가 먼 것은? (　　)

① 모기업의 지원 가능성　② 자산의 시장가치　③ 신용등급
④ 자금조달창구의 다양성　⑤ 영업력

정 | 답 | 및 | 해 | 설

1. ③

감가상각비 자체만을 가지고 상환능력 평가에 사용하지는 않는다.

2. ③

이자보상배율은 높을수록 이자비용에 대한 지급능력이 양호하다는 것을 의미한다.

3. ⑤

영업력은 재무융통성을 평가할 때 직접적으로 고려할 사항은 아니다.

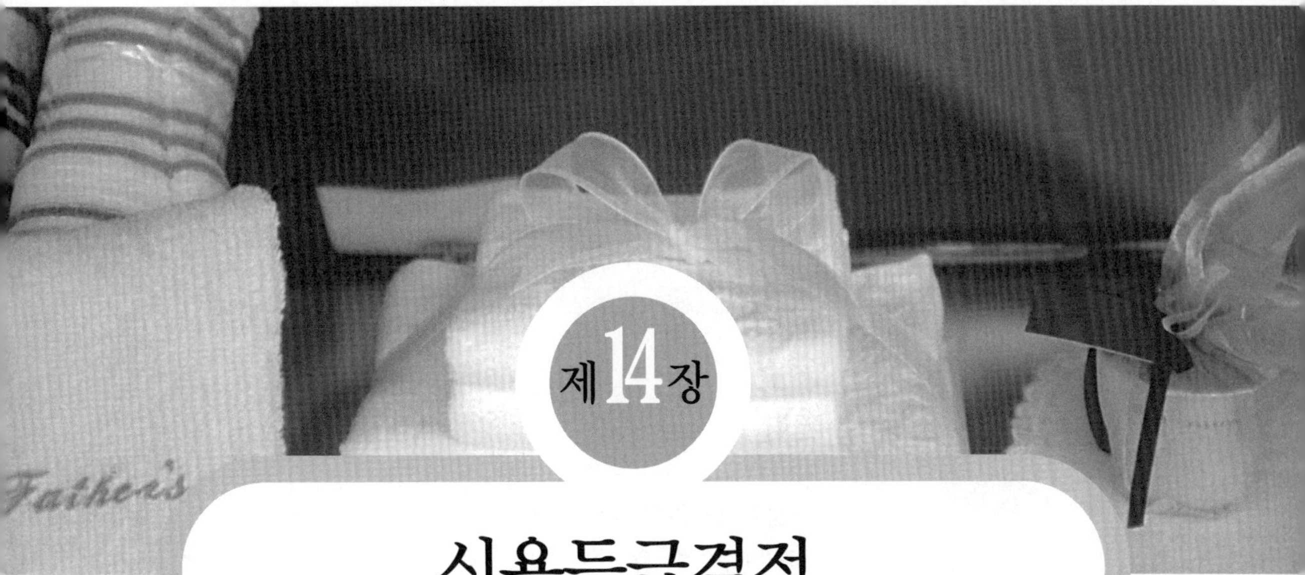

제14장 신용등급결정

학습목표

신용등급의 개념을 이해하도록 한다.
신용등급의 구성체계를 이해하여야 한다.
신용등급을 결정하는 방법에 관하여 숙지하여야 한다.
신용등급이 어떻게 활용되는지를 이해하여야 한다.
신용등급을 사후관리하는 방법을 숙지하여야 한다.

학습개요

신용등급 결정은 신용평가의 마지막 작업에 해당한다. 신용등급은 평가대상 기업의 신용을 분석하고 평가하여 그 결과를 등급화시킨 것이다. 신용등급이 결정되면 여신의 의사결정은 물론 금융회사의 전사적인 신용위험관리와 신용정책 수립의 기초자료로 이용된다. 따라서 평가자는 신용등급의 중요성을 충분히 학습하여 정확한 신용등급결정이 되도록 노력하여야 한다.

한번 결정된 신용등급을 오랜 기간 동안 방치하여서는 안 되며 정기적으로 신용등급을 조정할 만한 사유가 발생하였는지를 점검하는 등 지속적인 사후관리가 필요하다.

또한 신용등급별로 부도율을 점검하여 등급간 부도율의 역전현상 발생여부와 시간 경과에 따른 등급의 변동성이 얼마나 큰가를 분석하여 신용평가시스템의 실효성도 함께 관리하여야 한다.

제1절 신용등급의 의의

1. 신용등급의 개념

특정 유가증권이나 차입금과 같은 부채의 원리금에 대하여 평가 대상기업이 당초 약정한 대로 기일에 상환할 수 있는 가능성인 부채상환능력에 영향을 미치는 여러 가지 요소들을 종합적으로 분석하고 평가하는 것을 신용평가라고 하며, 이러한 신용평가의 결과인 부채상환능력을 그 수준에 따라 등급의 형태로 표시한 것을 신용등급이라고 한다.

신용등급은 두 가지 형태인 이원적 등급평가체제로 구분되어 운용되고 있다. 하나는 차주기업의 부채상환능력을 의미하는 신용등급(Borrower risk rating)이 있으며 일반적으로 신용등급이라고 칭하는 것은 이를 두고 하는 말이다. 또 다른 하나는 차주기업의 여신상품별로 각각의 상품의 특성과 담보 등 상품별 회수율 등을 반영한 여신등급(Facility risk rating)이 있다.

차주기업의 미래 부채상환능력을 의미하는 신용등급은 차주기업의 부도확률에 기초하여 결정된다. 따라서 신용등급이 동일한 기업이라고 가정한다면 개별 여신상품의 특성에 관계없이 동일한 신용리스크를 갖고 있다고 보아야 한다.

한편, 개별 여신등급은 차주기업의 신용등급을 기초로 담보, 보증서 또는 보증인 입보 등과 같이 신용보강의 수단과 기타 특수요인들을 반영하여 결정되기 때문에 동일한 차주기업이라고 할지라도 개별 여신상품의 특성과 신용보강 수단의 차이에 따라 여신등급도 달라진다.

Moody's의 신용등급 정의

신용등급이란 특정 채권에 대한 원금과 이자를 적기에 상환할 수 있는 채권발행자의 미래 능력 및 법적인 채무에 관한 의견이다.

이러한 신용등급은 각 금융회사의 독자적인 신용평가시스템에 의해 등급을 결정하는 방법과 근거가 제시되고 있으며, 신용평가시스템에 기초하여 결정된 신용등급과 여신등급은 각각의 차주기업들과 각각의 여신상품별로 차등화된 신용위험의 정보를 제공하기 때문에 신용등급과 여신등급을 결정하는 신용평가시스템은 금융회사의 신용위험관리의 핵심이 되고 있다.

2. Basel II 협약과 신용등급[10)]

바젤II협약에 의하면 은행은 자기자본비율을 산출할 때 신용위험, 시장위험 및 운영위험 별로 위험가중자산을 구하여 자기자본에 나누어 산출하며 최저자기자본비율은 8%로 종전과 동일하다.

여기서 신용위험은 대출을 제공받은 거래 상대방이 대출계약에 명시된 조건대로 이자 및 원금의 상환의무를 이행하지 못함으로 인한 경제적 손실을 의미한다. 신용위험관리의 대상범위는 전통적인 대출이나 지급보증 외에도 파생금융상품 거래와 같이 직접 신용을 제공하지는 않지만 거래 상대방의 계약이행 능력에 대한 불확실성을 나타내는 거래상대방 위험도 포함하는 개념으로 사용되고 있다.

한편, 신용위험은 예상손실(Expected loss)과 예상하지 못한 미예상손실(Unexpected loss)로 구분한다. 예상손실은 차주기업의 부도확률(PD)과 부도시점에서의 익스포저 (EAD)및 부도발생시 손실률(LGD)의 크기에 의해 산출된다. 여기서 부도확률이란 차주기업의 신용등급을 의미한다. 따라서 예상손실을 정확하게 산출하기 위해서는 개별기업에 대한 정확한 신용평가가 우선되어야 하며 신용등급의 중요성이 절대적으로 필요하다.

한편, 예상손실은 은행이 대출을 취급하기 전에 차주기업의 신용도에 따라 경험적으로 발생이 가능하다고 예상하는 손실로서 대출금리에 반영하여 취급하고 동 금액은 대손충당금으로 적립하게 된다. 이에 반해 협의의 신용위험인 미예상손실은 예상손실의 변동분으로 은행의 자본금에 의해 감당되어야 한다.

신용위험은 기업의 미래 현금흐름에 의하여 측정된다. 미래 현금흐름분석은 차주기업

10) 금융감독원, 금융감독개론 pp192-194

이 계획대로 원리금을 상환하기 위해 장래 현금을 충분히 창출할 수 있는지에 대한 전망에 초점을 두고 있다.

따라서 신용위험 분석은 차주의 외부에서 발생하는 시장위험, 산업위험, 환경 및 사회위험과 내부에서 발생하는 경영위험, 영업위험, 기술위험, 재무안정성 그리고 현금흐름으로 구분하여 검토하는 것이 바람직하다고 할 수 있다.

[표 14-1] 신용등급 및 여신등급과 신용위험

예상손실 (EL)	=	부도확률 (PD)	×	부도시 익스포저 (EAD)	×	부도시 손실률 (LGD)
BRR (신용등급) (차주특성)		1. 부도확률 (차주가 부도날 확률)				PD(%)
FRR (여신등급) (상품특성)		2. 부도시 익스포저 (차주 부도시 예상되는 익스포저 잔액)				EAD(금액)
		3. 부도시 손실률 (부도시 은행이 입게 될 손실금액)				LGD(%)

제2절 신용등급 결정모형

1. 신용평가시스템

신용평가시스템이란 차주별로 신용등급을 부여하고 부도로 인한 예상 및 미예상손실을 추정하여 계량화하는 업무와 관련된 방법론과 평가모형 및 업무절차와 전산시스템 등을 포괄하는 개념이다.

차주기업의 부도율의 의미를 가지고 있는 신용등급을 결정하기 위하여 사용되는 모형에는 주로 통계적 계량모형, 전문가 판단모형 및 제한적 전문가 판단모형 등 3가지의 유형이 있다. 그리고 통계적 계량모형에는 신용평점모형과 부도예측모형 등이 있다.

2. 통계적 계량모형

2-1 신용평점모형

신용평점모형(Credit scoring model)은 가장 일반화되어 있는 신용평가모형으로 기입의 계량적인 재무자료와 비계량적이고 정성적인 기업정보들을 혼합하여 만든 모형이다. 주로 모형의 형태는 재무모형과 비재무모형으로 구성되어 있으며 기업의 규모나 업종의 특성을 반영하여 재무모형의 배점과 비재무모형의 배점을 구분하여 운용하는 것이 일반적이다. 그 이유는 재무정보의 신뢰성이 낮은 비외감업체와 상대적으로 재무정보에 대한 신뢰성이 확보되어 있는 외감업체의 경우 배점을 차등화하여 신용평가모형의 예측력을 높이기 위한 목적이다.

또한 대기업과 중소기업으로도 구분하기도 하며, 업종별로도 특성을 충분히 반영하기 위한 노력을 하고 있다. 예를 든다면 장치산업을 영위하는 기업과 비장치산업을 영위하는 기업 간의 경영성과의 차이 또는 업계의 오랜 관행 등으로 인해 차등화할 필요가 있는 많은 요인들이 존재하고 있기 때문이다.

[표 14-2] 신용평가모형의 구성 예시

모 형	배 점		비 고
	외감업체	비외감업체	
재무평가모형(A)	60점	30점	재무정보의 신뢰도 또는 기업규모별로 배점조정
비재무평가모형(B)	40점	70점	
신용평가자의 신용평점조정(C)	±10점		재무 및 비재무평가모형의 결과가 신용평가자의 판단과 거리감이 있을 때 일정 범위 내에서 조정가능토록 권한을 부여
신용평점(A+B±C)	100점		

2-2 부도예측모형

평가 대상기업을 정상기업과 부도가능성이 있는 기업으로 구분하여 주는 부도예측모형에는 Gilman의 비율교차분석법, Altman이 개발한 Z-Score모델, Beaver의 프로파일(Profile) 분석, Wall이 개발한 가중비율방식의 지수법(Index Method), Lev의 재무제표 구성비율 분해분석, 그리고 로짓(Logit)회귀분석모형, Merton모형 등 많은 모형들의 개발사례가 있다.

이들 모형들은 대부분이 평가대상 기업들을 정상기업과 부도기업으로 양분하여 판별하여 주는 모형으로 기업의 상환능력을 의미하는 신용등급과는 차이가 있기 때문에 이들 모형 역시 신용평점모형과는 구분하여 운용하여야 한다.

2-3 통계적 계량모형 활용 시 유의사항

신용평가모형이나 부도예측모형과 같은 통계적 계량모형을 사용할 때에는 다음과 같은 모형의 예측력의 한계가 있다는 점을 염두에 두고 이용하여야 한다.

[표 14-3] 신용평가모형의 예시(국내 K은행)

신용평가표 (중소기업용)

(총자산 70억 원 이상 : 제조업 및 건설업용)

1. 업 체 명 :
2. 업　 종 :
3. 결산연도 :
4. 작 성 일 :
5. 유효기일 :

부점

구 분		평가항목	배점	A	B	C	D	E	평점
재무상태	안정성	자기자본비율	6	6	4.8	3.6	2.4	1.2	
		비유동장기적합률	4	4	3.2	2.4	1.6	0.8	
		당좌비율	6	6	4.8	3.6	2.4	1.2	
		차입금의존도	4	4	3.2	2.4	1.6	0.8	
	수익성	매출액영업이익률	6	6	4.8	3.6	2.4	1.2	
		총자본순이익률	9	9	7.2	5.4	3.6	1.8	
	활동성	총자본회전율	5	5	4	3	2	1	
		영업자산회전율	5	5	4	3	2	1	
	생산성	총자본투자효율	5	5	4	3	2	1	
		부가가치율	5	5	4	3	2	1	
	성장성	매출액증가율	5	5	4	3	2	1	
		총자본증가율	5	5	4	3	2	1	
사업성	성장전망	추정매출액증가율	2	2	1.6	1.2	0.8	0.4	
	수익전망	추정매출액영업이익률	2	2	1.6	1.2	0.8	0.4	
	시장성	거래조건 및 판매안정도	4	4	3.2	2.4	1.6	0.8	
		업종의 유망성	2	2	1.6	1.2	0.8	0.4	
	경쟁력	인력개발	2	2	1.6	1.2	0.8	0.4	
		품질 및 기술수준	3	3	2.4	1.8	1.2	0.6	
거래신뢰도	은행거래상황	여신거래기간, 연체사실 여부	2	2	1.6	1.2	0.8	0.4	
	사업안정성	사업장 및 주택보유 여부	2	2	1.6	1.2	0.8	0.4	
	업력	기업체 업력	2	2	1.6	1.2	0.8	0.4	
	세평	동업계 세평	2	2	1.6	1.2	0.8	0.4	
경영능력	경영성과	흑자경영기간 및 경상이익 추세	2	2	1.6	1.2	0.8	0.4	
	경영자능력	경영형태	2	2	1.6	1.2	0.8	0.4	
		경영전략	2	2	1.6	1.2	0.8	0.4	
		경영자 경력	2	2	1.6	1.2	0.8	0.4	
	노사관계	노사관계	2	2	1.6	1.2	0.8	0.4	
		근로조건	2	2	1.6	1.2	0.8	0.4	
		신 용 평 점	100						
		작 성 자							

[표 14-4] 부실의 진행속도에 따른 도산 유형별 모형이용 시 유의사항

도산 유형	모형 이용 시 유의사항
서서히 도산하는 기업	• 이러한 유형은 대기업의 도산에서 찾아볼 수 있는 유형임 • 잠재부실기업 상태에서 도산까지 이르는데 걸리는 시간이 2~3년 정도 시차를 두기 때문에 도산 1~2년 전의 재무제표를 이용하여 도산예측이 어느 정도 가능하다고 볼 수 있음 • 따라서 주로 재무지표들을 이용한 통계(계량)모형의 유용성이 어느 정도 인정되는 유형이라고 할 수 있음
갑자기 도산하는 기업	• 이러한 유형은 중소기업의 도산에서 찾아볼 수 있는 유형임 • 잠재부실기업 상태에서 도산까지 이르는데 걸리는 시간이 1년 이내로 짧아 재무제표에 의존하여 도산을 예측한다는 것이 사실상 불가능하다고 볼 수 있음 • 따라서 주로 재무지표들을 이용한 통계(계량)모형의 유용성이 현저히 낮아지는 유형이라고 할 수 있음

따라서 통계적 계량모형은 업력이 비교적 오래된 기업으로서 주로 시장생산방식의 일반 제조업을 영위하는 중견기업 이상의 기업들을 평가할 때 모형의 예측력이 높아진다.

그러나 업력이 일천한 기업이나 갑자기 급성장한 기업, 규모가 작은 소기업 및 영세기업 그리고 건설업, 조선업, 소매업, 서비스업, 하청업체와 협력업체 등과 같이 영업의존도가 매우 높은 기업 등 주문생산 또는 주변 환경에 의해 경영성과가 좌우되는 특수한 업종의 경우에는 모형의 예측력이 매우 낮기 때문에 이들 기업이나 업종들을 평가할 때에는 이들 기업의 특성에 적합한 모형들을 일일이 구축하여 운용하여야 할 필요가 있다.

3. 전문가 판단모형

전문가 판단모형이란 신용평가에 전문가적인 지식을 갖추고 있는 신용평가자가 기업의 신용도와 관련된 여러 가지 계량화가 어려운 정성적인 정보들을 분석하여 기업의 실체를 파악하고 논리적인 추론과 설득력이 있는 설명능력을 통하여 신용평점 또는 신용등급을 결정하는 방식을 말한다. 따라서 재무자료를 이용한 통계적 계량모형과는 달리 전문가의 경험에 의존하여 기업의 신용등급을 판단하는 방식이다.

4. 제한적 전문가 판단모형

제한적 전문가 판단모형이란 신용평점모형 등과 같은 통계적인 계량모형에 의해 일차적으로 평가 대상기업의 신용평점 또는 신용등급을 산정한 다음에 전문가적인 지식을 가진 신용평가자가 신용평가시스템에서 규정해 놓은 제한적인 범위 안에서 평가자의 주관적인 판단에 기초하여 신용평점 또는 신용등급을 조정하여 최종적으로 신용등급을 결정하는 방식을 말한다.

제3절 신용등급의 체계

신용등급은 은행의 내부에서 결정한 신용등급과 외부 전문신용평가회사의 신용등급으로 구분할 수 있다. 그리고 은행의 신용등급체계와 외부 전문신용평가회사의 신용등급체계는 다르게 운영되고 있다.

1. 은행의 신용등급체계

각 은행들의 신용등급체계는 대부분 10단계 등급체계를 사용하고 있다. 1등급에서 6등급까지를 정상기업으로 분류하고 있으며, 7등급부터 10등급까지는 문제기업으로 분류하고 있다. 그러나 일부 은행에서는 정상등급을 +, - 등과 같이 우열을 표시하여 실제적으로는 등급의 수를 더욱 확대하여 운용하기도 한다.

2. 전문신용평가회사의 신용등급체계

국내 전문신용평가회사들의 신용등급은 크게 채권등급(Bond rating)과 같은 장기신용등급과 기업어음등급(Corporate paper rating)과 같은 단기신용등급의 두 종류가 있다.

2-1 기업어음 신용등급

기업어음 신용등급은 기업체 등이 단기자금 조달을 위하여 발행하는 기업어음에 대하여 만기에 지급이 확실한지의 정도를 신용등급으로 결정하여 이를 공시함으로써 투자자 등 이용자들에게 유용한 투자정보를 제공하는 제도이다.

기업어음 신용등급평정은 기업어음의 발행주체가 평가를 의뢰할 때 실시하는 본평가, 본평가 이후 반기결산 실적을 기준으로 실시하는 정기평가, 기 평가등급의 변경사유 발생시에 임의로 실시하는 수시평가 등으로 구분된다.

기업어음 신용등급은 6단계로 구분되며, 그 중에서 A2등급에서 B등급까지는 상대적 우열에 따라 +, - 부호를 붙여 구분하고 있다. A1에서 A3-까지는 투자등급이고 B+이하는 투기등급에 해당한다.

[표 14-5] 기업어음 신용등급의 등급별 정의

등급	등급별 정의	비고
A1	적기상환능력이 최고수준으로 투자위험도가 극히 낮으며, 현 단계에서 합리적으로 예측 가능한 장래의 어떤 환경변화에서도 영향을 받지 않을 만큼 안정적임.	투자등급
A2	적기상환능력이 우수하며 투자위험도가 매우 낮지만 A1등급에 비하여 다소 열등한 요소가 있음.	
A3	적기 상환능력이 양호하며, 투자위험도는 낮은 수준이지만 장래 급격한 환경변화에 따라 다소 영향을 받을 가능성이 있음.	
B	적기상환능력은 인정되지만 투기적 요소가 내재되어 있음.	투기등급
C	적기상환능력이 의문시됨.	
D	지급불능 상태에 있음.	

주) NICE의 정의임

2-2 채권 신용등급

채권 신용평가제도는 투자자의 의사결정에 유용한 정보를 제공하기 위하여 기업이 무보증채를 발행할 때 원리금 지급능력의 정도를 신용등급 화하는 제도이다.

기업어음 신용등급과는 달리 채권(회사채, 후순위채권 등) 신용등급은 주로 1년 이상의 장기 신용등급이며, 총 10단계 등급 중 AA등급에서 BB등급까지는 상대적 우열에 따라 +, - 부호를 붙여 구분하고 있다. AAA부터 BBB-까지는 투자등급이며 BB+이하는 투기등급이다.

[표 14-6] 채권 신용등급의 등급별 정의

등급	등급별 정의	비고
AAA	원리금 지급 확실성이 최고 수준으로 투자위험도가 극히 낮으며, 현 단계에서 합리적으로 예측 가능한 장래의 어떠한 환경변화에도 영향을 받지 않을 만큼 안정적임	투자 등급
AA	원리금 지급 확실성이 매우 높아 투자위험도가 매우 낮지만 AAA등급에 비해 다소 열등한 요소가 있음	
A	원리금 지급 확실성이 높아 투자위험도는 낮은 수준이지만 장래 급격한 환경변화에 따라 다소 영향을 받을 가능성이 있음	
BBB	원리금 지급 확실성은 인정되지만 장래 환경변화로 원리금 지급 확실성이 저하될 가능성이 있음	
BB	원리금 지급 확실성에 당면 문제는 없지만 장래의 안정성 면에서는 투기적 요소가 내포되어 있음	투기 등급
B	원리금 지급 확실성이 부족하여 투기적이며, 장래의 안정성에 대해서는 현 단계에서 단언할 수 없음	
CCC	채무불이행이 발생할 가능성을 내포하고 있어 매우 투기적임	
CC	채무불이행이 발생할 가능성이 높아 상위등급에 비해 불안요소가 더욱 많음	
C	채무불이행이 발생할 가능성이 극히 높고 현 단계에서는 장래 회복될 가능성이 없을 것으로 판단됨	
D	원금 또는 이자가 지급불능상태에 있음	

주) NICE의 정의임

2-3 등급전망부호

채권등급과 같은 장기신용등급은 기본등급 외에도 다음과 같이 등급의 전망(Rating Outlook)을 사용하여 등급의 변화가능성을 예고하고 있다.

[표 14-7] 등급전망부호의 정의

Rating Outlook	정 의
Positive	향후 등급의 상향 가능성이 높음
Negative	향후 등급의 하향 가능성이 높음
Stable	등급의 변동 가능성이 낮음(사업의 안정성을 의미하는 것은 아님)
Developing	불확실성이 높아 등급의 변동 방향을 단정하기 어려움

주) NICE의 정의임

2-4 등급감시부호

등급감시부호(Credit Watch)는 등급을 변경할 만한 사유가 발생되어 감시대상에 등재된 기업에 대하여 조만간 등급을 확정하기 전 단계에서 사용하는 부호이다.

[표 14-8] 등급감시부호의 정의

등급감시부호	정 의
↑ (상향)	등급 상향 검토
↓ (하향)	등급 하향 검토
◆ (불확실)	등급 불확실 검토

주) NICE의 정의임

제4절 신용등급의 활용

여신등급과 함께 금융회사의 리스크관리의 근간이 되고 있는 신용등급은 다음과 같이 다양한 용도로 활용되고 있다.

1. 여신의사결정

은행과 같은 금융회사는 신용등급을 여신의 지원 여부를 결정할 때 참고사항으로 이용된다. 주로 정상등급과 요주의등급이하로 구분하여 여신의사결정을 하며 정상등급도 다시 여러 단계로 세분화하고 있다. 각 등급별로 전결권자가 달라지는 것이 보편적이며 등급이 낮아질수록 여신규모는 축소되고 금리는 높아지며 여신지원기간이 단축된다.

2. 적정 신용공여한도 산정

차주별로 신용공여한도(Exposure Limit)를 설정할 때도 신용등급이 활용된다. 신용등급별로 여신지원 가능규모를 사전에 설정하고 여신영업을 하거나 신용위험관리를 하는 것이 일반적이다. 신용등급별로 신용공여한도를 산정하는 방법과 적정한도는 각 금융회사들의 여신정책과 관계법령이 정하고 있는 법정한도 등에 의해 차이가 있다.

3. 대손충당금 설정

신용등급은 금융회사가 여신자산에 대한 대손충당금을 적립할 때 기준으로 삼고 있다.

개별 차주기업의 신용등급이 그대로 자산건전성 분류등급을 의미하는 것은 아니지만 무담보 신용여신의 경우에는 신용등급이 전적으로 자산건전성 분류등급이 된다.

여신등급 또는 신용등급별로 대손충당금 적립비율은 차등화되어 있으며 같은 등급이라고 할지라도 차주의 신용위험의 크기와 담보의 종류에 따라 충당금의 적립비율이 달라진다.

[표 14-9] 10단계 등급체계의 신용등급별 기업여신 충당금 적립비율

신용등급	자산건전성	충당금적립비율 (최저수준)
1~6등급	정 상	0.85%
7등급	요 주 의	7%
8등급	고 정	20%
9등급	회수의문	50%
10등급	추정손실	100%

주) 금융감독원이 제시한 충당금의 최저 적립비율임(2007년 12월 개정)

4. 금리결정

신용등급은 금융회사의 여신금리를 결정하는 수단으로도 사용되고 있다. 최근의 국내 은행들의 금리산정 방식이 주로 기준금리에 가산금리를 더하여 산정하는 스프레드방식을 택하고 있으며 이때 기준금리는 자금조달비용 및 인건비 등 기본경비를 말하며 가산금리는 통상 개별 차주기업의 신용등급 및 기타 여신조건에 의해 결정되고 있다. 따라서 신용등급이 낮을수록 여신금리는 올라가게 된다.

국내 금융회사들은 당해 금융회사의 신용등급별 여신자산의 포트폴리오와 신용등급별로 수익성을 평가하여 이를 토대로 금리정책 등 수익성전략을 수립하기도 한다.

5. 여신 마케팅

한편 신용등급은 건전한 여신증대를 위하여 여신부문의 영업활동에 이용되기도 한다.

본부에서 영업전략의 일환으로 국내의 특정 업종과 일정규모 이상의 기업을 대상으로 사전에 목표고객을 설정하고 개별기업마다 신용등급을 부여하여 영업점 여신 영업 담당자에게 정보를 제공하고 해당 영업점은 이를 바탕으로 영업활동을 하게 된다. 방문영업을 할 경우 사전에 비록 예비적 신용등급이기는 하지만 그 기업의 신용상태를 어느 정도 파악하고 방문하는 것이 그렇지 못한 경우보다 아무래도 영업을 하기가 유리하기 때문이다.

6. 성과 측정

신용등급은 또 신용평가자를 포함한 여신담당자들의 영업성과 측정에도 사용된다. 신용등급이 높은 거래처가 수익성 측면에서 반드시 바람직한 것은 아니지만 상위의 신용등급을 많이 유치할 경우 그렇지 못한 직원에 비해 상대적으로 성과를 높이 평가할 수 있을 것이다.

또한 신용등급의 사후관리를 통하여 최초 신용등급의 결정이 정확하였는지 또는 신용등급의 변경이 적절하게 이루어졌는지 등의 검토를 통하여 평가자의 업무성과를 측정하기도 한다.

7. 신용위험관리

금융회사 전체의 여신자산에 대한 신용위험관리를 하는데 있어서 개별기업의 신용등급은 절대적이다. 신용위험관리의 기초가 신용등급이기 때문이다.

신용등급은 차주기업의 부도확률의 의미도 갖고 있기 때문에 차주별로 예상손실을 추정하여 대손충당금 설정은 물론 신용위험관리 목표를 효과적으로 달성할 수가 있다.

신용등급에 의한 신용위험관리가 수년간 지속되어 정보의 누적관리가 이루어진다면 신용등급별로 실제 부도율을 구하여 최적의 여신자산에 대한 포트폴리오를 구성할 수가 있을 것이다.

8. 외부관계자

신용등급의 이용범위는 금융회사 내부의 경영목적에만 국한되지는 않는다. 금융감독당국의 감독업무 수행 시 금융회사의 자산 건전성을 평가하고 리스크관리 수준을 평가할 때도 신용등급이 활용되고 있다.

또한 BIS자기자본비율을 산출할 때에도 내부 신용등급이 활용될 수 있다. 신용등급별로 예상손실을 구하여 위험가중자산 대비 자기자본의 필요액을 산출할 수가 있다.

제5절 신용등급 사후관리

신용등급은 매년 정기적으로 기존 등급의 유효함을 점검하여야 한다. 정기적인 점검 외에도 상환능력에 영향을 줄만한 신용사건이 발생하였거나 발생이 확실시된다면 신용등급을 적기에 그리고 적절히 조정하여야 한다.

금융회사마다 차이는 있지만 신용등급의 사후관리를 소홀히 하여 일시에 2단계 이상의 등급을 조정할 경우에는 신용평가자의 업무태만을 이유로 책임을 부과하기도 한다.

제6절 신용등급 변동분석

신용등급을 결정하기 위한 신용평가모형은 경기주기의 변화 등 기업의 외적인 요인들에 의해 영향을 받아 예측력이 하락하는 것이 일반적인 현상이다. 따라서 신용평가모형은 매년 정기적으로 개량작업이 이루어져야 할 필요성이 대두된다.

신용평가모형의 적합성을 검증하거나 모니터링하는 방법에는 신용등급의 변동을 분석하는 것과 신용등급별 예상부도율을 실제 부도율과의 비교를 통하여 신용평가모형의 적합성을 검증하는 방법이 있다.

신용등급별로 확인된 실제 부도율이 등급별로 역전현상[11]이 발생하거나 혹은 신용등급 변동분석 결과 신용등급의 전이율(Transition ratio)[12]이 높게 나타난다면 신용평가모형이 현실을 반영하지 못하고 있다는 증거이므로 신용평가모형을 포함한 신용평가시스템을 조정하여야 한다.

다음의 표에서와 같이 전문신용평가회사의 신용등급별 평균누적부도율표를 보면 등급별로 부도율의 역전현상이 없음을 알 수가 있다. 이처럼 신용평가모형이 완전한 모형에 근접하려면 부도율의 역전현상과 같은 일이 발생되어서는 안 된다.

그리고 다음은 실제로 연간 신용등급의 변동성인 전이율을 보여주는 표이다. 유가증권의 상환 또는 피흡수합병 등의 사유로 등급이 소멸된 경우를 제외할 경우 당초 등급 유지비율이 B등급 이하가 60.22%로 가장 낮으며, AAA등급이 91.67%로 가장 높게 나타나고 있다.

---

11) 부도율은 신용등급이 낮을수록 증가하고 높을수록 하락하여야 하는데 신용평가시스템의 정교함이 부족하여 높은 신용등급의 부도율이 낮은 신용등급의 부도율보다 더 높게 나타나는 등의 현상을 말한다.

12) 신용등급은 유효기간 동안 변동하지 않는 것이 이상적이지만 시간이 경과함에 따라 예측하지 못한 변수들의 변화 등으로 신용등급이 변동될 수 있는데, 일정기간 동안의 신용등급의 변동률을 전이율이라고 한다.

[표 14-11] 신용등급별 평균누적부도율 예시

(단위 : %)

등 급	1년차	2년차	3년차	4년차	5년차	6년차	7년차	8년차
AAA	0.00	0.00	0.00	0.00	0.00	0.00	0.00	0.00
AA	0.00	0.00	0.00	0.00	0.00	0.00	0.00	0.00
A	0.00	0.00	0.00	0.00	0.00	0.00	0.00	0.00
BBB	0.29	0.45	0.81	1.66	2.16	2.16	2.16	2.16
BB	3.55	6.36	8.03	9.03	9.32	9.69	9.69	9.69
B이하	11.83	15.16	17.81	17.81	17.81	17.81	17.81	17.81
투자등급	0.13	0.20	0.38	0.80	1.07	1.07	1.07	1.07
투기등급	6.08	9.04	10.96	11.70	11.92	12.18	12.18	12.18
전체	1.81	2.79	3.55	4.10	4.34	4.45	4.45	4.45

각 등급별로 변동성이 낮아 당초 신용등급이 당해 등급의 유효기간까지 변동 없이 유지되는 것이 가장 완전한 신용평가의 결과라고 볼 수 있다.

[표 14-12] 신용등급변화표 예시

(단위 : %)

구 분		연말등급							
		AAA	AA	A	BBB	BB	B	D	WR
연초 등급	AAA	91.67	0.00	0.00	0.00	0.00	0.00	0.00	8.33
	AA	5.08	75.13	7.11	0.00	0.00	0.00	0.00	12.69
	A	0.00	8.28	74.75	5.33	0.20	0.99	0.00	10.45
	BBB	0.00	0.00	6.42	70.19	3.85	1.43	0.29	17.83
	BB	0.00	0.00	0.00	6.86	59.81	5.20	3.55	24.59
	B이하	0.00	0.00	0.00	0.54	4.30	60.22	11.83	23.12

※ D : 부도 등이 발생한 업체의 신용등급

※ WR : 연초에 신용등급이 존재하였지만 상환 또는 피흡수합병 등의 사유로 등급이 소멸된 비율

□ 신용등급변화표 작성법

- 신용등급변화표의 각 칸의 비율
  = Σ(각 연말에 특정신용등급으로 변동된 업체수) / Σ(각 연초의 특정 신용등급 보유업체수)
- 각 연초의 특정 신용등급 보유업체 수 : 연초에 특정 신용등급을 보유하고 있는 채권을 발행한 업체 수
- 연초에 신용등급이 존재하지 않았지만 부도 등 발생시점에 신용등급이 존재하는 경우에는 부도업체수 및 연초특정 신용등급 보유업체수에 포함(예: 발행 당해연도 부도발생)

연 | 습 | 문 | 제

1. 신용등급에 관한 설명 중 내용이 부적절한 것은? (　　)

① 신용평가의 결과인 부채상환능력을 그 수준에 따라 등급의 형태로 표시한 것을 신용등급이라고 한다.

② 신용등급은 두 가지 형태인 이원적 등급평가체제로 구분되어 운용되고 있다. 하나는 차주기업의 부채상환능력을 의미하는 신용등급을 말하며 또 다른 하나는 차주기업의 여신상품별로 각각의 상품의 특성을 반영한 여신등급을 말한다.

③ 신용등급은 차주기업의 부도확률에 기초하여 결정된다.

④ 신용등급이 동일하더라도 개별 여신상품의 특성으로 인하여 신용리스크의 크기는 달라진다.

⑤ 신용등급과 여신등급은 각각의 차주기업들과 각각의 여신상품별로 차등화된 신용리스크의 정보를 제공하기 때문에 신용등급과 여신등급을 결정하는 신용평가시스템은 금융회사의 신용리스크관리의 핵심이 되고 있다.

2. 통계적 계량모형의 장단점에 관한 설명 중 내용이 부적절한 것은? (　　)

① 갑자기 도산하는 기업은 재무지표들을 이용한 통계모형의 유용성이 현저히 낮아지므로 활용에 유의하여야 한다.

② 통계적 계량모형은 업력이 비교적 오래된 기업으로서 주로 시장생산방식의 일반 제조업을 영위하는 중견기업 이상의 기업들을 평가할 때 모형의 예측력이 높아진다.

③ 업력이 일천한 기업이나 갑자기 급성장한 기업은 모형의 유용성이 크게 떨어진다.

④ 영업의존도가 매우 높은 기업은 모형의 유용성이 크게 떨어진다.

⑤ 통계모형은 업종은 충분히 고려하여 개발하여야 하지만 기업규모는 고려할 대상이 아니다.

3. 투자등급에 해당하는 것은? (　　)

① A3-　② CCC　③ BB+　④ BB　⑤ CC+

4. 등급전망부호의 내용이 일치하는 것은? (　　)

① Positive – 향후 등급의 하향 가능성이 높음

② Negative – 향후 등급의 상향 가능성이 높음

③ Developing – 불확실성이 높아 등급의 변동 방향을 단정하기 어려움

④ Stable – 사업의 안정성이 높음

⑤ ◆(불확실) – 등급 하향 검토

5. 신용등급의 활용처가 아닌 것은? (　　)

① 신용공여한도(Exposure Limit) 설정

② 대손충당금 설정

③ 보상예금의 금리결정

④ 여신부문의 영업활동 지원

⑤ 여신담당자들의 영업성과 측정

정 | 답 | 및 | 해 | 설

1. ④

신용등급이 동일하다면 개별 여신상품의 특성에 관계없이 동일한 신용리스크를 갖고 있다.

2. ⑤

각종 모형은 업종뿐만 아니라 기업의 규모도 고려하여 개발하여야 한다.

3. ①

A3-는 기업어음 등급이다. 기업어음 등급은 A1부터 A3-까지가 투자적격등급에 해당한다.

4. ③

Developing은 불확실성이 높아 등급의 변동 방향을 단정하기 어렵다는 의미의 등급 전망부호이다.

5. ③

보상예금은 수신으로서 신용등급과는 무관하게 금리가 결정된다.

제 4 편

외환리스크관리

제15장 외환리스크의 개요 및 관리기법

제 15 장

외환리스크의 개요 및 관리기법

학습목표

- ✤ 외환리스크의 개념 및 유형 등에 대해 학습한다.
- ✤ 기업 외환리스크 관리제도에 대해 이해한다.
- ✤ 외환리스크 관리기법에 대해 알아본다.

학습개요

- ✤ 기업들의 국제적인 경영과 관련되는 외환리스크의 개념을 포지션과 함께 설명하였다. 환율변동에 따른 외환리스크의 종류인 환산환리스크, 영업환리스크 및 거래환리스크에 대해 설명했다.
- ✤ 금융감독원에서 시행하고 있는 기업 외환리스크 관리제도에 대해 금융감독원의 가이드라인을 중심으로 설명했다.
- ✤ 외환리스크 관리기법인 내부적 관리기법의 개요 및 한계를 살펴보았다. 그리고 외부적 관리기법인 선물환거래, 통화선불, 통화스왑 및 장외 통화옵션전략에 대해 정의, 활용사례 등 중요한 개념을 중심으로 설명했다.

제1절 | 외환리스크의 개념 및 유형

1. 정의

1-1. 외환리스크 발생의 전제 조건

외환리스크는 언제 발생할까? 환율만 변한다고 외환리스크가 있는 것은 아니다.우리나라 기업들은 국내에서 제품을 생산해서 미국이나 유럽 등에 팔고 달러나 유로 등 외국통화를 받는다. 이처럼 원가와 관련되는 통화와 매출과 관련되는 통화가 다르고, 환율이 변하면 그 회사에 심각한 불확실성을 가져온다.

결국 외환리스크가 발생하려면 환율이 변하는 것 이전에 하나의 전제조건이 있다. 당사자가 달러나 유로를 받거나 지불해야 할 거래가 있는 상태, 즉 오픈 포지션이 있어야 한다.

1-2. 포지션의 개념

금융기관이나 기업이 어떤 통화를 사거나 파는 것을 반복하는 특정한 시점에 매입액과 매도액은 차이가 난다. 특정 외화표시 자산과 외화표시 부채의 차이가 외환거래에서 가장 중요한 개념인 외환포지션 또는 포지션이다.

가. 포지션의 형태

포지션은 외환거래와 환리스크에서 가장 중요한 개념이며, 포지션의 형태와 종류가 있다.

1) 롱 포지션(Long Position, Over-bought Position)

은행이나 수출기업이 특정 통화를 산 금액이 판 금액보다 많아서 외화표시 자산이 외화표시 부채보다 많은 상태이다. 수출기업이 앞으로 받을 달러 금액이 지불할 달러 금액보다 많아도 롱 포지션이다.

2) 숏 포지션(Short Position, Over-sold Position)

롱 포지션과 반대로 은행이나 수입기업이 특정 통화를 판 금액이 산 금액보다 많아서 외화표시 부채가 외화표시 자산보다 많은 상태이다. 수입기업이 앞으로 지불할 달러 금액이 받을 달러 금액보다 많아도 숏 포지션이다.

3) 스퀘어 포지션(Square Position, Flat Position)

롱이나 숏 포지션과 달리 은행이나 기업의 딜러가 여러 외환거래를 하고 난 뒤 외환매입액과 외환매도액이 정확히 일치하여 같은 규모의 외화표시 자산과 외화표시 부채인 상태로, 환리스크에 노출되지 않는 상태이다. 롱 이나 숏 포지션은 환리스크에 노출되기 때문에 환리스크에 노출되지 않는 스퀘어 포지션과 다르다. 스퀘어 포지션과 대비하여 롱이나 숏 포지션은 오픈 포지션(Open Position)이다.

나. 포지션의 종류

포지션의 형태가 중요하지만, 포지션의 종류는 더욱 중요하다. 만일 어떤 기업이나 금융기관이 아래와 같이 여러 달러/원 외환거래가 있을 때, 해당 기업이나 금융기관이 관리해야 할 환리스크의 대상은 어느 것일까?

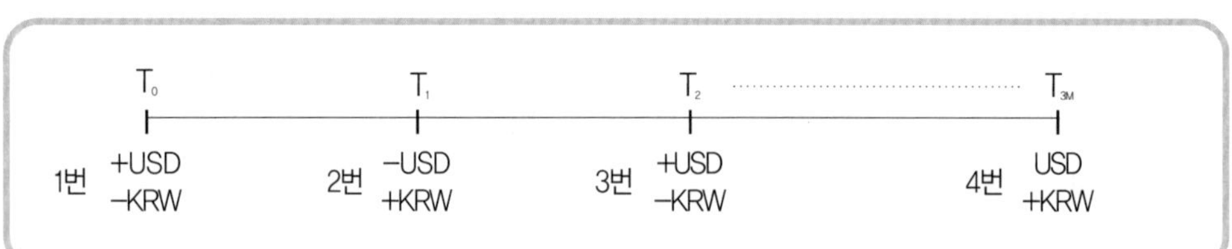

기업이나 금융기관 심지어 개인이 외환거래를 하면 포지션이 발생한다. 그런데 외환거래의 만기일은 다양하다. 외환거래를 할 때마다 발생되는 포지션을 만기일에 따라 그 종류는 다르다. 이를 포지션의 종류라고 하며 다음과 같이 네 가지가 있다.

1) 현금 포지션(Cash Position)

외환거래에 따른 자금을 주고받은 뒤의 외환매입액으로 언제든지 현금처럼 사용할 수 있는 가처분포지션이다. 주로 다른 은행에 개설한 해당 은행의 외화 당좌예금계정(Nostro Account)에 남아 있는 예치잔액이다. 위의 '1번' 이 현금 포지션이다.

2) 현물환 포지션(Spot Position)

만기일이 2영업일 이내인 현물환거래에 따른 외환매입액과 외환매도액의 차이이다. 현물환 포지션은 외환매매는 이루어졌으나 아직 현금화되지 않은 외환까지를 고려한 포지션을 가리킨다. 현금 포지션(1번)과 1영업일 전에 현물환거래로 거래한 포지션(2번)도 현물환 포지션에 속한다. 물론 현물환거래에 따른 포지션도 현물환 포지션(3번)에 포함된다. 위의 '1번, 2번 및 3번' 의 합이 현물환 포지션이다.

3) 선물환 포지션(Forward Position)

선물환거래에 따른 외환매입액과 외환매도액의 차이이다. 2영업일보다 먼 만기일에 외환을 인수도하기로 약정한 선물환거래는 현금결제가 미래에 이루어지기 때문에 현재의 외화자산 또는 부채에 변화를 일으키지 않는다. 그렇지만 미래의 외화자산 또는 부채에 영향을 주기 때문에 선물환 포지션도 다른 포지션과 마찬가지로 환리스크 관리대상이다. 위의 '4번' 이 선물환 포지션이다.

4) 종합 포지션(Overall Position)

환리스크가 있는 은행이나 기업은 위에서 말한 모든 포지션을 전부 종합하여 차액을 산출하여 포지션을 관리한다. 현금 포지션, 현물환 포지션, 선물환 포지션을 모두 합하여 산출한 외환매입액과 외환매도액의 차액이 종합 포지션이다. 위의 '1번, 2번, 3번과 4번' 의 합이 종합 포지션이다.

환율이 변하면 현금 포지션뿐만 아니라 현물환 포지션, 선물환 포지션에도 영향을 주기 때문에 환리스크관리는 항상 종합 포지션이 기준이다. 또 포지션이 전체적으로 스퀘어 포지션을 유지하고 있다고 하더라도 각 외환거래의 만기일이 다르면 해당 두 통화의 이자율 차이에 의한 위험은 여전히 있기 때문에 시간가치를 포함한 종합 포지션의 관리가 중요하다.

2. 외환리스크의 종류

환율이 변하면 기업이나 개인에게 불확실성이 커진다. 환율변동에 따른 환리스크에는 환산환리스크, 영업환리스크 및 거래환리스크가 있다.

2-1. 환산환리스크

기업은 매년 마지막 영업일에 은행이 발표하는 매매기준율을 근거로 재무제표를 작성한다. 이때 기업은 지난 결산시점 이후 환율의 변화에 따라 외국통화표시 자산과 부채, 수입과 지출, 이익과 손실을 재무제표의 보고통화로 환산할 때 외화환산이익이나 외화환산손실이 발생할 수 있는 불확실성이 있는데, 환산환리스크(Translation Exchange Risk)이다. 즉, 같은 크기의 외화부채를 가시고 있더라도 작년 말 환율과 금년 말 환율이 다르면 원화로 환산한 외화부채의 크기가 달라진다.

예를 들어 작년에 3년 만기로 1백만 달러를 차입한 회사는 작년 말 달러/원 환율이 1100원이었다면 외화부채가 11억 원이라고 재무제표를 작성했다. 그런데 금년 말 달러/원 환율이 1000원이 되면 외화부채가 10억 원이라고 보고한다. 작년 말 비해 금년 말 달러/원 환율이 100원 하락하면 1억 원의 외화환산이익이 발생하고, 그 반대의 경우 외화환산손실이 발생한다.

그런데 외화환산손익은 외화자산 또는 외화부채의 가치를 환율변동을 반영하여 장부상에 표시한 것이기 때문에 자산과 부채의 변동으로 인한 손실은 아니다. 따라서 외화환산손익은 향후 환율의 움직임에 따라 상쇄될 가능성이 있다. 환산환리스크는 당기에 기업의 현금흐름에 변화를 초래하지는 않지만, 미래 현금흐름상의 변화를 가져올 수 있다. 환산환리스크는 기업의 재무제표에 당기손익으로 반영된다. 결국 외화환산손익이 기업의 신용도나 가치에 영향을 미치기 때문에 중요하다.

2-2. 영업환리스크와 거래환리스크

기업은 프로젝트를 수주하거나 매년 사업계획을 수립하고 실행하는 과정에서도 환리스크에 노출된다. 예를 들어 국내에서 3년 동안 선박을 건조하여 해외로 수출하는 S조선사의 선박수주와 관련되는 환리스크에 대해 살펴보자.

선박수주를 위해 입찰에 참여할 때 S사는 입찰 당시 달러/원 환율에 근거해서 매출이나 매출원가 등을 감안하여 사업계획을 수립한다. 그 회사가 수주에 성공하더라도 수주시점에는 아무런 회계처리를 하지 않는다. 우리나라 조선사는 선박을 건조하는 기성(공정진행률)에 따라 매출을 인식하는 회계처리를 한다. 그리고 그 후 기성에 따라 선박 대금이 달러로 입금된다.

S사는 어떤 환리스크에 관련될지 보자. 선박을 수주할 시점의 달러/원 환율보다 선박대금으로 받은 달러를 매도할 때 환율이 낮다면 S사는 매출감소로 인한 매출총이익의 감소로 선박수주를 할 때 세웠던 예상 순익을 달성하지 못한다.

그런데 S사가 부담하는 환리스크는 두 단계로 나눌 수 있다. 이미 언급한대로 S사가 선박을 수주할 때 회계처리하지 않는다. 실제로 선박을 건조하는 기성에 따라 매출을 인식할 때 회계처리한다. 선박을 수주할 때와 선박을 건조하는 기성에 따라 매출을 인식할 때 사이의 환율의 변화는 S사에 큰 불확실성이 되며, 영업환리스크이다.

한편 선박을 건조하는 기성에 따라 매출을 인식하는 회계적인 거래로 확정할 때 환율과 실제로 선박대금이 들어올 때 사이의 환율의 변화는 S사에 또 다른 불확실성이 되며, 거래환리스크(Transaction Exchange Risk)이다.

그리고 기업이 매년 사업계획을 수립하고 실행하는 과정에서 영업환리스크와 거래환리스크는 다음과 같다. 예를 들어 국내에서 제품을 만들어 해외로 수출하는 기업은 매년말 이전에 차년도 사업계획 환율(예를 들어 달러/원 환율: 1150원, 엔/원 환율: 12.00)을 기준으로 사업계획을 수립한다.

만일 그 다음해에 달러/원 환율이 갑자기 큰 폭으로 하락하여 1050원이 되면 이 기업이 실제로 수출계약을 할 때 불리해지며, 바로 영업환리스크이다. 이와 같이 예상하지 못한 급격한 환율변동으로 인해 판매량 및 판매가격 등 영업에 실질적으로 영향을 주어 현금흐름 및 영업이익이 변동하게 될 가능성이다.

예를 들어 아베노믹스의 결과 달러/엔 환율 상승으로 인해 엔/원 환율이 사업계획할 때 환율인 12.00에서 9.00 등과 같이 크게 하락하여 우리나라 기업들이 경쟁관계에 있는 일본 기업들에 비해 수출경쟁력이 떨어지는 것도 영업환리스크에 해당한다.

그에 비해 거래환리스크는 거래 발생시점인 수출 상품을 선적할 때 달러/원 환율이 1150원이었는데 수출대금을 수취하여 환전할 때 환율이 1050원이 될 수 있는 불확실성이다. 그리고 외국통화 표시 자금의 차입 시점과 결제 시점 사이의 환율변동으로 인해 자국통화의 결제금액이 변동할 수 있는 것도 거래환리스크이다.

3. 외환리스크관리의 필요성

3-1. 외환리스크 헤지의 개념

기업은 무역이나 외화자금거래를 하기 때문에 오픈 포지션이 발생한다. 이에 반대되는 포지션을 인위적으로 만들어 종합 포지션을 기준으로 스퀘어 포지션을 만들어, 향후 환율변동으로 인한 위험을 제거하는 것이 환리스크 헤지이다.

헤지의 원리는 간단하다. 예를 들어 보유한 롱 포지션만큼의 매도 헤지를 통해 달러표시 부채를 동시에 보유하여 환율 하락에 따른 위험을 상쇄시키는 것이다. 헤지거래를 한 뒤에 달러/원 환율이 떨어지면 달러표시 자산의 가치가 감소하여 손실이 발생하지만, 달러표시 부채의 가치도 동시에 감소하기 때문에 환율하락에 따른 자산감소 효과를 상쇄할 수 있다. 물론 달러/원 환율이 오르더라도 같은 맥락에서 불확실성을 제거할 수 있다.

3-2. 외환리스크관리의 필요성

환율이 변하면 재무분야뿐만 아니라 회사경영 전체에 영향을 미친다. 즉, 환율이 변하면 먼저 원자재 구매량이나 단가와 관련되기 때문에 원가 전반에 영향을 미친다. 그리고 제품판매량과 판매가격에 영향을 주거나, 외상매출금과 관련해서는 환차손익이 발생하기 때문에 매출 전반에도 영향을 미친다.

뿐만 아니라 외화차입금이 있는 경우에는 환산손익이 발생할 수 있기 때문에 재무분야에도 영향을 미친다. 이와 같이 환율이 변하면 회사의 현금흐름이나 마진 등에 영향을 주어 기업가치를 변화시킨다.

기업은 주주의 가치를 극대화하려고 노력한다. 이를 위해서는 지속적으로 영업이익을 내야 한다. 만일 기업이 환리스크를 헤지하지 않으면 미래의 환율변동에 따라 영업손익의 변동폭이 커진다. 환율이 기업에 유리하게 움직이면 다행이지만, 불리하게 움직이면 영업이익이 크게 줄어든다. 따라서 환리스크를 적절히 헤지하지 않으면 해당 기업은 대외변수인 환율변동에 따라 경영의 성과가 좌우된다.

환율변동에 따라 매출액 또는 영업이익의 변동이 커지면 은행 또는 채권시장에서의 기업에 대한 신용평가와 주식시장에서의 기업가치 평가에 부정적인 영향을 준다. 이것은 기업의 안정적인 경영을 불가능하게 한다. 기업이 본연의 업무인 생산 및 판매활동에 충실하기 위해서 환리스크를 헤지해야 한다. 지속적인 헤지를 통해서만 안정적인 경영을 기대할 수 있다.

제2절 | 기업 외환리스크 관리제도

1. 기업 외환리스크 관리제도 추진배경

IMF사태를 겪은 직후 금융감독원은 외환건전성감독의 일환으로 2001년 4월부터 금융기관을 통한 '기업 외환리스크 관리방안'을 시행하고 있다. 국제적인 경영과 관련되는 중요한 리스크의 하나인 외환리스크로 인해 기업들이 망할 경우 해당 기업의 부실은 그 기업에만 국한되는 것이 아니라 거래 금융기관 및 나라 전체에도 영향을 미칠 수 있다는 것을 이미 경험했었기 때문이었다. 그 이후에도 글로벌 금융위기 및 키코사태를 겪으면서 본 관리방안을 더욱 철저하게 시행할 필요성을 절감했다.

무역협회 또는 중소기업진흥공단 등 여러 기관들이 최근에 실행한 설문조사 결과를 보면 우리나라 기업들은 아직도 외환리스크관리를 체계적으로 하고 있지 않다고 대답한다. 한국은행이 발표한 2016년 3/4분기 외감기업에 대한 기업경영분석에 따르면 매출액영업이익률은 5.7%이다. 달러/원 환율변동성은 근년에는 연 7~8% 수준으로 낮지만 최근 20년에는 10% 내외가 된다는 것을 감안하면 우리나라 기업들은 외생변수인 환율에 운명을 맡기고 있는 것이나 마찬가지인 셈이다.

2. 기업 외환리스크 관리방안

기업 외환리스크 관리방안은 구체적으로 은행으로 하여금 거래기업의 환리스크 관리상태를 금융감독원의 가이드라인에 맞추어 평가하여 이를 여신심사 등에 반영하여 실질적인 효과를 거둘 수 있도록 하고 있다. 또 금융감독원은 은행의 동 조치의 이행여부를 점검하고 이를 은행 경영실태평가(CAMELS)시 반영토록 하는 연결고리 구조를 통해 많은 기업들의 환리스크 관리가 가능하도록 하는 관리체계를 정립하였다.

2-1. 금융감독원

금융감독원은 은행이 기업의 환리스크 관리현황을 적절히 관리하고 있는지를 평가한다. 그리고 그 평가내용을 은행의 경영실태평가시 자산 건전성부문 평가항목의 비계량지표에 반영한다. 금융감독원의 주요 점검사항은 대상기업 선정의 적절성 및 누락 여부, 비계량지표에 대한 평가방법의 확인 및 평가에 따른 적절한 조치를 취했는지 여부 등이다.

2-2. 은행

일반적인 위험도 심사의 일환으로 은행은 거래기업에 대한 신용조사시(연1회) 환리스크 관리상태를 평가하여 이를 신용평가시스템에 일정비율(10% 내외) 범위내에서 자율적으로 반영하도록 하고 있다. 기업 환리스크 관리실태는 신용등급에 영향(최대 1등급 하락 가능)을 주어 동 결과는 여신적용 금리, 여신한도 및 기간, 담보설정 여부 등의 판단에 활용되고 있다.

3. 은행 평가항목 세부내용

은행이 금융감독원의 가이드라인에 따라 환리스크 관리실태를 평가해야 하는 대상은 외감기업으로 은행별 총여신 10억원 이상인 기업 중 i) 외화자산 또는 외화부채가 1백만달러를 초과하거나, ii) 총자산 대비 외화자산 또는 외화부채가 10%를 초과하는 기업으로 하고 있다. 은행에서 실무를 할 때는 각행의 관련 규정에 따라야 하며, 중요한 부분들은 아래와 같다.

3-1. 관리체계

관리체계 항목은 환리스크 관리를 위한 기본 인프라 구성이 얼마나 잘 되어 있는가를 평가한다. 관리체계는 규정제정 및 운영, 조직 및 업무분장, 전산시스템 구축수준 및 담당인력의 전문화로 세분되어 있다.

3-2. 한도설정

평가표상에서 차지하는 비중이 크지 않아 얼핏 보면 중요성이 떨어지는 항목으로 보일지 모르지만 외환차손이 기업경영에 결정적인 영향을 미칠 수 있으므로 회사 사정에 적합하게 한도를 설정하는 것이 무엇보다 중요하다. 한도설정은 외환리스크한도 설정, open position한도 설정, 매매목적 파생상품거래한도 설정 등으로 세분되어 있다.

3-3. 관리실태

실제 적용 여부를 판가름하는 계량지표로서 배점 비중이 가장 큰 부분이다. 관리실태는 총 open position비율, 외환차손익비율, 매매목적 파생상품거래 보유비율 등으로 세분된다.

4. 외환리스크 관리현황 배점기준

4-1 관리체계

✤ 규정 제정 및 운영

A : 외환리스크 관리규정이 제정, 운영되고 있는 경우

C : 외환리스크 관리규정이 제정되어 있으나 실제 운영되고 있지 않은 경우

E : 외환리스크 관리규정이 제정되어 있지 않은 경우

✤ 조직 및 업무분장

A : 외환거래업무, 외환거래한도 및 평가업무, 외환결제담당업무가 각각 책임자단위 이상으로 분리하여 운영하고 있는 경우

C : 외환거래업무와 외환거래사후관리업무(한도관리 및 평가, 결제등)가 책임자단위 이상으로 독립하여 운영되는 경우

E : 자금담당자 또는 경리담당자가 외환업무전반(거래, 한도, 평가, 결제등)을 담당하는 경우

참고 1 외환리스크 관리현황 배점표 및 기준(예시)

1-1 외환리스크 관리현황 배점표

✤ 대기업용

구 분		A	B	C	D	E
관리체계 (70)	규정제정 및 운영	20	–	12	–	4
	조직 및 업무분장	15	–	9	–	3
	전산시스템구축수준	20	–	12	–	4
	담당인력의 전문화	15	–	9	–	3
	가중치(0.4)					
한도설정 (30)	외환리스크 한도설정	10	–	6	–	2
	Open position 한도설정	10	–	6	–	2
	매매목적 파생상품 거래한도 설정	10	–	6	–	2
	가중치(0.4)					
관리실태 (100)	총 open position 비율	60	48	36	24	12
	외환차손익비율	30	24	18	12	6
	매매목적 파생상품 거래 보유비율	10	8	6	4	2
	가중치(0.6)					
합 계(100)						

✤ 중소기업용

구 분		A	B	C	D	E
관리체계 (80)	규정제정 및 운영	20	–	12	–	4
	조직 및 업무분장	20	–	12	–	4
	전산시스템구축수준	20	–	12	–	4
	담당인력의 전문화	20	–	12	–	4
	가중치(0.3)					
한도설정 (20)	Open position 한도설정	10	–	6	–	2
	매매목적 파생상품 거래한도 설정	10	–	6	–	2
	가중치(0.3)					
관리실태 (100)	총 open position 비율	60	48	36	24	12
	외환차손익비율	30	24	18	12	6
	매매목적 파생상품 거래 보유비율	10	8	6	4	2
	가중치(0.7)					
합 계(100)						

✤ 전산시스템 구축 수준

A : 전체적인 리스크 노출정도 파악 및 의사결정 지원가능 시스템이 구축되어 있는 경우

C : 환리스크 노출정도를 파악할 수 있는 시스템이 구축되어 있는 경우

E : 전산시스템이 구축되어 있지 않은 경우

✤ 담당인력의 전문화(담당자 기준)

A : 담당기간이 1년이상으로서 담당자가 외환리스크관리 관련 자격증[1] 또는 유관기관[2]의 교육과정을 이수한 경우

C : 담당기간이 1년이상이거나, 담당자가 외환리스크관리 관련 자격증 또는 유관기관의 교육과정을 이수한 경우

E : 담당기간이 1년미만인 경우 또는 담당자가 없는 경우

주1) 관련자격증: CFA, CPA, FRM,외환관리사 등
주2) 유관기관: 한국금융연수원
※ 외부 용역업체(외주업체)에서 외환리스크관리에 관한 용역을 제공받는 경우에는 (2), (3), (4) 항목에 A를 부여할 수 있으나, 최소한 외환 리스크 노출정도를 적시(매일)에 파악가능한 경우에 한하며, 1회성 컨설팅의 경우에는 제외함.

4-2 한도설정

✤ 외환리스크 한도설정

A : 외환리스크 한도가 적정하게 설정되어 있는 경우

C : 외환리스크 한도가 설정되어 있으나 실제 운영되고 있지 않은 경우

E : 외환리스크 한도가 설정되어 있지 않은 경우

✤ Open Position 한도설정

A : 포지션한도가 적정하게 설정되어 있는 경우

C : 포지션한도가 설정되어 있으나 실제 운영되고 있지 않은 경우

E : 포지션한도가 설정되어 있지 않은 경우

✤ 매매목적 파생상품거래 한도설정

A : 매매목적 거래를 금지하고 있는 경우

C : 매매목적거래가 없거나 거래한도가 설정되어 있는 경우

E : 매매목적거래가 있으나 거래한도가 설정되어 있지 않은 경우

4-3 관리실태

✤ 총 Open Position 비율

= [(외화자산 – 외화부채) + (외국환매입 – 외국환매도)] / 자기자본 × 100

① 작성기준일은 결산기준일로 하며 원화환산환율은 결산일 현재 각 통화 매매기준율

② 외화자산, 외화부채, 파생상품 등의 잔액 및 거래 현황은 감사보고서상 주석사항을 참고하며, 상장 및 등록법인의 경우 외화파생상품 거래현황은 사업보고서상 경영상의 주요계약 참고 가능

③ 외국환 매입/매도 position 작성요령

- 외국환의 범주에는 외국통화선물, 외국통화옵션, 외국통화스왑 등의 파생상품 포함
- 외국환 call옵션매입/외국환 put옵션매도는 외국환매입으로 처리하며, 외국환 call옵션매도/외국환 put옵션매입의 경우는 외국환 매도로 처리
- 외화대가 통화관련 파생상품의 경우 통화별로 분리하여 각각을 position 에 포함
- 외화대가 상품 파생상품 거래시 상품이 비화폐성의 경우에는 외국통화 기준으로 position을 산출하고 화폐성인 경우(채권 및 예금과 같은 이자율상품과 주식관련 상품) position 산출에서 제외

④ 배점기준

구 분	A	B	C	D	E
총 Open Position 비율	3% 미만	3% 이상	10% 이상	40% 이상	100% 이상

✤ 외환차손익 비율

= [(외환차익+외국환파생상품거래차익) – (외환차손+외국환파생상품거래차손)] / 영업이익 × 100

① 손익계산서를 참고하여 작성하고 손익계산서 상 외화환산손익 및 파생상품평가손익은 제외

② 외국통화 파생상품거래 차손익은 통화관련 파생상품 거래손익만 포함

③ 배점기준

구 분	A	B	C	D	E
외환손익 비율	0.2% 미만	0.2% 이상	1% 이상	5% 이상	20% 이상

✤ **매매목적 파생상품 거래 보유 비율**

= 매매목적 파생상품 거래잔액 / 자기자본 × 100

① 감사보고서를 참고하여 작성하며, 상장 및 등록법인의 경우 공시된 사업 보고서 참고 가능

② 배점기준

구 분	A	B	C	D	E
매매목적 파생상품거래 보유비율	1% 미만	1% 이상	2% 이상	3% 이상	4% 이상

참고 2 외환리스크 관리현황표(징구양식)

✤ 규정 및 조직현황

규정 및 업무분장	한도설정	규정 주요내용
○ 외환리스크관리규정 □ 유　□ 무 ○ 외환업무분장 현황 □ 완전분리(외환거래/한도 및 평가/결제업무) □ 부분분리(외환거래/한도 및 평가, 결제업무) □ 미분리(외환거래, 한도 및 평가, 결제 업무등 미분리) ▶ 책임자단위 이상의 분리를 말함	○ 외환리스크 한도설정 □ 유　□ 무 ○ Open Position 한도설정 □ 유　□ 무 ○ 매매목적 파생상품 거래 한도설정 □ 유　□ 무 □ 매매목적거래금지	

※ 관련규정 및 외주용역계약서 사본: 별첨

✤ 인력 및 전산시스템 현황

담당부서명	담당인원	전산시스템운영현황
	○ 총인원 : (　　)명 [유경험자 현황] ○ 1년 이상 :　　명 ○ 1년 미만 :　　명 [관련 자격증 현황] [외환리스크관련 연수 현황] ○ 연수기관명 : ○ 연수과정명 : ○ 연 수 인 원 :　　명	○ 리스크관련 전산시스템 보유 유무 □ 유　□ 무 ○ 리스크노출 및 관리현황파악 정도 □ 적기(매일) □ 월　□ 분기　□ 년 ○ 기타사항

※ 외부 용역업체(외주업체)명 :

참고 3　교육과정 평가표(예시)

3-1 평가표

평가요소	세부요소	비중	등급구분				
			A	B	C	D	E
교육주체	교육경험	0.20	100	75	50	25	0
교과내용	기술적인 측면	0.20	100	67	33	0	
	외환시장 및 파생금융상품	0.20	100	67	33	0	
강사확보	기술전문가	0.20	100	67	33	0	
	시장전문가	0.20	100	67	33	0	

4-4 배점기준

✤ 교육주체

① 교육 경험

A:국제금융관련 교육사업 지속 경험 5년 이상

B:국제금융관련 교육사업 지속 3~5년

C:교육사업 경험 1~3년

D:교육사업 경험 1년 미만

E:교육 경험이 전혀 없는 경우

✤ 교과내용

① 기술적인 측면

A: VaR 기법, solution model의 운용, 회계처리 등 기술적인 내용들이 충분히 담겨 있음

B: 기술적인 내용들이 포함되었지만 할애된 시간이 부족한 경우

C: 기술적인 내용이 상당히 미흡

D: 기술적인 내용들이 포함되지 않음

② 외환시장 및 파생금융상품

A: 외환시장, 파생상품, 위험헤지방법 등이 교과내용에 포함되고 시간이 충분히 할애됨

B: 이들 내용이 포함되었지만 강의시간 부족

C: 외환시장 및 파생상품 등 상당히 미흡

D: 시장 및 파생금융상품 등의 내용이 포함되지 않음

✤ 강사확보

① 기술 전문가

A: solution model 운용, 파생금융상품 회계처리 전문가 강사로 포함

B: 회계처리 전문가가 강사에 포함되지 않은 경우

C: solution model 전문가가 강사진에 포함 안됨

D: 강사로 기술전문가들 확보 상황 미흡

② 시장 전문가

A: 외환시장, 파생금융상품 등과 관련된 시장 전문가들이 강사진에 포함된 경우

B: 시장 및 파생금융상품 전문가의 확보상황이 다소 미흡한 경우

C: 시장 및 파생금융상품 전문가의 확보상황이 상당히 미흡한 경우

D: 시장 전문가가 강사진에 포함되어 있지 않음

참고 4 외환컨설팅업체 평가표(예시)

4-1 평가표

평가요소	가중치	등급구분				
		A	B	C	D	E
업력(경험)	0.10	100	75	50	25	0
자본규모	0.10	100	75	50	25	0
전문가확보	0.30	100	75	50	25	0
Solution model	0.30	100	50	0		
고객의 평가	0.20	100	50	0		

4-2 배점기준

✤ 업력

A: 개업 후 4년 이상 경과

B: 개업 후 3~4년 경과

C: 개업 후 2~3년 경과

D: 개업 후 1~2년 경과

E: 개업 후 1년 미만 경과

✤ 자본 규모

A: 자본금 10억 이상

B: 자본금 5억~10억

C: 자본금 3억~5억

D: 자본금 1억~3억

E: 자본금 1억 미만

✤ 전문가 확보

A: 리스크관리 이론, 실무 및 외환시장 전문가를 모두 확보

B: 이론 또는 시장전문가는 확보하지 못하고 실무전문가는 확보한 경우

C: 이론 또는 시장전문가는 확보하고 실무전문가는 확보하지 못한 경우

D: 전문가의 확보 상황이 전반적으로 미흡한 것으로 평가되는 경우

E: 전문가의 확보상황이 매우 미흡한 것으로 평가되는 경우

✤ Solution model 보유여부

A: solution model을 자체적으로 개발한 경우(logic은 외부에서 제공받은 경우 포함)

B: solution model을 자체적으로 개발하지는 않았지만 개발 업체와 긴밀한 유대관계를 갖고 있는 경우

C: solution model이 없는 경우

✤ 고객의 평가

A: 제공 서비스에 대해 극히 만족

B: 서비스에 대해 대체로 만족

C: 이렇다 할 고객을 확보하고 있지 않기 때문에 서비스에 대한 만족의 정도를 파악할 수 없는 경우

제3절 | 외환리스크 관리기법

1. 내부적 관리기법의 개요 및 종류

기업이 환리스크를 관리하는 기법에는 크게 내부적 관리기법과 외부적 관리기법이 있다. 내부적 관리기법은 기업이 영업활동과 관련되는 환리스크를 별도의 커버거래 없이 내부에서 사전적으로 헤지하거나 줄이는 방법이다. 기업이 내부적 관리기법을 사용할 때 금융기관에 수수료를 내지 않는다. 그러나 기업이 내부적 관리기법만 사용하면 여러 제약이 있다. 내부적 관리기법의 의미와 헤지 목적할 때 한계점을 살펴보자.

1-1. 매칭(Matching)

환리스크는 거래하는 통화가 다르거나, 통화가 같더라도 만기일이 다르면 발생한다. 매칭은 이점을 감안하여 무역거래를 할 때 통화와 만기일을 일치시키는 내부적 관리기법이다. 예를 들어 A기업이 중국에서 상품을 수입하여 일본으로 수출한다면 수입 및 수출을 같은 통화인 달러로 하고, 만기일을 같게 하면 환리스크를 상당히 줄일 수 있다.

예를 들기는 쉽지만 현실적으로 한계가 많다. 왜냐하면 일본의 수입상이 자신이 환리스크를 부담하기 싫어서 A기업에게 달러가 아니라 엔으로 결제통화를 바꾸어 달라고 요구할 가능성이 매우 높기 때문이다. 그리고 수출거래나 수입거래 가운데 한 쪽만 있는 기업은 이 기법을 활용할 수 없다. 같은 통화로 수출과 수입을 하더라도 그 규모가 크게 차이가 나면 매칭을 활용하기 힘들다.

1-2. 상계(Netting)

국제적 경영을 하는 기업의 본사와 지사 또는 지사 상호 간 채권과 채무를 건별로 결제하지 않고 일정기간이 경과한 뒤 상계한 후 잔액만을 결제하는 기법이다. 이를 활용할 수 있는 기업은 매우 큰 규모의 채권과 채무가 서로에게 발생하는 경우인데, 소규모 중소기업은 이런 기회가 적다.

1-3. 리딩(Leading) & 래깅(Lagging)

수출이나 수입과 관련되는 결제시기를 인위적으로 조정하여 환리스크를 관리하는 기법이다. 미국에서 중간재를 수입을 하는 B기업이 앞으로 달러가 상승할 것으로 예상하면 수입대금을 조기에 결제하면 되며, 리딩(Leading)이다. 반대로 미국으로 핸드폰을 수출하는 C기업은 향후 달러가 상승할 것으로 예상하면 수출대금 등 영수자금의 네고를 지연시키면 되며, 래깅(Lagging)이다. 그런데 현실적으로 대부분의 기업이 외화의 수급시기를 인위적으로 무한정 미루거나 당기는 것은 어려워 한계가 있다.

1-4. 통화포트폴리오 전략

기업이 동시에 여러 통화로 수출하면 여러 통화의 환율변동이 서로 상쇄되는 효과를 달성할 수 있어 환리스크를 줄일 수 있다. 통화포트폴리오 전략을 이용하는 가장 쉬운 방법은 수출입 통화를 하나로 하지 않고, 달러와 엔 및 유로 등으로 통화의 포트폴리오를 구성하는 것이다. 기업이 선택할 수 있는 기법의 하나이지만 수출입거래를 할 때 아주 우월적 지위에서 자신이 원하는 통화로 수출입거래를 할 수 있을 때만 가능하기 때문에 한계가 많다.

2. 외부적 관리기법의 개요

외부적 관리기법은 내부적 관리기법을 활용할 때 발생할 수 있는 한계를 보완할 수 있다. 즉, 내부적 관리기법으로 관리하지 못하는 환리스크로부터 환차손을 최대한 줄이거나 보다 적극적으로 대처하여 환차익까지 획득하려는 기법이다.

주로 은행 등의 금융기관이 기업을 위해 제공하는 각종 통화관련 파생금융상품들이다. 우리나라 기업이 주로 사용하는 통화선도(FX Forward Contract), 통화선물(Currency Futures), 통화스왑(Currency Swaps) 및 통화옵션(Currency Options) 등이다. 그리고 한국무역보험공사(www.ksure.or.kr)는 수출과 수입을 돕기 위해 수출보험제도와 수입보험제도를 운용하고 있다. 수출보험제도의 하나에 환변동보험이 있으며, 기업은 환리스크관리를 위해 이를 활용할 수 있다.

3. 선물환거래

3-1. 선물환거래의 정의

선물환거래는 현물환거래의 만기일인 2영업일보다 먼 미래 특정 시점(선물환거래 만기일)에 특정 환율(선물환율)로 특정 통화를 사거나 파는 외환거래이다. 선물환거래는 거래일에 선물환거래를 체결하지만 미래 특정 시점에 두 통화를 주고 받는다. 선물환거래의 선물환율은 현물환율과 다르다. 두 통화의 이자율 차이인 스왑포인트이다. 스왑포인트의 정의, 산출 등에 대한 상세한 설명은 필자가 저술하고 한국금융연수원에서 출간한 '환리스크관리'를 참고하면 된다.

3-2. 선물환거래의 동기 및 목적

주로 기업이 수출입 등과 관련되는 환리스크를 관리하기 위해 활용한다. 한편 1980년대 말에는 우리나라 기업이 환리스크를 관리할 목적이 아니라 미래의 달러/엔이나 당시 달러/마르크의 환율을 예측하고서 투기적 목적으로 활용했다.

가. 환리스크 헤지 목적

핸드폰을 미국으로 수출하는 A기업은 수출을 많이 하는 것이 중요하지만 달러/원 환율도 중요하다. 환율 하락을 우려하면 그 불확실성을 제거해야 한다. A기업은 안정적 경영을 위해 수출금액, 원가환율, 해당 통화에 대한 환율전망과 기업의 환리스크 관리정책 등을 고려해서 환리스크를 헤지한다. 수출기업은 선물환거래를 활용해서 달러 수출대금을 원화를 대가로 매도하는 '매도헤지'를 한다.

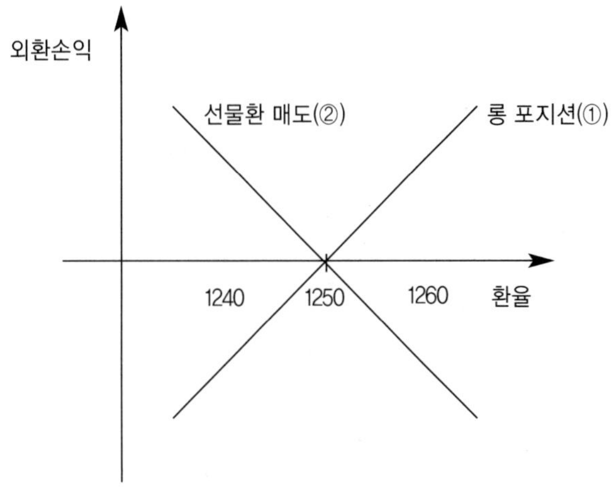

A기업이 수출한 대가로 받을 달러는 나중에 받지만 롱 포지션(그림 ①에 해당)이다. 달러를 받을 때 달러/원 환율이 하락하면 손실이 발생한다. 그래서 지금 숏 포지션을 만드는 선물환거래로 달러를 팔면(그림 ②에 해당) 된다.

A기업이 매도헤지하면 수출대금으로 받을 롱 포지션인 오픈 포지션과 선물환거래로 만든 숏 포지션인 헤지 포지션이 서로 상쇄되어 향후 환율변동에 관계없이 선물환율인 1250원에 해당하는 원화 현금흐름을 확정할 수 있다. 만기일에 달러/원 환율이 1240원이 되더라도 A기업은 달러를 1250원에 팔 수 있다. 물론 만기일에 달러/원 환율이 1260원이 되더라도 달러를 1250원에 팔아야 한다.

나. 투기 목적

금융기관은 파생금융상품의 하나인 선물환거래를 투기 목적으로 활용할 수 있다. 선물환거래를 투기 목적으로 사용할 때 거래 결과를 그림으로 설명하면 다음과 같다.

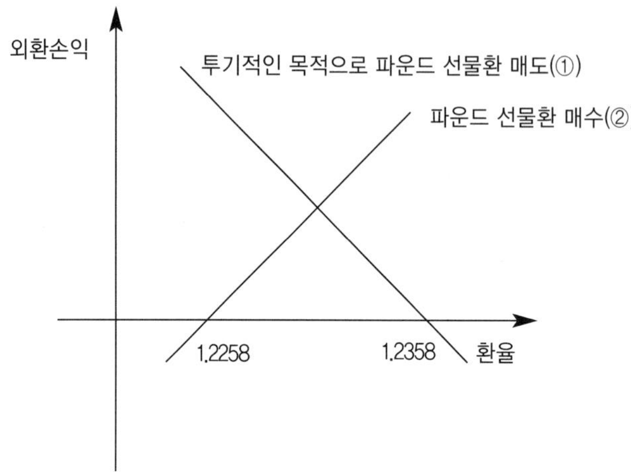

B은행의 딜러가 파운드/달러 환율이 떨어질 것으로 예상하면 투기적인 목적으로 파운드를 선물환율인 1.2358에 매도(그림 ①에 해당)한다. 예상대로 파운드/달러 환율이 떨어져 선물환율이 1.2258이 되면 만기일 이전이라도 같은 만기일에 맞추어 같은 금액의 파운드를 매입(그림 ②에 해당)하면 만기일에 외환차익을 확보할 수 있다. 물론 그가 처음 예상한 것과 달리 파운드/달러 환율이 상승하면 손실이 발생한다.

3-3. 선불환거래 절차

선물환거래를 하기 위한 사전 절차 및 사후 절차는 은행별로 다르며, 각행의 내부 규정을 따르면 된다. 각행의 내부 규정 가운데 중요한 것들을 요약하면 다음과 같다.

가. 사전 절차

은행이 기업에 선물환거래를 마케팅하기 이전에 다음과 같은 사전 절차를 거친다.

1) 투자자 유형 확인 및 투자자 정보 확인

은행은 선물환거래를 체결할 기업이 어느 유형의 투자자인지를 확인해야 한다. 모든 기업은 기본적으로 일반투자자로 분류한다. 다만 일정 요건에 해당하는 기업은 전문투자자 전환신청서를 받은 뒤 전문투자자(기업투자자)로 분류할 수 있다. 그리고 매년 1회 이상 투자자정보확인서를 받아야 한다. 만일 기업이 투자자 정보 제공을 거부하면 선물환거래를 체결하면 안 된다.

2) 매년 1회 이상 투자자의 적합성을 평가하여 투자자 등급에 따라 거래 가능한 상품을 확인해야 한다. 만일 기업이 적합성에 부적절한 거래를 요청하는 경우 확인서를 받는다.

3) 장외파생상품 거래한도 설정

선물환거래를 하기 위해서 선물환거래약정을 체결한다. 왜냐하면 은행은 거래 상대방 기업이 선물환거래 만기일 이전에 부도를 맞으면 선물환거래에 따른 손실이 발생할 수 있기 때문이다. 은행은 사전에 상대방 기업의 신용위험을 분석하여 선물환거래를 해도 될지를 결정한다. 이런 이유 때문에 개인 또는 영세한 기업처럼 신용도가 낮은 거래자는 금융기관과 선물환거래를 하려고 할 때 제약이 있을 수 있다.

만일 은행이 기업과 선물환거래약정을 아직 체결하지 못했다면 선물환거래를 할 때 마다 선물환계약이행보증금을 받아야 한다. 선물환계약이행보증금의 크기는 은행별로 그리고 선물환거래의 만기에 따라 다르다.

4) 기본 계약서 체결 및 일반위험고지문 교부

은행은 선물환거래약정서에 선물환거래의 적용범위, 만기일 결정, 만기일의 연장 또는 중도해지 여부, 계약보증금의 예치, 발생비용 등의 부담과 기타 필요한 사항 등을 포함한다. 고객이 약정서의 내용을 변경하지 않는 한 1회 약정으로 충분하다. 그리고 은행은 기업에게 일반위험고지문을 교부하여야 한다.

나. 선물환거래의 체결

1) 헤지 목적의 선물환거래임을 확인해야 한다.

자본시장법 및 은행감독업무시행세칙상 금융기관을 제외한 기업투자자(전문, 일반 모두 포함)의 경우 장외파생상품을 헤지수단으로 이용할 경우 위험회피 실거래를 사전적으로 증빙하여야 한다.

실수요의 범주로는 기업 재무제표의 자산, 부채, 손익계산서의 매출액 및 미래 추정매출액이 모두 포함되기 때문에 실수요의 확인 뿐 아니라 경기변동에 따른 매출액의 감소 가능성 등을 점검해야 한다.

2) 상품에 대한 위험고지와 관련 설명서를 교부한다.

상품설명서의 설명의무를 서명할 때 파생상품투자상담사 자격을 취득하고 금융투자협회에 등록한 유자격자가 진행한다. 여기에서 키코사태 이후 매우 중요한 이슈가 된 완전판매를 위한 정확한 설명이 필수적이다.

3) 거래 실행

기업이 선물환거래를 요청하면 은행은 만기일과 거래하려는 금액을 확인한 뒤 해당 선물환율을 고시하고, 기업이 거래를 체결하기를 원하면 선물환거래를 체결한다. 거래의 종료와 함께 기업의 외환거래 담당자가 아닌 다른 담당자와 체결한 선물환거래의 내용을 확인한다. 이때 가능하면 전화 내용도 녹취하는 것이 좋다.

4) 거래확인서(Deal Confirmation) 교부 및 보관

은행은 거래상대방 기업과 선물환거래를 체결한 뒤 선물환거래의 거래일, 만기일, 환율, 거래 금액 등과 같은 거래내역을 확인하는 문서를 2부 이상을 만들어서 기업에 교부하고 1부 이상을 보관한다.

다. 사후 절차

선물환거래 만기일 이전에 환율변화에 따른 선물환거래의 평가내용을 기업에게 제공한다. 그리고 만기일에 거래 금액을 인수도한다.

4. 통화선물

4-1. 통화선물의 정의

선물환거래는 기초자산인 통화를 대상으로 두 거래당사자들이 장외에서 거래조건에 서로 합의하여 거래한다. 한편 통화선물은 기업이 선물환거래의 대체제로 많이 사용하는 통화관련 파생금융상품이다. 선물환거래와 통화선물의 공통점은 이들 두 파생금융상품의 기초자산이 통화이다. 선물환거래와 달리 통화선물은 장내에서 거래한다.

통화선물은 장외에서 거래하는 선물환거래를 장내에 옮겨서 거래조건을 표준화하여 거래하는 것이라고 보면 된다. 즉, 계약단위와 결제월, 가격의 표시 단위 및 거래시간을 선물거래소가 사전에 표준화한대로 거래한다.

4-2. 통화선물의 현황

통화선물은 금융선물 가운데 가장 먼저 거래되기 시작했다. 그러나 대체제인 선물환거래가 워낙 활발하기 때문에 통화선물 거래량은 주가지수선물이나 금리선물 등 다른 선물상품의 거래량보다 적다. 왜냐하면 은행과 선물환거래한도를 확보한 신용도가 양호한 기업이 선물환거래를 할 때 증거금을 적립할 필요가 없고 일일정산에 따른 회계처리를 하지 않아도 되기 때문이다. 그리고 은행이 기업과 선물환거래를 하기 위해 치열한 경쟁을 펼쳐서 선물환율이 매우 경쟁적이고 유동성이 풍부하기 때문이다.

4-3. 통화선물가격

A기업의 외환거래 담당자가 B은행과 C선물회사에 8월 16일 만기인 달러/원 선물환율과 미국달러선물가격이 얼마인지 동시에 문의하면 두 가격은 얼마일까? 만일 두 가격이 많이 다르면 A기업의 담당자는 어떻게 할까? 두 거래는 같은 것이나 마찬가지이기 때문에 저평가된 것을 사고 고평가된 것을 팔아 위험없이 이익을 챙기는 차익거래를 할 수 있다. 파생금융상품시장에서도 일물일가의 원칙은 성립한다. 이론적으로 이들 두 가격은 차익거래가 불가능할 정도로 수렴한다. 즉, 미국선물가격은 달러/원 선물환율과 거의 같다.

4-4. 미국달러선물의 계약명세

한국거래소에는 미국달러선물, 엔선물, 유로선물 및 위안선물 등의 네 가지 통화선물이 거래되고 있다. 그 가운데 미국달러선물은 미래의 일정시점에 인수도할 미국달러를 현재시점에서 미리 매수하거나 매도하는 계약이다. 우리나라 한국거래소의 미국달러선물을 헤지나 투기 목적으로 활용하기 위해서는 먼저 그 계약명세를 알아야 한다. 미국달러선물의 계약명세는 다음과 같다.

구 분	미국달러선물
거래대상	미국달러화(USD)
거래단위	US $10,000
결제월	분기월 중 12개와 그 밖의 월 중 8개
상장결제월	총20개(1년이내 매월, 1년초과 매분기월 상장)
가격의 표시	US $1 당 원화
최소가격변동폭	0.10원
최소가격변동금액	1,000원(US $10,000×0.10원)
거래시간	09:00~15:45(최종거래일 09:00~11:30)
최종거래일	결제월의 세 번째 월요일(공휴일인 경우 순차적으로 앞당김)
최종결제일	최종거래일로부터 기산하여 3일째 거래일
결제방법	인수도결제
가격제한폭	기준가격 대비 상하 ±4.5%(변경될 수 있음)
단일가격경쟁거래	개장시(08:00~09:00)및 거래종료시(15:35~15:45), 최종거래일 거래종료시(11:20~11:30)

자료: 한국거래소 홈페이지 www.krx.co.kr

한편 미국달러선물 등 통화선물의 계약명세가 한국거래소에 의해 수시로 바뀔 수 있기 때문에 거래하기 전에 정확히 파악하는 것이 중요하다.

4-5. 통화선물의 활용사례

미국달러선물 계약명세를 보았지만 거래조건이 표준화되어 있어 얼핏 보기에 달러/원 선물환거래를 할 때와 같은 헤지 결과를 얻을 수 없는 것처럼 보인다. 특히 달러/원 선물환거래에서는 만기일이 미국과 우리나라의 휴일이 아니면 된다. 그러나 미국달러선물에서는 최종결제일이 결제월의 특정일로 표준화되어 있다. 만기일이 표준화되었지만 미국달러선물거래를 통해서도 달러/원 선물환거래를 이용할 때와 거의 같은 헤지 효과를 달성하는 것을 다음 예를 통해 확인하자.

A기업은 10월 1일에 11월 1일자로 1십만 달러 수출계약을 맺었다. 향후 달러/원 환율이 떨어질 것으로 예상하여 환리스크를 헤지하기로 결정하였다. A기업은 달러/원 선물환거래나 미국달러선물을 모두 활용할 수 있다. 선물환거래의 경우 만기일을 11월 1일로 정한다. 그러나 미국달러선물의 만기는 세번째 수요일인 11월 19일이고 통화선물가격은 다음과 같다고 하자.

11월 1일 만기일 선물환율	11월 18일 통화선물가격
1063.00	**1064.80**

가. 달러/원 선물환거래로 헤지한 경우

만기일인 11월 1일이 되면 그날의 현물환율과 관계없이 10월 1일에 거래한 선물환율인 1063.00에 1십만 달러를 매도하고 그에 해당하는 원화를 인수도하고 선물환거래를 마무리한다.

나. 미국달러선물로 헤지한 경우

만기일인 11월 1일에 수출대금으로 받은 1십만 달러를 받지만 이를 인수도하는 것은 11월 19일이다. 만일 11월 1일에 1십만 달러에 해당하는 원화 자금이 필요하다면 어떻게 하면 될까? 수출대금으로 받은 1십만 달러를 매도하고 10월 1일에 매도한 11월 미국달러선물 10계약을 되사서 청산하면 된다. 그런데 11월 1일의 현물환율은 10월 1일 거래 당시의 현물환율과는 다를 것이다. 예를 들어 1100원이나 1000원이 되는 경우를 가정해서 헤지 결과를 살펴보자.

1) 11월 1일의 현물환율이 1100원인 경우.

1십만 달러를 현물환율인 1100원에 팔고 10월 1일에 매도한 11월물 미국달러선물 10계약을 1101.80원(현물환율(1100)+스왑포인트(1.80원: '하루에 0.10원×18일'로 단순하게 가정하였음))에 되사는 반대거래를 통해 청산하면 된다. 이 과정에서 A기업이 달러를 매도하는 원가는 1063원이 된다. 즉, 11월 1일에 현물환율인 1100원에 매도하였지만 11월물 미국달러선물을 청산하는 과정에서 37원(10월 1일에 매도한 11월물 미국달러선물가격인1064.80원에 팔고, 11월 1일에 반대거래한 11월 미국달러선물가격인1101.80원에 매입했기 때문임)의 손실이 발생했기 때문이다.

2) 11월 1일의 현물환율이 1000원인 경우.

1십만 달러를 현물환율인 1000원에 팔고 10월 1일에 매도한 11월물 미국달러선물 10계약을 1001.80원에 되사는 반대거래를 통해 청산하면 된다. 이 과정에서 A기업이 달러를 달러를 매도하는 원가도 역시 1063원이 된다. 즉, 11월 1일에 현물환율인 1000원에 매도하였지만 11월물 미국달러선물을 청산하는 과정에서 63원(1064.80원과 1001.80원의 차이)의 이익이 발생했기 때문이다.

3) 결론

결국 10월 1일 거래한 달러/원 선물환거래나 11월물 미국달러선물을 통해 환리스크를 헤지한 결과 모두 달러 매도 원가는 1063원이 된다. 물론 여기서는 거래비용과 스왑포인트의 변화 가능성은 감안하지 않았다.

5. 통화스왑

5-1. 통화스왑의 정의

통화스왑은 계약 초기에 두 거래상대방이 합의한 환율로 두 통화의 원금을 교환한다. 그리고 만기일까지 주기적으로 두 통화의 이자를 교환한다. 통화스왑 만기일에 계약 당시에 합의한 환율로 계약 초기와 반대 방향으로 두 통화의 원금을 교환한다.

5-2. 통화스왑의 의의

1995년에 ADB가 외국인으로서는 최초로 우리나라에서 원화표시 채권인 아리랑본드를 발행했다. 그 이전 우리나라 자본시장은 어떤 모습이었을까? 예를 들어 S그룹의 S전자가 3년간 원화를 차입하려면 손쉬운 방법은 원화표시 회사채를 발행하는 것이었다. 이때 투자자는 주로 우리나라의 기금 또는 금융기관들이었다. 즉, 차입자와 투자자가 모두 내국인이었다. 당시 우리나라 자본시장은 그야말로 우리만의 리그였다.

드디어 ADB가 우리나라 자본시장에서 처음으로 아리랑본드를 발행했다. 물론 ADB가 궁극적으로 필요했던 자금은 달러였기 때문에 달러/원 통화스왑을 했다. 달러/원 통화스왑을 거래할 수 없는 상황에서 ADB가 아리랑본드를 발행한 뒤 원화를 달러로 환전하면 환리스크가 있다. 달러/원 통화스왑을 할 수 있었기 때문에 ADB는 아리랑본드를 발행하였지만 환리스크 없이 달러를 조달할 수 있었다.

우리나라의 금융기관 또는 기업은 이제 원화를 빌리기 위해 원화 자본시장만 접근할 필요가 없다. 통화스왑만 거래할 수 있으면 일본에서 samurai bond를 발행하거나 2011년에 말도 많았던 kimchi bond(국내에서 발행한 달러표시 채권)를 발행해도 된다.

조금 과장되게 말하자면 통화스왑을 거래할 수 있다면 이제 전세계 자본시장은 하나라고 볼 수 있다. 국제자본시장에서 발행하는 많은 채권들은 통화스왑과 연계되는 경우가 많다. 이렇게 통화스왑은 서로 다른 자본시장을 연결시키는 중요한 역할을 한다.

5-3. 통화스왑의 거래메커니즘

일반적으로 통화스왑에는 세 부분의 현금흐름이 있다.

가. 초기 원금교환(Initial Exchange)

초기 원금교환은 통화스왑을 거래할 때 첫째 현금흐름이다. 예를 들어 달러/원 통화스왑을 거래한다면 두 거래상대방이 거래 당시에 합의한 달러/원 현물환율로 달러원금과 원화원금을 교환한다. 그 후 주기적으로 이루어지는 이자교환은 초기에 교환한 원금교환에 근거하여 이루어진다. 초기 원금교환은 이자교환과 만기 원금교환의 현금흐름과 반대이다.

통화스왑을 거래할 때 초기 원금교환은 선택사항이고 만기 원금교환은 필수사항이다. 이미 보유한 외화부채나 외화자산의 환 및 금리리스크를 통화스왑을 활용해서 헤지할 때 헤지대상 거래가 통화스왑을 거래하기 이전에 이루어져서 초기에 교환할 원금이 없기 때문이다.

나. 이자교환

통화스왑은 두 가지 통화와 관련된다. 각 통화에는 고정금리와 변동금리가 있다. 두 통화 사이의 이자를 교환하는 조합에 따라 변동금리 대 변동금리 통화스왑(Cross Currency Basis Swap), 고정금리 대 고정금리 통화스왑(Cross Currency Swap 또는 Currency Swap)과 고정금리 대 변동금리 통화스왑(Cross Currency Interest Rate Swap 또는 Cross Currency Coupon Swap)으로 나눈다.

이 가운데 가장 많이 교환하는 조합은 고정금리 대 변동금리 통화스왑이다. 일반적인 관행은 달러 변동금리(SOFR)와 상대 통화의 고정금리를 교환한다. 예를 들면 달러/원 통화스왑에서 달러 변동금리(SOFR)와 원화 고정금리를 교환하는 것으로 통화스왑 거래의 상당한 부분을 차지한다.

다. 만기 원금교환(Final Exchange)

만기일에 원금을 교환할 때 적용하는 환율은 초기 원금교환 환율과 같다. 왜냐하면 통화스왑은 외환스왑과 달리 만기일까지 주기적으로 다른 통화에 대한 이자를 교환하기 때문이다.

5-4. 통화스왑의 사례

가. 저금리 조달

ADB가 아리랑본드 발행과 달러/원 통화스왑을 해서 필요한 달러를 간접적으로 조달하는 것이 달러 채권을 발행해서 직접 조달하는 것보다 저금리였을 것이라고 추론할 수 있다. 통화스왑을 활용하여 저금리로 필요한 자금을 조달하는 사례들을 쉽게 볼 수 있으며, 통화스왑을 활용하는 가장 많은 이유 가운데 하나이다.

나. 접근이 어려운 자본시장에서 차입하는 효과 달성

국내기업의 해외현지법인이 해외에서 달러를 차입하려고 하지만 원활하지 않을 때 자신의 인지도가 보다 높은 국내에서 원화 차입(아리랑본드 발행)과 달러/원 통화스왑으로 환리스크 없이 달러를 차입하는 효과를 달성할 수 있다. 이와 같이 달러 자본시장의 벽이 높아 달러 차입이 쉽지 않을 때 통화스왑을 활용하여 차입장벽을 허물 수 있다. 그리고 달러/원 통화스왑 가격이 저평가되어 있어 금리차익거래 기회가 있다면 달러를 직접 차입하는 것보다 저금리에 조달할 수 있어 더욱 유리하다.

다. 외화자산 운용과 관련되는 환 및 금리리스크관리

우리나라 금융기관이나 기업이 자산을 운용할 때 원화자산에만 투자할 필요는 없다. 달러나 유로 채권 등 외화자산에 투자와 통화스왑을 통해 보다 유리한 투자조건을 달성할 수 있다. 우리나라 보험사는 보험료를 원화로 받지만 외화채권(특히 국내 기업이나 우리나라 정부가 해외에서 발행한 외화채권인 한국물(Korean Paper)에 투자하는 경우가 많으며, 이때 달러/원 통화스왑을 활용한다.

같은 맥락에서 예를 들어 홍콩에 있는 미국 현지법인인 ABC사는 다음과 같이 두 가지 방법으로 투자할 수 있다고 가정하자.

① EUR Bond: 만기 5년, 연율 2%

② USD FRN: 만기 5년, USD SOFR+0.3%

ABC사는 자산을 미국달러로 보유하려고 한다. 투자 담당자는 USD FRN을 매입하는 것과 EUR Bond를 매입하고 EUR /USD 통화스왑을 활용하여 유로본드 투자와 관련되는 환 및 금리리스크를 헤지할 때 투자 결과를 비교해 보기로 했다. 현재 EUR/USD 스왑가격은 유로 2%와 USD SOFR+0.5%이고, EUR/USD 현물환율은 1.08이라고 가정하다.

■ ABC사의 통화스왑 현금흐름

〈스왑 개시일〉

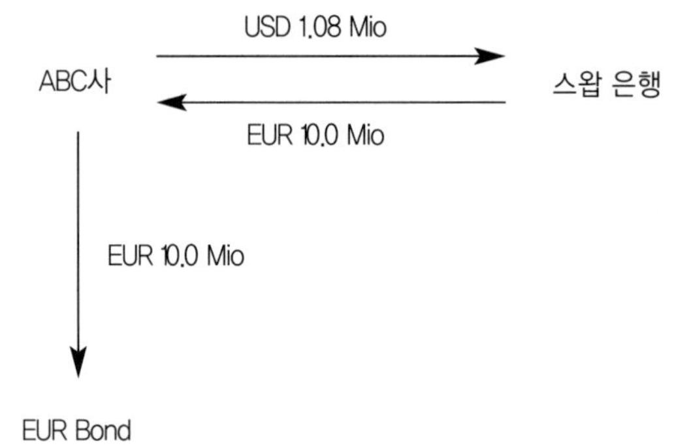

〈이자 교환〉

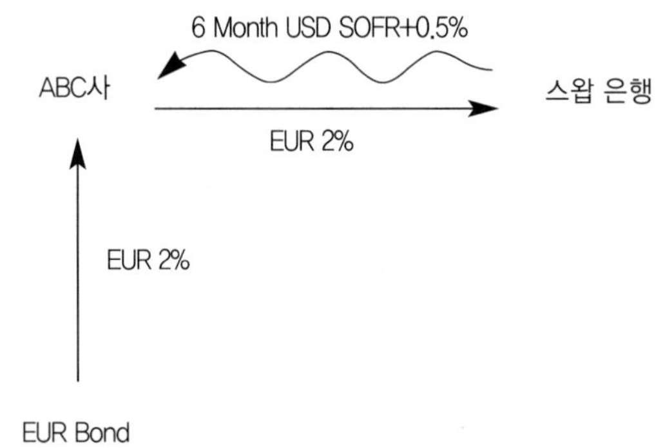

〈스왑 만기일〉

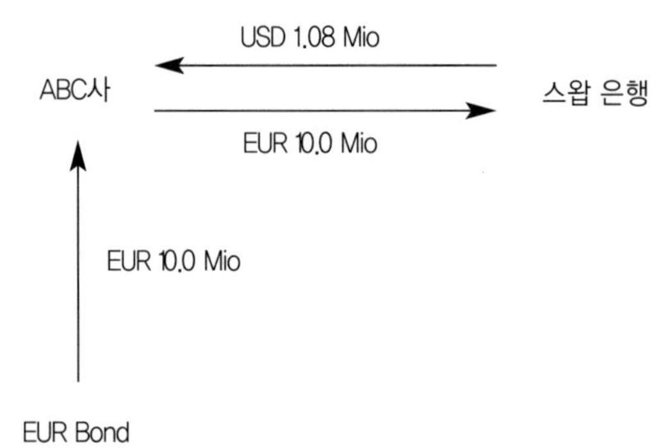

USD FRN에 직접 투자할 때 수익률은 USD SOFR+0.3%이다. 그러나 ABC사가 EUR Bond에 투자한 뒤 EUR/USD 통화스왑을 활용하면 USD FRN에 바로 투자할 때 보다 0.2% 유리한 투자결과를 달성할 수 있다.

라. 외화차입과 관련되는 환 및 금리리스크관리

C사는 1년 전에 회사채를 발행하여 원화를 차입하는 대안으로 1천만 달러를 3년 만기로 SOFR+1%에 차입했다. 왜냐하면 달러/원 환율이 하락할 것으로 확신하고 있었기 때문이었다. 당시 현물환율은 1200원이었고, C사는 달러 차입과 동시에 달러를 매도했다.

지금부터 환율(현재 현물환율은 1100원이라고 가정하자)과 원화 금리가 상승할 것으로 예상하면 달러/원 통화스왑을 통해 보유한 달러 변동금리 차입의 환리스크를 헤지하고 원화 금리를 확정할 수 있다. C사는 1천만 달러 외화차입을 원금 110억원, 금리는 계략적으로(즉, conversion factor를 무시하면) 4.17%(=3.17%+1%)의 원화차입으로 전환하는 효과를 달성할 수 있어 달러 차입에 따른 환 및 금리리스크를 관리할 수 있다.

■ C사의 통화스왑 현금흐름

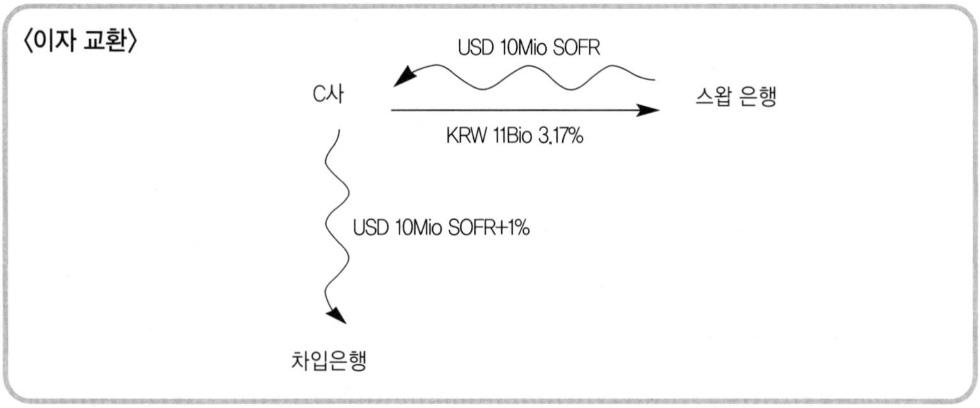

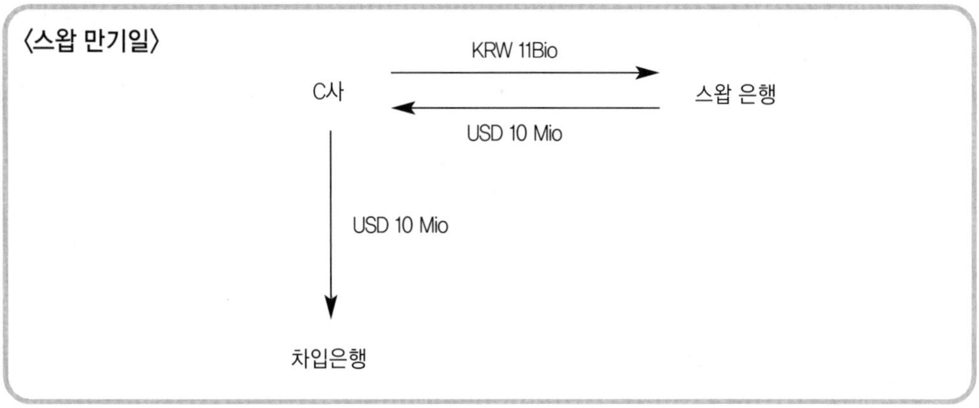

위의 통화스왑의 현금흐름은 위의 '다. 외화자산 운용과 관련되는 환 및 금리리스크관리'에서 통화스왑의 현금흐름과 다른 점이 있다. 외화차입이나 외화자산을 취득하면서 바로 통화스왑을 할 때는 초기 원금교환을 한다. 그러나 이전부터 보유한 외화차입이나 외화자산의 만기일까지 남은 기간의 위험을 통화스왑을 통해 헤지할 때는 차입이나 투자가 통화스왑을 하기 이전에 실행되었기 때문에 초기에 교환할 원금이 없기 때문에 초기 원금교환을 하지 않는다.

6. 통화옵션

6-1. 통화옵션의 정의

가. 선도형 파생금융상품(선도거래, 선물거래 및 스왑거래)과 옵션의 차이점

옵션거래는 앞에서 공부한 선도형 파생금융상품과 크게 다르다. 그 차이를 이해하는 것이 옵션거래 공부의 시작이다. 아래의 그림으로 통화옵션과 선물환거래를 비교하면 다음과 같다.

1) 선도형 파생금융상품의 만기손익구조

숏 포지션(①)을 선물환거래로 매입헤지하는(②) 경우 만기일의 환율에 관계없이 거래한 선물환율로 달러를 매입할 수 있어 원가를 확정할 수 있다. 왜냐하면 만기일에 환율이 1150원이 되더라도 1100원에 달러를 매입할 권리가 있고, 1050원이 되더라도 1100원이 달러를 매입해야 할 의무가 있기 때문이다. 즉, 선도형 파생금융상품은 거래하는 순간 권리와 의무가 동시에 발생한다. 그러므로 선도형 파생금융상품의 만기손익구조는 아래에서 보는 것과 같이 대칭(②)이다.

2) 옵션의 만기손익구조

만일 만기일에 환율이 상승하면 헤지결과 이익이 발생하지만 환율이 하락하면 헤지한 것을 후회하는 것은 인지상정이다. 이런 상황을 우려하는 기업의 환리스크관리 담당자는 어떻게 하면 될까?

선도형 파생금융상품과 달리 옵션은 권리와 의무가 분리된다. 만기일에 달러를 살 수 있는 권리만 있는 통화옵션(③)을 거래하면 선물환거래와 다른 형태의 만기손익구조를 만들 수 있다. 즉, 만기일의 현물환율에 따라 권리행사가 유리하면 옵션을 행사하고, 반대의 경우 권리를 포기하여 선물환거래와 다른 비대칭적인 만기수익구조(③)를 달성할 수 있어 보다 탄력적으로 헤지할 수 있다.

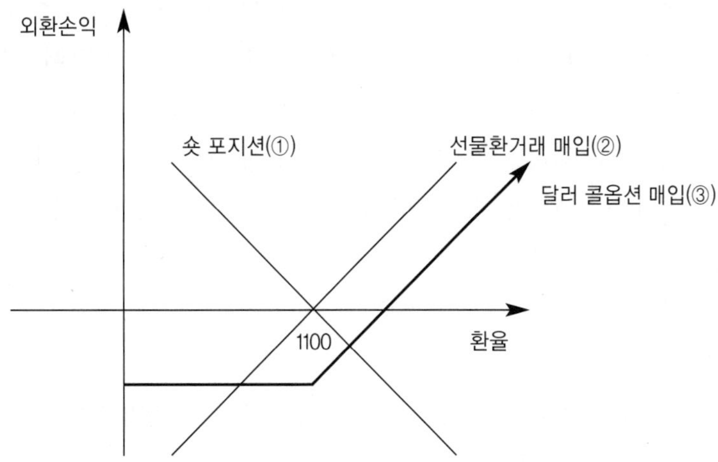

나. 통화옵션의 정의

통화옵션은 기초자산이 통화인 옵션거래로 특정 통화를 사거나 팔 수 있는 권리를 거래하는 옵션거래이다. 옵션매입자가가 옵션매도자로부터 어떤 통화를 살 수 있는 권리가 콜옵션이다. 반대로 어떤 통화를 팔 수 있는 권리는 풋옵션이다.

6-2. 통화옵션의 기본 용어

가. 행사가격

옵션매입자가 특정 통화를 어떤 환율에 매매할 수 있는가는 옵션을 거래할 때 정하는데, 그 특정 환율이 행사가격이다. 통화옵션의 행사가격이 같은 만기의 선물환율과 같으면 at the money forward 옵션(등가격 옵션)이다. 또 행사가격이 선물환율보다 높거나 낮은가에 따라 각각 out of the money forward 옵션(외가격 옵션) 또는 in the money forward 옵션(내가격 옵션)이다.

3개월 만기 달러/원 선물환율이 1100원일 때 3개월 만기 콜옵션의 행사가격이 1100원이면 등가격이다. 그리고 행사가격이 1090원이면 내가격이고, 1110원이면 외가격이다. 한편 풋옵션의 행사가격이 1100원이면 역시 등가격이다. 그리고 행사가격이 1090원이면 외가격이고, 1110원이면 내가격이다.

나. 만기일

만기일은 옵션매입자가 권리행사 여부를 옵션매도자에게 통지할 수 있는 마지막 영업일이다. 권리행사 의사를 통지하지 않고 만기일을 경과하면 옵션거래는 효력이 없어진다. 옵션거래일로부터 만기일까지 언제라도 권리를 행사할 수 있는 옵션이 아메리칸타입이다. 한편 만기일에만 권리를 행사할 수 있는 옵션이 유로피안타입이다. 얼핏 생각하기에 아메리칸타입이 편리해서 많이 거래할 것 같지만 은행간 거래 또는 대고객 통화옵션의 대부분은 유로피안타입이다.

다. 정산일

정산일은 유로피안옵션 또는 아메리칸옵션에 상관 없이 권리를 행사하면 옵션매입자는 옵션매도자와 현물환거래를 하는 것과 같으며, 통화를 인수도하는 날이다.

6-3. 옵션프리미엄

옵션거래에서 가장 중요한 것이 무엇일까? 어떤 거래를 하기 위해서는 가격이 중요하다. 옵션거래에서도 마찬가지이다. 그래서 필자는 주저 없이 옵션거래의 가격인 옵션프리미엄을 옵션거래에서 가장 중요한 것으로 꼽는다.

가. 선도형 파생금융상품의 가격과 옵션거래의 가격은 무엇이 다른가?

선도형 파생금융상품에서 가격은 무엇을 의미하는가? 예를 들어 A기업이 은행으로부터 3개월 만기로 1100원에 1백만 달러를 사는 선물환거래를 했다고 가정하자. 1100원이 선물환거래의 가격인 선물환율이다.

만기일에 A기업은 그날의 환율에 관계없이 11억 원을 주고 1백만 달러를 받는다. 즉, 선물환율은 만기일에 인수도할 가격이다. 이와 같이 선도형 파생금융상품의 가격은 만기일에 인수도하는 가격이다.

옵션거래에서는 선도형 파생금융상품과 달리 옵션매입자가 권리를 사기 위해 옵션매도자에게 지불하는 돈이 옵션거래의 가격, 즉 옵션프리미엄이다. 그런데 옵션거래에서도 옵션매입자가 권리를 행사하면 해당 기초자산을 인수도해야 하는데, 이때 인수도하는 가격은 옵션프리미엄이 아니라 위에서 공부한 행사가격이다.

나. 옵션프리미엄

옵션매입자가 옵션매도자로부터 권리를 사는 대가로 지불하는 비용을 말하며, 주로 옵션계약일로부터 2영업일 뒤에 지급한다. 만일 옵션프리미엄을 지불할 수만 있다면 거래금액을 크게 할 수 있는 레버리지효과가 있어 옵션거래를 투기적인 목적으로도 많이 활용하고 있다.

옵션프리미엄의 구성과 그에 영향을 미치는 요소들에 대해 살펴 보기로 하자. 이 부분은 옵션거래에서 매우 중요한 부분이다.

1) 옵션프리미엄의 구성

현재 3개월 만기 선물환율이 1100원이라고 가정하자. 행사가격이 1090원, 1100원 및 1110원인 3개월 만기 콜옵션 가운데 옵션프리미엄이 가장 비싼 것은 어느 것일까? 당연히 1090원 콜옵션의 옵션프리미엄이 가장 비쌀 것이다. 왜냐하면 1090원 콜옵션을 당장 행사하면 10원만큼의 이익이 발생하기 때문이다. 이와 같이 옵션매입자가 옵션을 행사할 때 얻을 수 있는 유리한 정도가 내재가치이다. 그래서 이 옵션이 내가격 옵션이다.

한편 행사가격이 1110원인 콜옵션은 내재가치가 없다. 그렇다면 이것을 공짜로 살 수 있을까? 그렇지는 않다. 만일 이것을 공짜로 살 수 있다면 누구나 그 권리를 살려고 기를 쓸 것이다. 왜냐하면 지금 당장 행사할 이유는 없지만 만기일 이전에 달러/원 환율이 1110원 위로 상승하면 내재가치를 지니기 때문이다.

이와 같이 만기일 이전에 옵션프리미엄은 내재가치보다 더 큰데, 바로 시간가치이다. 결국 만기일 이전에 옵션프리미엄은 내재가치와 시간가치의 합이다. 물론 만기가 되면 시간가치는 없어지고 내재가치만 남는다.

2) 옵션프리미엄의 결정 요소

옵션거래는 선도형 파생금융상품에 비해 장점이 많다. 그렇지만 옵션을 매입할 때 지불하는 옵션프리미엄이 너무 비싸서 부담스럽다. 옵션프리미엄의 결정에 직접적이며 비중있게 관련되는 요소를 분류하면 다음과 같다.

① 옵션계약의 내용과 관련된 것으로 옵션거래 만기일까지의 잔존기간, 행사가격과 행사방식이 있다.

② 옵션거래의 기초자산에 관한 것으로 현물환율, 환율변동성과 무위험금리가 있다.

통화옵션을 거래하고자 하는 경우 위의 여러 요소 가운데 거래하고자 하는 사람이 결정할 수 있는 요소는 행사가격과 만기일이다. 그리고 시장에서 주어지는 요소로는 현물환율, 두 통화의 이자율 또는 스왑포인트와 환율변동성이다.

3) 이 가운데 가장 중요한 요소는 무엇일까?

이에 대한 답은 아래의 옵션전략과 관련이 깊다. 통화옵션의 옵션프리미엄을 산출하는 시점에서 현물환율, 스왑포인트, 만기일 및 행사가격을 안다. 그런데 환율변동성은 통화옵션을 거래하려는 시점에서 만기일까지 환율이 어느 정도 격렬하게 움직일 것인가에 대한 시장참가자들의 기대라고 볼 수 있다. 즉, 만기일이 되어야만 어느 정도의 진폭으로 움직였는지 알 수 있는 요소로 거래 당시에 미리 그 결과를 알 수 없는 요소이다.

옵션프리미엄에서 내재가치는 단순히 같은 만기의 선물환율과 행사가격의 차이다. 그에 비해 시간가치가 중요하다. 시간가치의 중요한 요소는 바로 환율변동성, 즉 볼러틸러티이다. 이제 옵션을 공부하면서 '옵션은 곧 변동성임'을 기억하자.

옵션거래는 옵션매입자에게는 일정한 가치를 가진 자산적인 계약이지만 권리를 매도한 사람에게는 잠재적인 위험이다. 그러므로 이 위험은 당연히 환율변동성이 심할수록 높아지고 반대로 환율변동이 적을수록 적어지게 된다. 따라서 변동성이 상승할수록 그 변동성을 기초로 한 옵션프리미엄은 높아지고, 변동성이 낮을수록 옵션프리미엄은 낮아진다.

6-4. 표준형 통화옵션전략

통화옵션을 이용하면 다양한 형태의 만기손익구조를 얻을 수 있다. 크게 환율변동성과 환율의 상승 또는 하락의 환율 방향을 대상으로 하는 표준형 옵션전략과 장외 통화옵션전략 등이 있다.

먼저 기본적인 전략들을 알아보자. 이것은 앞으로 공부할 옵션전략의 출발점인 만큼 철저하게 학습하도록 하자. 나머지 옵션전략들과 장외 통화옵션전략에 대한 상세한 설명은 한국금융연수원 출간 '환리스크관리'를 참고하자.

표준형 전략에서도 환율변동성이 매우 중요하다. 즉, 향후 환율변동성이 확대 또는 축소될 것인지에 대한 견해가 옵션전략을 수립하는데 중요하다는 뜻이다. 위에서도 이미 언급하였지만 '옵션은 곧 변동성임'이라는 말을 명심하자. 먼저 환율변동성의 확대 또는 축소를 예상한 뒤 환율의 방향에 대한 견해에 따라 두 가지 종류, 즉 콜옵션과 풋옵션을 매입 또는 매도하면 된다. 아래와 같이 기본적인 네 가지의 옵션전략을 수립할 수 있다. 이들 표준형 옵션전략을 잘 이해해야 다음의 통화옵션전략을 쉽게 이해할 수 있다.

구 분		환율변동성	
		확대	축소
환율	상승	콜옵션 매입	풋옵션 매도
	하락	풋옵션 매입	콜옵션 매도

6-5. 환리스크관리를 위한 장외 통화옵션전략

위에서 네 가지 표준형 옵션전략에 대해 공부했다. 이제 환리스크관리를 위한 옵션전략을 공부할 차례이다. 한국거래소에 장내 미국달러옵션이 상장되어 있기는 하지만 거의 거래되지 않기 때문에 기업들은 은행들이 제공하는 장외 통화옵션전략을 활용하여 환리스크를 관리할 수 있다.

일반인들도 키코(KIKO)거래에 대해 많이 들었기 때문에 다양한 장외 통화옵션전략이 있다는 것에 대해 알고 있다. 그러나 키코거래 또는 다른 장외 통화옵션전략에 대해 정확히 설명할 수 있는 사람들은 많지 않은 실정이다. 키코 사태와 같은 불행한 일이 반복되지 않도록 하기 위해서 이 책을 공부하는 독자들이 명심해야 할 사항들은 다음과 같다.

첫째, 은행원들은 장외 통화옵션전략과 같은 다양한 파생금융상품을 판매하기 이전에 그 내용을 충분히 인지하고, 이를 활용하는 기업의 담당자들에게 만기손익구조 및 위험요소 등을 상세히 고지하여 완전판매할 수 있도록 해야 한다.

둘째, 기업의 담당자들도 전문가에 못지 않는 지식으로 무장하여 자신이 활용할 파생금융상품의 장단점 및 특히 위험 요소 등을 충분히 숙지한 뒤 활용해야 한다.

가. 우리나라의 장외 통화옵션전략의 특징

1) 선물환거래를 대체할 수 있는 옵션거래

보유한 숏 포지션에 대한 환리스크를 관리하려는 A기업을 예를 들어 설명해보자. 은행은 A기업에게 우리나라 기업들이 가장 널리 사용하는 선물환거래로 매입헤지하는 것을 추천할 것이다.

또는 대안으로 기본적인 표준형 옵션전략의 하나인 달러 콜옵션 매입을 권할 수 있다. 그런데 A기업이 콜옵션을 매입하려는 매우 비싼 옵션프리미엄을 지불해야 한다.

2) 옵션프리미엄 지불하는 것을 부담스럽게 여긴다면?

만일 A기업이 비대칭적인 만기손익구조를 지닌 옵션전략을 활용하기로 결정하였지만 은행이 추천한 콜옵션을 매입하기 위해 지불해야 할 옵션프리미엄이 비싸서 부담스럽다고 생각한다면 어떻게 하면 될까? 은행은 A기업이 옵션프리미엄을 지불하고 싶지 않다는 요구를 충족시키기 위해 옵션전략을 거래하되 옵션프리미엄을 지급하지 않는 소위 'zero-cost' 옵션을 제시하면 된다.

앞으로 설명할 우리나라의 장외 통화옵션전략의 대부분은 제로코스트옵션이라고 보면 된다. 은행이 제로코스트옵션이라고 말은 하지만 그 전략을 거래할 때 은행의 적정 수수료는 물론 포함되어 있다고 보면 된다. 그런데 여기서는 편의상 수수료를 포함하지 않는 기준으로 단순하게 설명하여 직관적으로 이해하기 쉽도록 그 원리를 설명하기로 한다. 아래의 설명에서 3개월 달러/원 선물환율은 1100원이라고 가정하자.

나. 레인지 포워드전략

향후 환율이 일정 범위 안에서 움직일 것으로 예측하는 수입기업 또는 수출기업이 거래할 수 있는 장외 통화옵션전략이다. 선물환거래가 단 하나의 선물환율로 헤지할 수 있지만, 이 전략은 상한과 하한 범위 안의 환율로 헤지하는 효과를 달성하기 때문에 레인지 포워드전략이라고 부른다.

1) 수입기업의 활용 사례

■ A기업의 요구: 제로코스트 장외 통화옵션전략을 활용하여 만기일에 달러를 1110원 이하로 매입하여 결제하려고 한다.

■ 전략의 구성: A기업의 요구 가운데 가장 중요한 것은 A기업이 만기일에 달러를 1110원 이하로 매입하는 것이다. 먼저 A기업은 은행으로부터 1110원 외가격 콜옵션을 매입해야 한다. 그런데 이 외가격 콜옵션은 등가격 콜옵션 보다 옵션프리미엄이 싸기는 하지만 공짜는 아니다.

A기업이 원하는 제로코스트 전략을 수립하려면 어떻게 하면 될까? A기업이 은행에 다른 옵션을 매도해서 수취할 옵션프리미엄과 콜옵션을 매입할 때 지불할 옵션프리미엄을 상쇄시키면 제로코스트가 될 것이다.

콜옵션과 풋옵션 가운데 과연 어느 것을 매도해야 할까? 콜옵션이 아니라 풋옵션을 매도해야 한다. 왜냐하면 콜옵션을 매도한 뒤 달러/원 환율이 상승하여 옵션매입자인 은행이 콜옵션을 행사하면 A기업은 달러를 팔아야 할 의무가 있기 때문이다.

풋옵션을 매도할 경우 만기에 달러/원 환율이 하락하면 옵션매입자인 은행이 풋옵션을 행사하여 달러를 팔면 A기업은 달러를 살 의무를 이행하는 과정에서 달러를 매입하여 결제하면 된다.

그런데 과연 행사가격이 얼마인 풋옵션을 매도하면 제로코스트가 될까? A기업이 매입하는 콜옵션이 10원 외가격이기 때문에 매도하는 풋옵션도 10원 외가격이면 두 옵션의 옵션프리미엄이 비슷할 것이라는 것을 직감적으로 이해할 수 있다. 결국 1090원 풋옵션을 은행에 매도하면 제로코스트가 될 것으로 추론할 수 있다.

■ 헤지결과 분석: 위에서 1110원 콜옵션 매입과 1090원 풋옵션 매도를 한 뒤 만기일에 달러/원 환율이 갈 수 있는 환율 시나리오는 세 구간이다. 각 환율 시나리오 구간별 콜옵션과 풋옵션의 행사여부와 A기업은 달러를 얼마에 사서 결제할 수 있는지 독자들이 먼저 공부한 뒤에 아래의 설명과 비교해보라. 옵션의 권리행사 여부는 옵션매입자에게 달려 있다는 것을 명심하자.

– 달러/원 환율이 1090원 미만: A기업은 콜옵션을 행사하지 않는다. 왜냐하면 만기일에 환율이 예를 들어 1050원이 되면 A기업은 1110원에 달러를 살 수 있는 권리를 포기하기 때문이다.

한편 1090원 풋옵션의 행사여부는? 만일 만기일에 환율이 예를 들어 1050원이 되면 옵션매입자인 은행은 1090원에 달러를 팔 수 있는 풋옵션을 행사하기 때문에 A기업은 은행으로부터 1090원에 달러를 살 의무가 있다. 결국 만기일에 달러/원 환율이 1090원 이하가 되더라도 A기업은 달러를 1090원에 매입하여 결제하게 된다.

– 달러/원 환율이 1090원부터 1110원 사이: A기업은 콜옵션을 행사하지 않는다. 왜냐하면 만기일에 환율이 예를 들면 1105원이라면 A기업은 1110원에 달러를 살 수 있는 권리를 포기하기 때문이다.

한편 1090원 풋옵션의 행사여부는? 만일 만기일에 환율이 예를 들어 1105원이 되면 은행은 1090원에 달러를 팔 수 있는 풋옵션을 행사하지 않을 것이다.

결국 매입하고 매도한 두 옵션은 모두 행사되지 않는다. A기업은 당시 현물환율인 1105원에 달러를 사서 결제하면 된다. 만기일에 달러/원 환율이 1090원부터 1110원 사이에서는 A기업은 달러를 당시 현물환율에 매입하여 결제하면 된다.

– 달러/원 환율이 1110원 이상: A기업은 콜옵션을 행사한다. 왜냐하면 만기일 환율이 예를 들면 1150원이 되더라도 A기업은 1110원에 달러를 살 수 있는 권리가 있기 때문에 콜옵션을 행사하여 1110원에 결제하면 된다.

한편 1090원 풋옵션의 행사여부는? 만일 만기일에 환율이 예를 들어 1150원이 되면 은행은 1090원에 달러를 팔 수 있는 풋옵션을 행사하지 않을 것이다.

■ A기업의 환율 예측과 시의적절하게 활용한 결과: A기업은 만기일에 달러/원 환율이 1090원부터 1100원 사이의 좁은 범위 안에서 움직일 것으로 예측했다고 추론할 수 있다.

선물환거래로 헤지한 것과 비교해 보면 A기업은 만기일에 달러/원 환율이 1090원부터 1100원 사이에 있으면 선물환거래로 매입헤지한 것 보다 유리하다. 만일 환율이 큰 폭으로 상승할 것이라고 예측한다면 대안인 선물환 매입헤지가 A기업 입장에서는 더 유리하기 때문이다.

결국 이 전략은 환율상승에 따른 최대손실을 일정수준(1110원)으로 고정시키면서 선물환율보다 유리하게 거래할 수 있는 여지(만기일 환율이 1100원 이하인 경우)를 확보할 수 있다.

■ 본 전략을 판매 또는 활용할 때 유의할 점: 은행은 만기일에 달러/원 환율이 1090원 아래로 하락하더라도 A기업은 달러를 1090원에 사야 한다는 점을 강조하면서 설명하여야 한다. 물론 이에 대한 대가로 1110원 이상에서도 1110원에 달러를 살 수 있다는 장점을 같이 설명하면 된다.

■ 만기손익구조: 숏 포지션을 레인지 포워드전략으로 헤지한 결과는 다음과 같다.

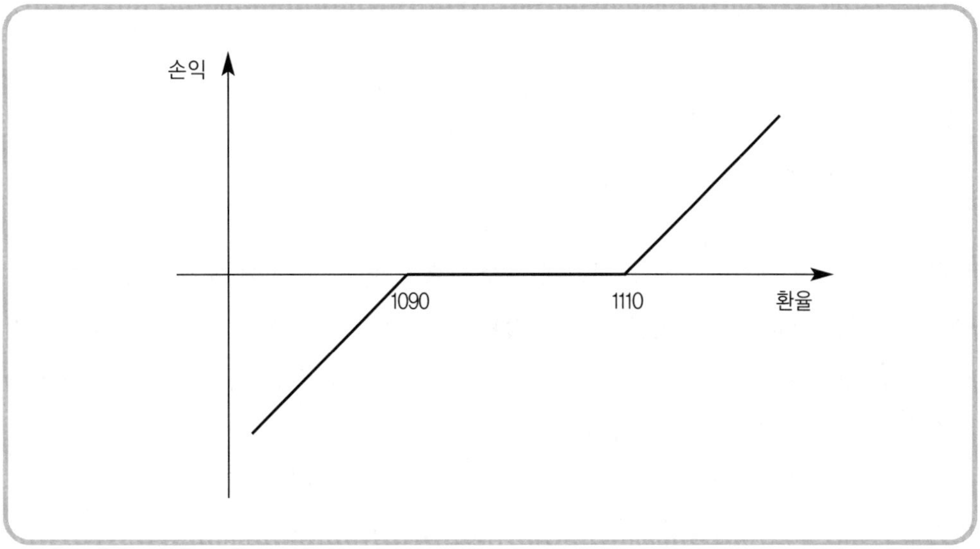

2) 수출기업의 활용 사례

B기업이 레인지 포워드전략을 이용하여 만기일에 달러를 1090원 이상으로 매도하려고 하는 경우 은행은 B기업이 1090원 풋옵션을 매입하고 1110원 콜옵션을 매도하도록 권할 수 있다. 독자들은 위에서 설명한 수입기업의 활용 사례를 응용하여 본 전략에 대한 헤지결과 분석, 환율 예측과 시의적절하게 활용한 결과, 본 전략을 판매하거나 활용할 때 유의할 점 및 만기손익구조 등에 철저하게 공부하길 바란다. 이에 대한 추가 학습은 한국금융연수원의 '환리스크관리'를 활용하면 된다.

다. 타겟 포워드전략

타겟 포워드전략(Target Forward)은 선물환율보다 유리한 계약환율로 일정금액을 거래할 수 있는 장점이 있다. 그러나 만기일에 현물환율이 계약환율보다 유리할 경우에는 상기 계약의 이행은 물론 추가로 같은 금액을 같은 계약환율로 거래해야 하기 때문에 과대헤지되는 위험이 있는 전략으로 판매 또는 활용할 때 매우 정확한 설명과 분석이 필요하다. 여기서는 A기업이 보유한 숏 포지션은 1백만 달러이고 선물환율은 1100원이라고 가정하자.

1) 수입기업의 활용 사례

■ A기업의 요구: 제로코스트 장외 통화옵션전략을 활용하여 만기일에 1백만 달러를 거래 당시 선물환율인 1100원 보다 낮은 1090원에 달러를 매입하여 결제하려고 한다.

■ 전략의 구성: A기업의 요구 가운데 가장 중요한 것은 A기업이 만기일에 1백만 달러를 옵션전략을 거래할 당시 선물환율인 1100원 보다 낮은 1090원에 매입하는 것이다. 이것은 대안인 선물환거래를 활용할 경우에는 도저히 달성할 수 없는 헤지결과다. 하지만 옵션전략에서는 가능하다. 옵션전략이 얼마나 탄력적인가!

A기업은 은행으로부터 1090원 내가격 콜옵션 1백만 달러를 매입해야 한다. 그런데 이 내가격 콜옵션은 등가격 콜옵션 보다 옵션프리미엄이 매우 비싸며, 결코 공짜가 아니다.

A기업이 원하는 제로코스트 전략을 수립하려면 이번에도 풋옵션을 매도해야 한다. 과연 행사가격이 얼마인 풋옵션을 매도하면 제로코스트가 될까? 레인지 포워드전략과 같은 1090원 풋옵션 1백만 달러를 매도하면 될까? 안 된다! 왜 안될까? 1090원 풋옵션은 외가격 옵션이기 때문에 옵션프리미엄이 내가격 콜옵션에 비해 작다는 것을 쉽게 알 수 있을 것이다.

그렇다면 어떻게 해야 할까? 같은 금액으로는 안되기 때문에 예를 들면 매도하는 1090원 풋옵션을 1백만 달러가 아닌 2백만 달러로 하면 제로코스트가 될 수도 있다. 외가격 옵션 프리미엄이 싸기는 하지만 두 배를 거래하면 비싼 내가격과 같아질 수 있기 때문이다.

은행은 옵션프리미엄을 산출하는 식을 통해 이것을 확인할 수 있다. 여기서는 두 배를 거래하면 주고받을 옵션프리미엄이 같아진다고 단순하게 설명하기로 한다.

■ 헤지결과 분석: 이번에는 만기일에 달러/원 환율이 갈 수 있는 환율 시나리오를 1050원과 1150원의 두 가지로 나누어서 살펴보자. 각 환율 시나리오별로 콜옵션과 풋옵션의 행사여부와 A기업은 달러를 얼마에 사서 결제할 수 있는지 독자들이 먼저 공부한 뒤에 아래의 설명과 비교해보라.

만일 이것을 정확히 분석할 수 있다면 독자는 지금까지 통화옵션을 잘 학습하고 있다고 자부심을 가져도 좋다. 이번에는 순서를 1150원부터 살펴보기로 하자.

– 달러/원 환율이 1150원: A기업은 콜옵션을 행사한다. 왜냐하면 만기일에 환율이 1150

원이지만 A기업은 1090원에 달러를 살 수 있는 권리가 있기 때문에 콜옵션을 행사하여 1090원에 1백만 달러를 사서 결제하면 된다.

한편 1090원 풋옵션의 행사여부는? 만기일에 환율이 1150원이 되면 풋옵션의 매입자인 은행은 1090원에 달러를 팔 수 있는 풋옵션을 행사하지 않을 것이다. 결국 A기업이 매입한 콜옵션만 행사하여 1090원에 1백만 달러를 결제할 수 있다.

헤지결과가 어떤가? 그야말로 환상적이다. 왜냐하면 대안인 선물환거래로는 도저히 불가능한 헤지결과를 달성했기 때문이다. 즉, 옵션전략을 거래할 당시 선물환율은 1100원이었지만 A기업은 1090원에 1백만 달러를 사서 결제할 수 있기 때문이다. 그리고 본 전략은 제로코스트이기 때문에 옵션프리미엄을 지급하지 않았기 때문이다.

중요한 것은 이렇게 환상적인 결과를 얻기 위해서는 늘 반대급부가 있기 마련이다. 과연 그 반대급부는 무엇인가를 정확히 아는 것이 이 전략의 분석과 활용을 위해 매우 중요한 부분이다. 만기일에 환율이 1050원일 때의 헤지결과를 살펴보자. 독자들이 먼저 꼼꼼히 공부한 뒤 아래의 설명과 비교하면 더 좋을 것으로 보인다.

– 달러/원 환율이 1050원: A기업은 콜옵션을 행사하지 않는다. 왜냐하면 만기일에 환율이 1050원이기 때문에 A기업은 1090원에 달러를 살 수 있는 권리는 포기하기 때문이다.

한편 1090원 풋옵션의 행사여부는? 만일 만기일에 환율이 1050원이 되면 풋옵션 매입자인 은행은 1090원에 달러를 팔 수 있는 풋옵션을 행사하기 때문에 A기업은 은행으로부터 1090원에 달러를 살 의무가 있다.

그런데 중요한 것은 사야 하는 금액이 1백만 달러가 아니라 2백만 달러라는 사실이다. 그런데 앞에서 가정한 것처럼 A기업이 결제할 금액은 2백만 달러가 아니라 1백만 달러이다. 그래서 남는 1백만 달러를 현재 환율인 1050원에 팔면 40원(=1090원 – 1050원)의 손실이 발생한다. 이 손실 부분을 1백만 달러를 결제한 1090원에 감안하면 1130원(=1090원 +40원)에 결제한 결과가 된다.

이 전략의 경우 만기일에 환율이 하락하면 할수록 더 높은 환율에 1백만 달러를 결제하는 결과가 되어 매우 심각한 상황이 될 수 있다. 이것이 바로 만기일에 환율이 1150원이 될 때 누릴 수 있는 환상적인 헤지결과에 대한 반대급부다.

■ A기업의 환율 예측과 시의적절하게 활용한 결과: A기업은 만기일에 달러/원 환율이 상승할 것으로 예상했다고 추론할 수 있다. 하락하더라도 1090원까지만 하락할 것으로 예

상했다고 추론할 수 있다.

이 전략을 활용할 때는 달러/원 환율이 하락한 상태에서 추가로 1백만 달러를 매입해도 무방한 경우에만 활용해야 한다. 그리고 거래 당시 선물환율보다 유리한 환율에 헤지를 해야 할 이유가 있는 경우에만 활용하는 것이 적절하다.

■ 본 전략을 판매 또는 활용할 때 유의할 점: 은행은 만기일에 달러/원 환율이 1090원 이하로 하락하면 할수록 1백만 달러를 결제하는 환율이 높아진다는 것을 강조하면서 설명한 뒤 본 전략을 판매하여야 한다.

그래서 이 전략을 꼭 활용해야 하는 기업이 있다면 거래금액을 결제해야 할 금액의 절반으로 하면 환율이 하락할 때 추가로 달러를 매입해서 입을 수 있는 손실은 제한할 수 있다. 물론 이런 경우 환율이 상승했을 때는 1백만 달러 전체 금액을 헤지하지 못하고 절반만 헤지할 수 있다는 것을 명심하고 활용해야 한다.

■ 만기손익구조: 숏 포지션을 타겟 포워드전략으로 헤지한 결과는 다음과 같다. 여기서 유의할 점은 만기일에 환율이 1090원 이상에서 이익이 발생할 때는 만기손익구조의 기울기가 완만하지만 1090원 이하에서 손실이 발생할 때는 만기손익구조의 기울기가 가팔라서 손실이 크다는 것을 시각적으로 쉽게 이해할 수 있으며 완전판매를 위한 필수적인 설명이라고 볼 수 있다.

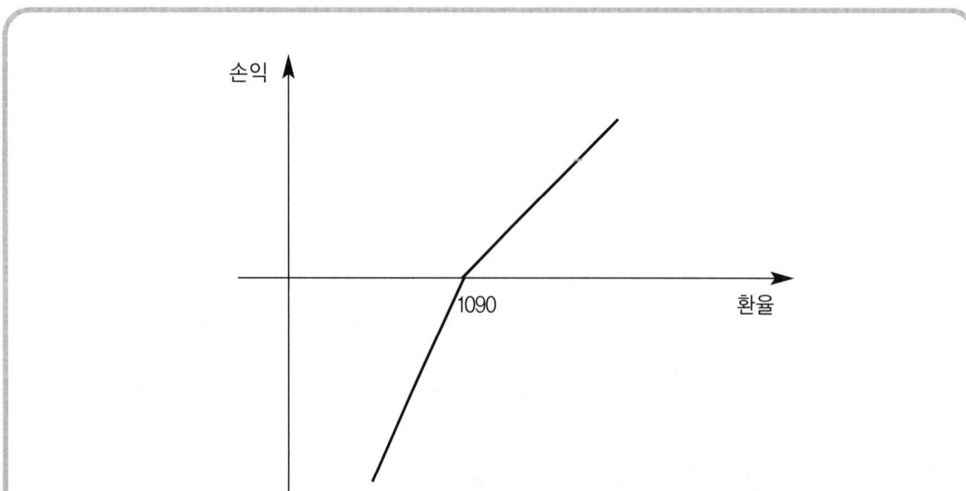

한편 위에서 언급한 것과 같이 이 전략을 꼭 활용해야 하는 기업이 있다면 거래금액을 결제해야 할 금액의 절반으로 하면 환율이 하락할 때 추가로 달러를 매입해서 입을 수 있는 손실은 제한할 수 있다. 물론 환율이 상승했을 때는 헤지해야 할 대상 전체 금액을 헤지하지 못하고 절반만 헤지할 수 있는데, 이때의 만기손익구조는 위의 것과 다르며 아래와 같다. 무엇이 다른가? 바로 기울기가 다르다. 옵션전략에서는 이 기울기가 매우 중요하다.

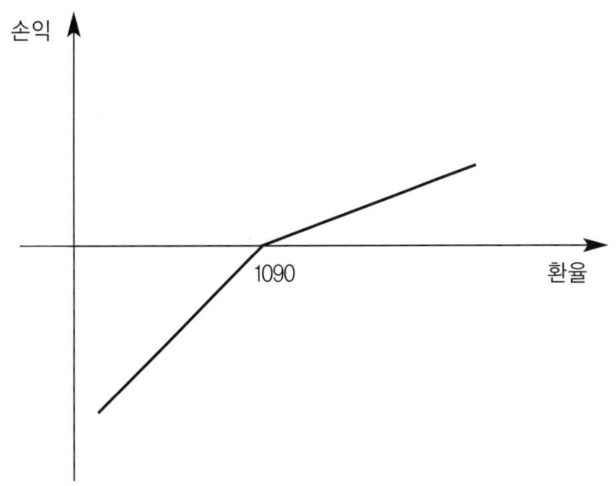

2) 수출기업의 활용 사례

수출기업인 B기업이 타겟 포워드전략을 활용하려고 할 때 은행은 어떻게 전략을 구성하면 되는지 생각해보자. 그리고 그에 따른 헤지결과 분석, B기업의 환율 예측과 시의적절하게 활용한 결과, 본 전략을 판매 또는 활용할 때 유의할 점 및 만기손익구조 등에 대해 수입기업인 A기업의 사례를 응용하여 자습해보기로 하자.

라. 장외 통화옵션전략의 설명을 마무리하며

위에서 레인지 포워드전략 및 타겟 포워드전략에 대해 살펴보았다. 이와 같이 표준형의 기본적인 네 가지 옵션전략을 종류와 비율을 다르게 조합하여 다양한 만기손익구조를 지닌 전략을 만들 수 있는 것이 옵션전략의 장점이다. 반면 대표적인 대안이라고 할 수 있는 선물환거래를 포함한 선도형 파생금융상품의 만기손익구조는 롱 또는 숏 이외에는 없다.

키코사태 이후 달러/원 장외 통화옵션전략의 활용이 많이 줄었다. 그러나 위에서 설명한 것과 매우 다양한 만기손익구조를 지니는 옵션전략의 장점이 멀지 않아 다시 높게 평가될 것으로 보여 장외 통화옵션전략에 대한 수요는 점진적으로 늘어날 것으로 보인다.

다만 온 나라를 멍들게 했던 키코사태와 같은 불행을 막기 위해서는 이들 전략을 판매하는 은행원의 완벽한 이해와 완전판매의 노력이 필요하다. 그에 못지않게 사용자인 기업의 담당자들도 은행이 제시하는 장외 통화옵션전략의 만기손익구조를 완벽하게 분석할 정도의 실력을 닦아야 한다.

연 | 습 | 문 | 제

1. 1. A기업의 현재 외화예금 잔고는 5백만 달러이며 익영업일에 예정된 수입원자재 결제대금이 2백만 달러인 경우 A기업의 외환리스크 관리대상 포지션으로 옳은 것은?( )

① 3백만 달러 short position

② 2백만 달러 short position

③ 5백만 달러 long position

④ 3백만 달러 long position

2. 다음 중 외화자금의 현금 유입과 유출을 통화별 및 만기별로 일치시킴으로써 외화자금의 현금흐름의 불일치에서 발생할 수 있는 외환차손 위험을 원천적으로 제거하는 기법은 무엇인가?( )

① 상계

② 환변동보험

③ 매칭

④ 포트폴리오전략

3. 미국달러선물의 상품명세 중 옳지 않는 것은? ( )

① 거래단위는 미국달러 100,000이다.

② 결제월은 분기월 중 12개와 그 밖의 월 중 8개이다.

③ 최소가격변동폭은 0.10원이다.

④ 최종거래일은 결제월의 세번째 월요일이다.

4. 변동금리를 지급하는 달러 채권에 투자하고 있는 A국내은행이 달러/원 환리스크 및 금리 리스크를 모두 헤지하려고 하는 경우 적절한 달러/원 통화스왑의 금리 조건은 어느 것인가?( )

① 달러 고정금리 지급, 원화 고정금리 수취 통화스왑

② 달러 고정금리 수취, 원화 고정금리 지급 통화스왑

③ 달러 변동금리 지급, 원화 고정금리 수취 통화스왑

④ 달러 변동금리 수취, 원화 고정금리 지급 통화스왑

5. 제로코스트로 1110원 콜옵션을 매입하고 1090원 풋옵션을 매도한 수입기업은 만기일에 달러/원 환율이 1108원이 되면 달러를 어떤 환율에 결제하는가?( )

정 | 답 | 및 | 해 | 설

1. ④ (현재 외화예금잔고와 결제 예정인 금액의 차액인 3백만 달러 롱 포지션이 종합 포지션이며, 이를 기준으로 외환리스크를 관리한다.)

2. ③

3. ① (거래단위는 미국달러 10,000이다)

4. ③ (A국내은행은 보유한 변동금리 달러 채권에서 수취한 달러 변동금리를 스왑은행에 지급하고, 원화 고정금리를 수취하는 통화스왑을 거래하면 된다.)

5. 1108원 (만기일에 달러/원 환율이 1108원이 되면 두 옵션 모두 행사되지 않는다. 결국 현물환시장에서 만기일 현물환율인 1108원에 달러를 매입하여 결제한다.)

저 자 약 력

백운수 (1장~14장 집필)

- 한국금융연수원 겸임교수(2020년~)
- 전 한국금융연수원 실무전문교수(2008년~2019년)
- SC제일은행 부장 퇴사(2007년)
- **저서** (총 25권)
  - 기업신용위험분석(한국금융연수원)
  - 소호여신심사(한국금융연수원)
  - 여신심사 및 관리(한국금융연수원, 공저)
  - 사업성분석(한국금융연수원, 공저)
  - KBI금융지식(한국금융연수원, 공저)
  - 여신심사기초 1권, 2권, 3권(한국금융연수원, 통신연수교재)
  - 신용분석 사례 1권, 2권(한국금융연수원, 통신연수교재)
  - 중소기업 여신심사 2권(한국금융연수원, 통신연수교재)
  - 기업금융종합마케팅 2권(한국금융연수원, 통신연수교재)
  - 국민은행 직무필수 과정 L1, L2, L3(한국금융연수원, 통신연수교재, 공저)
  - 농협은행 직무과정(여신) 1권, 2권(한국금융연수원, 통신연수교재, 공저)
  - 농협은행 직무과정(기업여신) 1권, 2권(한국금융연수원, 통신연수교재, 공저)
  - 저축은행 업무편람(저축은행 중앙회, 공저)
  - 저축은행 여신심사 실행실무(저축은행 중앙회, 공저)
  - 기업신용분석(SC제일은행 사내연수교재)
  - 산업별 특성(SC제일은행 사내연수교재)
  - 산업별 용어해설집(SC제일은행 사내연수교재)
  - 여신심사(SC제일은행 사내연수교재) 등

김운섭 (15장 집필)

- 한국금융연수원 실무전문교수
- 연세대학교 경영대학원 금융경제 석사
- 뱅크오브아메리카 및 크레디리요네은행 딜링룸 등 근무
- **저서**
  - 외환딜링(한국금융연수원)
  - 환리스크관리(한국금융연수원)
  - 파생금융상품의 이해(한국금융연수원, 공저)
  - 수출입 및 환리스크관리(한국금융연수원, 공저)

기업신용위험분석

초 판 1쇄 발행	2005년 11월 1일
제8판 1쇄 발행	2025년 9월 2일
저 자	백운수, 김운섭
발 행 인	이준수
발 행 처	한국금융연수원 출판미디어사업부
	03053 서울특별시 종로구 삼청로 118
전 화	(02)3700-1500
팩 스	(02)3700-1530
홈 페 이 지	www.kbi.or.kr
등 록	1990. 4. 20(제 1-1040호)

정가 25,000원 **ISBN 978-89-287-8283-3 13320**

※도서의 오류내용(오탈자 등)을 제보해주시어 채택되신 분께는 소정의 상품을 보내드리오니 독자 여러분들의 많은 참여 바랍니다.(상세 정보는 한국금융연수원 홈페이지 참조).

※본 도서의 내용은 한국금융연수원의 견해와 다를 수 있습니다.

한국금융연수원 자격검정시험 안내

•「국가공인자격」은 자격기본법에서 정한 기준과 절차에 따라 국가가 공인한 자격으로 신용분석사, 여신심사역, 국제금융역, 자산관리사(FP), 신용위험분석사(CRA), 외환전문역 I종, 외환전문역 II종 등 7개의 자격이 있습니다.

•「자체인증자격」은 우리 원이 인정, 수여하는 자격으로 공개시험형 자체자격인 프라이빗 뱅커(CPB), 은행텔러, 영업점 컴플라이언스 오피서(은행)(보험)(증권), KBI 금융DT 테스트, 자금세탁방지 업무능력 검정시험 등 7개 자격이 있습니다.

구분	자 격 명 (공인/등록번호)	응시료	자격소개
국가공인자격	신용분석사 (제2024-1호) (2008-0438)	전과목 : 66,000원 1부 : 28,000원 2부 : 39,000원	금융회사의 여신관련 부서에서 기업에 대한 회계 및 비회계자료 분석을 통하여 종합적인 신용상황을 판단하고 신용등급을 결정하는 등 기업신용 평가업무를 담당하는 금융전문가
	여신심사역 (제2024-2호) (2008-0439)	전과목 : 66,000원 1부 : 28,000원 2부 : 39,000원	금융회사의 여신심사 담당자로서 경제상황과 기업의 재무, 비재무상태 등을 분석, 파악하여 적정한 대출심사 의견서 작성, 대출이율 및 대출기간 결정 등 대출실행 여부를 판단하고 자금의 효율적 운용, 대손 방지를 위한 제반조치, 여신의 법률적 검토, 사후관리업무 등 여신업무와 관련한 종합적인 업무를 수행하는 금융전문가
	국제금융역 (제2021-1호) (2008-0440)	전과목 : 66,000원 1부 : 33,000원 2부 : 33,000원	금융회사의 국제금융 관련 부서에서 국제금융시장의 동향파악, 분석 및 예측 등을 통하여 외화자금의 효율적 조달과 운용업무를 담당하고 이에 따른 리스크관리 등 국제금융 관련 업무를 수행하는 금융전문가
	신용위험분석사(CRA) (제2023-2호) (2008-0442)	1차 : 77,000원 2차 : 88,000원	금융회사 및 기업신용평가기관 등에서 개인과 기업에 대한 신용상태를 조사평가하고 신용위험을 측정 · 관리하는 여신전문가
	자산관리사(FP) (제2020-1호) (2008-0441)	전과목 : 55,000원 1부 : 28,000원 2부 : 28,000원	금융회사 영업부서의 PB(Private Banking) 팀에서 고객의 수입과 지출, 자산 및 부채현황, 가족상황 등 고객에 대한 각종 자료를 수집, 분석하여 고객이 원하는 Life Plan 상의 재무목표를 달성할 수 있도록 종합적인 자산설계에 대한 상담과 실행을 지원하는 금융전문가
	외환전문역 I종 (제2020-1호) (2008-0436)	전과목 : 55,000원	금융회사의 외환업무 중 외국환 거래 법규 및 외환거래실무를 이해하고 고객의 외화 자산에 노출되는 각종 외환 리스크를 최소화시키는 등 주로 개인 외환과 관련된 직무를 담당
	외환전문역II종 (제2020-1호) (2008-0436)	전과목 : 55,000원	금융회사의 외환업무 중 수출입업무 및 이와 관련된 국제무역규칙을 이해하고 외환과 관련된 여신 업무를 수행하는 등 주로 기업 외환과 관련된 직무를 담당
자체인증자격	은행텔러 (2008-0437)	전과목 : 55,000원	창구에서 일어나는 제반업무에 대해 신속하고 친절한 업무수행과 정확한 업무처리로 고객에게 도움을 주고 상담을 통해 문제해결을 하도록 도와주는 금융전문가
	영업점 컴플라이언스 오피서(은행) (2010-0118) (보험, 증권) (2013-0702,0703)	전과목 : 각 44,000원	금융회사의 영업점에서 준법관련 법규와 감독기관의 감독규정이 정한 내용과 취지를 충분히 이해하고 업무 수행과정에서 이를 준수하며, 영업점에서 발생 가능한 금융사고 및 민원사항이 발생하지 않도록 사전적 예방 차원에서 그 준수사항의 이행을 점검하는 금융전문가(은행, 보험, 증권 분야별로 자격이 구분됨)
	프라이빗뱅커 (CPB) (2018-004091)	1차 : 110,000원 2차 : 342,000원 (실무교육)	개인고액자산가의 자산 및 수익증대를 실현하기 위해 금융분야 전반에 걸쳐 종합적인 금융상담과 실행을 지원할 수 있는 최고급 수준의 금융자산설계전문가
	KBI 금융DT 테스트 (2021-001872)	전과목 : 44,000원	금융인 및 예비금융인을 대상으로 디지털금융 전반에 대한 기본지식과 업무활용능력 등 금융DT 관련 기본역량 평가
	자금세탁방지 업무능력 검정시험 (2023-004792)	전과목 : 66,000원	금융시스템을 이용한 자금세탁행위와 공중협박자금조달행위를 적발 및 예방할 수 있는 전문적인 업무역량 평가

소비자 알림사항

•상기 "프라이빗뱅커(CPB)", "영업점컴플라이언스 오피서(은행)(보험)(증권)", "KBI 금융DT 테스트", "은행텔러", "자금세탁방지 업무능력 검정시험" 자격은 자격기본법 규정에 따라 등록한 민간자격으로, 국가로부터 인정받은 공인자격이 아닙니다.

•민간자격 등록 및 공인 제도에 대한 상세내용은 민간자격정보서비스 (www.pqi.or.kr)의 '민간자격 소개'란을 참고하여 주십시오.

기타

•응시료 환불 규정 : 접수기간 중 100%, 접수기간 종료 후 시험일 5일전 18시까지 50% 환불/이후 환불 불가

•자격 공인번호는 재공인시점에 따라 변경될 수 있으며, 응시료, 환불규정 등은 응시 시점에 따라 변경될 수 있으니 자격시험 응시 전 반드시 한국금융연수원 홈페이지에서 응시하고자 하는 자격시험에 관한 최신 정보를 확인하시기 바랍니다. 자격시험에 관한 자세한 사항은 한국금융연수원 홈페이지를 참조하시기 바랍니다.

•주소 : 서울특별시 종로구 삼청로 118 / TEL : 02-3700-1500 / 홈페이지 : www.kbi.or.kr